大熊貓的利爪

中國如何滲透、影響與威嚇加拿大

Claws of the Panda

Beijing's Campaign of Influence and Intimidation in Canada

Jonathan Manthorpe——著

王湘瑋——譯

達文峰

紀念 Tom Manthorpe
他短暫的生命，有些是在香港度過。

目次

目　次
Contents

推薦序
加拿大為何走出「友中」的迷夢？

李雪莉｜《報導者》總編輯

加拿大作為一個主權獨立的國家，不過始於一九三一年。這個年輕的國家是個標準的多元文化社會，除了原住民與英法殖民者的文化，近五分之一的國民出生於外國，是世界上種族和文化最多元的國家之一。

二〇〇三年，我獲得了索韋學者（Sauvé Scholars）計畫獎助，在加拿大東岸的蒙特婁擔任一年的訪問學人。一共十四位來自非洲、亞洲、美洲、歐洲不到三十歲的記者和NGO工作者，同住一棟百年歷史的宅邸，除了在麥基爾大學上課之外，大夥一起做計畫、互相學習、辦沙龍論壇。在重視多元與包容差異的前提下，此計畫最後選入了我這位台灣人和另一位中國人。我在前往蒙特婁的那一刻，除了幾次在中國做專題的機會，並不真的有過中國朋友。現在回頭來看，在蒙特婁生活，有一位中國室友陪伴，可以說是我認識中國的起點。

我們這個計畫因為創新有趣，吸引了《紐約時報》前來報導，令我印象深刻的是，記者直白地在文章裡寫了「這個中國男人與台灣女人能共處嗎？」(Would the Chinese man and the Taiwanese woman get along?)

《紐時》記者的好奇與提問，不是沒來由的。那些年兩岸氛圍是緊張的，一九九六年和二〇〇〇年總統大選時，中共的文攻武嚇讓台灣曾有一波移民加拿大的熱潮；二〇〇四年的總統大選裡，陳水扁提出公投案，更讓兩岸局勢急凍長達一年，包括中共軍機屢次跨越台海中線。別忘了，遲至二〇〇八年底，兩岸才開始正式實現直航，也就是說，一九九六年到二〇〇八年這十二年間，台灣和中國才開始從陌生、試探到接觸。

在訪問學人的那段日子裡，有機會接觸到不少加拿大政治、經濟、學術方面的領袖，他們對中國充滿好奇，像是要解開一個神秘的國度般，用盡全力探索、理解、擁抱，幾乎不設限。以我所在的麥基爾大學為例，接觸過的人類學系、法律系的教授們都有中國田野的經驗，累積了不少對中國社會文化制度的書寫。

但促成加拿大與中國之間密切交流的背後原因為何？在《大熊貓的利爪：中國如何滲透、影響與威嚇加拿大》這本書裡，有四十年新聞工作資歷，在香港駐點過，對台灣和中國有深入了解的文達峰，深刻梳理了加中兩國長達一百五十年的交往脈絡。

這本書清楚點出加中的關係，截然不同於歐洲列強在十九世紀，對中國施加帝國主義的侵略與占領，也不同於美國在二十世紀，把中國視為共產主義陣營的一份子而加以圍堵。加中兩國的互動源自加拿大傳教士在十九世紀末、二十世紀初，把中國視為一片需要被基督教拯救的苦難大地。

從一八五〇年代左右數百位華人為參與淘金熱，從美國加州北上；接著在一八八〇年約有一萬七千名中國人為了生存，來到英屬哥倫比亞定居。書中提及加拿大太平洋鐵路承包商偏愛雇用華人，給華人每日一加幣的工資，是白人、黑人、原住民工人薪水的三分之一。但同時，一八八〇年開始，數以百計的加拿大傳教士前往中國內陸，他們自認去拯救中國人的靈魂，甚至傳教士待了好幾代，歷經義和團之亂、清國的覆滅、軍閥亂鬥、日本入侵中國、國共內戰。

作者以時間為座標揭開加國與中國的關係，特別是在國共內戰時因為厭惡貪腐國民黨的惡行，加上政治立場屬中間偏左的基督信仰，使得富有戰鬥精神的傳教士和他們在中國長大的子女，將友善中國、改變中國，實踐一個公平自由人權的國度作為目標；這個以信仰開端的責任感，隨著熟悉中國文化和語言的傳教士之子，綿延地影響了加拿大官方及民間社會，型塑了日後加拿大對中國的政策。最顯著的例子是，加拿大在一九七〇年十月十三日與中共政權建交，承認中華人民共和國為中國的唯一合法政府；這個建交不但開啟了美國等十一個西方國家與中共的談判，也結束了中國的外交孤立。一九七一年美國國家安全顧問季辛吉在夏天造訪北京，接著是美國總統尼克森拜訪，直到一九七九年美國與中共建交，與中華民國斷交。加拿大的腳步足足早了美國九年。

可以說，在冷戰局勢下，在中國因文化大革命（一九六六～一九七六）被世界孤立之際，透過傳教士長年的情感積累，加拿大幫助了中共與世界破冰。兩國建交初期，幾任加拿大駐中國的大使，都是傳教士之子；兩國的建交提供給各國與中國交往的框架，幫助中國加入聯合國、國際貨幣基金、世界銀行等重要組織。

• • •

作者在亞洲多年，特別是這些年，他觀察到加拿大對於中國的認識強烈不足。作者說：「加拿大的政治人物對於中共侵入我國的程度一直抱持懷疑，就算有強烈的證據擺在他們眼前也一樣。原因之一似乎是，他們對加拿大的國安和情報工作長久以來缺乏敬意。」

但，這樣的情勢到了二〇一八年前後有了重大轉變。加拿大安全情報局在當年出版了一份一百六十三頁的報告，標題是《重新思考安全問題：中國與戰略對抗的年代》，點出中共對加國和其他國家形成的威脅。報告摘要列舉了中共干預加拿大人生活的各層面和危險，包括商業關係、對華人社群的監控、對異議者安全的威脅。

由於加國較為自由的移民政策，目前在加國定居的維吾爾人約有一千五百人，圖博裔的加拿大人約八千名（也是亞洲以外人數最多的圖博族群），五十萬左右的香港人，台裔加拿大人也有十萬人。過去十年間，不少歸化為加拿大國籍的維吾爾裔、圖博裔在自由的土地上被監控和威脅，中共以他們仍在中國的家人為人質，要求他們不准出來聲援人權、抗議中共；對於支持台灣獨立，或近期香港問題而喊出「香港獨立唯一出路」的港人，更是中共不樂見且要鎖定的目標。

作者認為，包括加拿大在內的西方國家，希望中國能把自由民主納入自己的價值體系，這件事並沒有成真。這有點像台灣在一九九〇年最常見的論述，我們當時也天真地以為中國在經濟改革開放後，崛起的中產階級會起身要求自由開放的政治環境、真實的多黨派競爭、健全的媒體第四權與公民社會，以促成中國體質的健康改造。

但這些想望，在二〇一二年底中共國家主席習近平上台後，已確定是個迷夢。中國在境外影響最劇烈的國家就是台灣。早在二〇〇九年，學者吳介民就提出「中國因素」這一詞，點出中國如何透過跨海峽政商關係的網絡及台灣在地協力者，影響台灣社會與政治意識，而在二〇一七年出版的《吊燈裡的巨蟒》一書，更具體描繪中國因素在過去二十年以及未來對台灣的影響。

距離中國較遙遠的國家，例如「五眼聯盟」（加拿大、美國、澳洲、英國、紐西蘭五個英語國家，在二戰期間形成的情報分享網絡），則是更晚些才會感知到中國的負向作用力。

二〇一九年，澳洲學者克萊夫．漢密爾頓出版中文版《無聲的入侵》一書，談及兩千五百萬人口的民主國家澳洲，為何在短短不到十五年間徹底被中國滲透。書中所揭示的原因與加拿大如出一轍，因為澳洲和加拿大量開放移民給中國，又堅守多元文化主義。當時《報導者》採訪了作者漢密爾頓，他強調中共是在運用銳實力（sharp power），透過操縱性的外交政策，企圖影響及控制另一國家的政治制度。他說：「列寧式宣傳體系的作法，不是用他們自己講的話去說服大家，而是讓媒體無暇去報導真正重要的事情。這筆交易（購買媒體）充分顯示了中國利用西方制度的開放性以及主流媒體搖搖欲墜的財務狀況。」

漢密爾頓比喻，這種滲透與顛覆手法，「簡直就像童子軍要對抗教父柯里昂！」

•••

從冷戰，友中，再到疑中，這是一場超過半世紀的學習過程。

對於民主的癱瘓，若沒有交往與互動，欠缺足夠的覺察力，其實一般人難以感知。特別是中共政權、中國社會、中國人並非三位一體的概念，對一個浸潤在多元文化、吸飽自由民主空氣、習慣自我省視的開放社會來說，更需要大量資訊、調查與鐵證，才願意確認

「中共代理人」的存在，明白這可能是一場利用民主來摧毀民主的危機，才會有真正的警醒。

過去三年，中國因素也是《報導者》關注的主軸。我和同事們進行了關於「無聲的滅絕：新疆再教育營實錄」、「香港反送中：強權與反撲 絕望與希望」等調查報導，獲得香港和台灣新聞獎的肯定。在進行上述調查時，我們接觸了大量的被迫害者與流亡者，採訪過程幾乎都得想盡辦法尋找更加安全的通訊軟體，確認系統未被入侵的情況下，才能進行訪談和資料傳輸。許多的受訪者即使逃出中國，身在異地，仍得避免在手機和電腦上留下對話紀錄和任何數位足跡，擔心被定罪。

對做調查報導的記者而言，我們不可能完全避開一般人慣用的軟體，但近年中共的監控力道持續擴大：如在微信上討論公共議題的群組，幾乎有心理準備要逐水草而居，被封群、被炸號的情況不勝枚舉，在中國境外發出敏感訊息，中國境內的朋友便讀不到的例子每天發生；香港最常使用的社群平台Telegram，原本在「無大台」的反送中運動裡扮演重要的角色，如今時不時出現「此頻道內容已被香港警察移除」的訊息；隨著港版《國安法》的訂定，香港未來幾乎沒有實體遊行的空間，網路自由勢必大受侷限，近來香港網民已經開始呼籲運用ProtonMail（二〇一六年問世，如今有兩千萬人在使用的加密電子郵件）。以上實例可以看出中共正把中國境內對人身的電子監控、對網路的駭入甚至封鎖，予以快速複製並輸出到境外那些擁有自由和民主的土壤。透過共謀的「在地協力者」和「代理人」，以及對國家陰謀沒有警覺心的市民，中共的治理改造在實體和虛擬世界同步展開。

文達峰以「大熊貓的利爪」為題，正是發覺有為數不少的跡象顯示，中共政權很有策略地透過包裝，以無害的毛絨絨的呆呆的和睡不飽的大熊貓來吸引全世界的粉絲；但大熊貓其實不是素食動物，牠有鋒利的爪子和有力的牙齒，野生的大熊貓是會撲殺草食性動物。文達峰以此比喻，要加拿大人儘管不是把所有倡議與中國來往的人看成是北京的傀儡，但卻要有警覺，因為中共有意識地布局商界和政界菁英的領地，鼓動他們在台灣地位或南海爭議上捍衛中國立場；中共正在積極影響華人社群，包括透過限制他們的言論自由，配合中共觀點的敍事。這些看似和平無害的外表下，暗藏的是傷害貿易公平、破壞社會秩序、甚至顛覆民主制度的圖謀。

過去幾年，中共在台灣應用的銳實力，已有學術界與媒體界投入研究和田野調查，了解其統戰模式。中共從前期選擇對特定政黨政治人物、媒體、企業等利益團體的拉攏，後來轉變集中資源於「三中」（中小企業、中低收入、中南部），在太陽花學運後，對台統戰又加入「三中一青」（青年）；那之後則快速深入基層，二〇一七年中國全國兩會上對台政策定為「一代一線」（青年一代，基層一線）。《報導者》在過去兩年也調查了「愛國同心會」

等在台灣基層的紅統組織，是怎麼樣獲取對岸資源來從事密集的街頭「倡議」；我們也從腳踩中國和台灣的雙棲里長訪談中，了解這張密密麻麻的網是怎麼被對接，究竟參與其中的人是為各自國族認同的實踐，還是以經濟利益為優先的「掮客」和「在地協力者」居多？

隨著更多研究和論述的出版，我們看到中國因素在不同國家與市場帶來的作用力與反作用力；但，我也建議在閱讀此書時，讀者要保持警醒，因為目前運用民主來摧毀民主的推手，不只來自極權國家，民主國家自身的政治領袖，也在二〇一六年前後陸續吹起一股壓制人權與自由的惡質風氣，他們也開始學習中共領導人的專斷，以政黨權力的保衛戰來面對人民的苦難和要求。像是美國總統川普在面對「黑人的命也是命」(Black Lives Matter)的民間吶喊時卻希望送入軍隊鎮壓、菲律賓總統杜特蒂在面對媒體要求新聞的自由與獨立時卻把記者送入大牢、埃及總統塞西面對同志人權時放縱警隊搜索並將人送入監獄裡電擊、土耳其總統艾爾多安把知識分子打為恐怖主義者並將數萬人關入黑牢、印度總理莫迪推進印度教民族主義來排擠國內的穆斯林……。這些因為有選舉制度而被列入民主體制的國家，領導人卻無視民主的基石是法治、自由、平等，透過假新聞與假訊息改寫事實，重塑他們希望人們看到的「真相」，混淆視聽，加劇社會裡的緊張對立。二〇二〇年全球受Covid-19疫情所苦，更加劇民主國家面臨的挑戰，此刻的挑戰已不只是中國無聲的入侵而已，這些號稱民主國家的領袖正在彼此互相學習，如何加大對權力的濫用。

回到此書，我想讀者可以在資深記者文達峰流暢的敘事與故事中，看見他的正義感，看見加中關係的複雜，以及中國如何無聲和有形地影響著這個有點與世無爭的加拿大。當然，對民主國家如台灣來說，我們也要意識到，即便是世界總面積第二大，國民生產毛額第十七大的加拿大，要維持自由民主體制的同時，也還要跟話語權漸大的中國打交道，這對加國都是殘酷的現實和難題，台灣更是無從迴避，必須更為警醒和運用智慧。

・・・

對現任加拿大總理賈斯汀·杜魯道來說，他正面臨一個無從迴避的抉擇。一九七〇年，與中國正式建交的皮耶·杜魯道是他的父親，他們的家族文化可以說是相當友中。但二〇一五年底他就任後，賈斯汀·杜魯道開始做出對中政策的調整。從二〇一七年到二〇一九年，他們開始了幾個方向，要確保加拿大民主程序自由、安全、公平，目標有四個，包括：對抗境外勢力的干預、加強情報單位對境外威脅的對應能力、督促社交媒體與平台採取對應行動、為公民做好準備，包括投入七百萬加幣（約新台幣一億六千萬元），要公民有辨識惡意輿論操弄的知識與能力，不受帶風向手段的影響，而這些計畫是一個橫跨國防部、民主制度部、公共安全部的合作。

杜魯道意識到境外勢力操弄手法不斷進化和升級，讓民眾毫無防備進入真假不分的世界裡，試圖影響加國的民主程序和公眾輿論，所以希望每個政黨要透過資訊系統的強化、提高警覺，停下境外勢力的干預，避免社會被癱瘓和走向極端。但作為美國後院的加拿大，在遇到中國華為的孟晚舟事件時，既要顧及美國和中國的想法和報復，又要維持自己的司法獨立性，這種的挑戰與平衡如今正在加拿大等各個國家上演。

作者透過此書想為加拿大人敲響警鐘，英文書出版於二〇一九年年初，中文版在二〇二〇年年中出版，如今更可見「五眼聯盟」國家是如何帶著警覺性與中共互動，這是為什麼我說與十多年前的氛圍相比，加拿大已走出友中的迷夢。

二〇〇三年在蒙特婁時，我感受到的加拿大是自由奔放多元，即便與中國室友偶有辯論，但都彼此尊重，也持續聯繫。二〇一〇年我外派中國北京駐點近兩年，也結交了更多志同道合的中國朋友。我希望這本書帶來的不是對中國的恐懼，因為中國境內或境外，仍有一群和我們同樣願意守護人權與自由，期許中國走向民主的中國人。

導論
中央王國的回歸
Introduction: Return of the Middle Kingdom

中國把自己看成是回歸的強國，而不是崛起的大國……未來若中國強勢在經濟、文化、政治、軍事方面施加影響力，它不會認為此乃破格挑戰世界秩序——而是讓諸事回歸正常狀態。

——季辛吉，《論中國》

本書大部分在探討中國共產黨（中共）是如何不顧加拿大的價值觀，逕行干預加拿大內政，甚至有時挑戰了加拿大人在自己國內的主權。然而此書並不主張加拿大應該對目前的北京政權敬而遠之。習近平主席與中共統治下的中國，認為自己是在西方國家手下承受兩百年「屈辱」後，以自然、無可取代的世界強國之姿重新崛起，而我們不能也不應該避免與中國往來。但是加拿大與中國交往一百五十年期間所常常發生的不愉快與難以理解的經歷告訴我們，要應對新版的中央王國，我們必須採取不同的方式，少一些自我欺騙，多一些勇氣與智慧。如果加拿大不重新評估、改正對待北京的方式，我國可能會被這位歷史上的新巨人給徹底壓倒。

國際勢力的版塊正在變化，幸好是和平變化——到目前為止。可是就在我二〇一八年落筆寫作時，只不過是兩年前，世界的未來看上去已經非常不同。當時沒什麼跡象顯示，美國在二〇一六年十一月總統大選之後將如此深陷政治失能與孤立主義。還有當時習近平看起來像是會沿襲集體領導的路線——那是中國在經過毛澤東的殘害、經過一九八九年天安門起義與大屠殺那刻骨的震驚之後所採取的路線。但是在二〇一七年十月的中共第十九次全國代表大會上，習架好了舞台，要將掌權的時期延續到超出兩屆十年的慣例。現在他個人的權力已經超越了毛澤東之後的所有前任領導人，說不定連毛也比不上他。在此同時，加拿大要繼續像過去七十年那樣在經濟和安全上倚靠美國，也變得愈來愈不可能了。川普是一項病徵，反映出許多美國人所抱持的孤立主義，他們一直都相信美國社會是獨一無二的。但更重要的，也許是，美國的政治與社會分歧愈來愈大，使得政治與行政運作幾乎無法動彈，而在這樣的分歧中，川普是其中一方的代表。這兩種互相衝突的世界觀所帶來的毀滅性分裂，近期內並沒有任何和解的跡象。這不僅造成了美國主導權的萎縮，一旦與其他國家的崛起相比，特別是跟中國比，更是顯出美國的頹勢。

短期內，加拿大將無法依賴華盛頓作為區域安全的盟友或投資與商業方面的可靠夥伴。不僅這樣，「美利堅治世」（Pax Americana）的終結代表了要在國際上推行自由價值的捍衛者正在退出戰場，而這套價值乃是二戰以來全球對話、全球組織的特色，也是加拿大立國精神的核心。當中國在一九八〇年代逐步開放，西方國家便假定，一旦中共成為全球舞台上的一員，它就會把國際間既有的自由民主秩序納入其價值體系。結果那種情況並沒有發生。中國並沒有以一頭溫純良善的巨獸現身。差得可遠了。如果我們說法西斯的定義是，一個國家被獨裁者領導的中央集權專制政府所統治，其經濟與社會受到嚴密控制，其反對勢力遭到強力壓制，那麼中國就展現了法西斯政權的所有特色。雖然法西斯這個詞又方便又準確，但並不十分恰當。法西斯所引發的聯想太過歐洲中心了。和習氏中國最相像的是另一個後共黨獨裁政權，俄羅斯，有人形容驅動俄羅斯的是「黑道資本主義」。不過這個詞也沒有反映事實。無論中國共產黨做什麼，都帶有中國特色。從經濟的管理與其模式、國內的行政、對鄰邦和外國的態度——以上種種更像是來自中華傳統，而非該國在一九七〇年代結束閉關自守之後從外界得到的體驗。北京的共產黨所掌管的，乃是一個古典中華帝國的現代版本。

事情很明白，中共的天朝野望包括了實行一黨專政以及利用一切工具來反對政治改革。中共的政治正當性來自大規模的內部鎮壓，佐以提供足夠的生活水準，使民眾無法發表異議。自從一九八〇年代開始實施修正的馬克思主義經濟思想，這套方式即運作得相當好。數億中國人的生活水準提升到超乎他們自己所能想像的地步。但隨之而來的是一股期待，認為這樣的生活品質將會持續增長。這對中共來說有其危險：黨若不繼續餵養自己創造出來的這股想望，就會失去「天命」——「天命」這個歷史概念指的是，中國統治者唯有在成功時，上天才會賦予他們的政治正當性。

隨著經濟方面的成功，中國的愛國心與民族主義自然也高漲起來。官方控制的媒體不斷宣揚中國乘上了民族復興浪潮的主題，甚至到了煽動仇外情緒的地步，例如訴諸對日本等鄰近世仇的敵意。中共絕不放過任何機會來編造種種警告，說日本在民主和平的假面之下仍然是個軍國主義國家。

北京近年來也不斷醞釀針對美國及西方各國的懷疑情緒，認為這些國家打算限制中國的崛起，並再度施加十九世紀後半、二十世紀初期的半殖民主義。能夠終結中共所謂「百年屈辱」的方式之一，便是重新恢復對鄰國的優越感。這些國家在中國的帝國時代乃是附庸國，而中共的意思就是它們將再次成為附庸。其實有幾個國家已經是了——例如柬埔寨和寮國。這個復甦的中國帝國主義所鼓吹的主張，包括把台灣、南海和東海納入其領土範圍。中共在南海的島嶼建造軍事基地，使得最重要的國際貿易航線之一等於是中國的一個湖泊。中共的殖民主義之舉有許多乃是暗地進行。過去二十年間，中國西南部的雲南省約有一百萬人越過國界搬到緬甸北部，在瓦城（曼德勒）大做生意，在開設賭場的邊境小鎮進出。這些快速興起的小鎮位在無法可管的地帶，但其實都控制在緬甸少數族群的軍頭子手上。

過去二十多年來，中共的國有企業與銀行運用了出口消費商品的鉅額利潤，取得了對全世界自然資源的控制。北京也很精明地以低利貸款給其他人認為風險太高的政府。借款人到後來才發現，一旦無力償還，中共的代埋人便毫不留情地要求以該國資產抵債，只是一切都已經太遲了。中共就是這樣控制了斯里蘭卡的戰略性港口漢班托塔及其周圍六十平方公里的土地。當希臘陷入困境，不能再從歐盟國家貸款，類似的事情又上演了。北京站出來幫忙，結果是一家中國國企擁有了雅典比雷埃夫斯港的一半產權。

取得希臘及歐洲諸國的港口，是習近平最大手筆的帝國事業之一部分。他的「一帶一路」斥資數兆美元，其願景在於以廣大的鐵路、公路、空運、海運路線，將中國直接連上歐洲、中東、非洲、中亞、南亞、東南亞，連上全球三分之二人口。條條大路要通北京，這些路將使中共的權力與影響力透過現代絲路投射出去。

習主席擺明了不在乎民主和人權，但這些價值觀是二戰結束以來國際自由秩序的核心。他在開發中國家傳福音，宣揚中國的經濟發展模式，做法是讓權力穩固的一黨專政國家來管理寡頭與國有企業緊密相連的網絡。此一模式受到許多開發中國家青睞，特別是因為相較之下，北大西洋的自由民主文化顯然充斥著失序與國內動盪。習對各項國際體制也一樣存疑，例如聯合國、世界銀行、國際貨幣基金組織及其衍生出來的所有組織。這些體制代表不了習近平想要創造出來的那個世界的價值觀。他或者以自己的意志使其屈從，或者以合他口味的新組織取而代之。

今日的中共政權不會永遠存在。皇朝總是興衰更迭，按中國的歷史紀錄，皇朝總是被暴力推翻。這種情況很可能也會發生在中共頭上，但不要賭它會在近期內發生。所以，加拿大就和那些必須一邊同中國打交道、一邊維持自由民主體制的其他國家一樣，正面對著殘酷的現實。如果加拿大希望在中國主宰的世界裡保有原本的價值觀以及透過貿易所得到的生活水準，如果加拿大想要以世界中等強國之姿拓展影響力，那麼渥太華政府，無論是現在還是未來的政府，都必須要做好準備。加拿大政府必須與北約和G7，以及其他想法相似的國家，鞏固在政治、經濟、社會、安全上的連結。加拿大的政治人物在面對北京時，必須要比現在更加強硬、更有自信。

要轉變態度並不容易，原因本書將會闡述。加拿大從一八八〇年代就對中國產生興趣，開始派遣基督教傳教士到太平洋彼岸。那時的中國與今日一樣，看似一個廣大的市場，可以囫圇吞下加拿大所銷售的一切。然而，中國人將速速成為基督徒的想法只是幻覺，就好比我們如今信以為中國人只要有機會就會想買加拿大製造的商品。推動這些加拿大傳教士（大多來自長老教會、衛理公會、天主教）的不只是為基督傳福音的熱忱，也來自於把福音書當作社會改革的根據這個想法。此一信念，也就是加拿大可以憑我國價值觀不證自明的吸引力來改變中國，就算到今天還是深植人心。但發生在中國的事，顯示這樣的看法是錯的。最近有一例是在二〇一七年十一月，賈斯汀．杜魯道總理的提案遭到中國官員的拒絕，他原本是希望雙邊自由貿易協定能夠納入他對商業關係的進步想法。這項提案將使中共必須在勞動法規、性別平等以及環保方面遵守加拿大的標準。中共絕對不會讓外國來規範其公民權與人權政策。加拿大永遠改變不了中國，以身作則改變不了，提出有力的論述也改變不了。

對吾人來說，更相干的問題是：中國是不是改變了加拿大？因為，早在中國共產黨一九四九年執政之前，就已經在加拿大建立了連結，以影響我國政治、商業、媒體、學院的討論，使之對其有利。自一九七〇年雙方締結外交關係以來，這些連結所構成的網絡迅速擴展。中共現在已有能力確保，一旦北京所關注的事在聯邦級、省級、市級議會提出來，或在加拿大媒體和教學平台提出來，它的利益就會有人代言，而且還常常可以主導討論。隨著過去四、五十年來香港與中國移民來到此地，中共影響加拿大公眾討論的能力無疑增長了。但十分重要的是，我們要了解，這大約一百五十六萬來自大中華地區的移民（占加拿大人口百分之四）是為了逃避中共迫害才出來的。正是因為中共知道這一百五十六萬人當中，有許多是努力改變中國政治的異議人士，所以才會打算在加拿大維持一個間諜網絡，以持續監看這些人，必要時予以恐嚇。

中國共產黨決意影響加拿大的公共對話，其中受害最深的加拿大人是華裔以及來自中共所占據或宣稱擁有其國土的人。但受害的不只是他們。整個加拿大都因中共強加於我國公民及我國體制的價值觀而受害。各式各樣的貪污腐敗如今瀰漫於各行各業。這大部分是加拿大自己的錯。加拿大已經成為中共太子黨及紅色貴族（此一特權階級的地位來自他們與中共領導層的裙帶關係）把錢洗出來後偷藏的避風港。這是因為加拿大各級政府並沒有安排檢查機制，以確保進入我國的金錢乃是正當所得，而且是為了合法目的才進入加拿大。既然中國對金錢流出有所限制，那麼不法進入我國的金錢就無可避免地伴隨著貪污腐敗，包括在加拿大境內合作對象的腐敗。只要腐敗在公眾生活的某個層面落地生根，很快地就會蔓延到其他層面。已經有跡象顯示，隨中共而來的腐敗文化感染了加拿大生活的許多領域，包括授予文憑，以及市級、省級、聯邦級政府所管控的規定與執照。

加拿大並不是唯一一個與中共打交道而有這樣體驗的國家。類似的情況在美國和歐洲也發生了，紐西蘭和澳洲尤其如此。的確，澳洲遭到中共滲透的經驗幾乎和加拿大一模一樣。兩者的差別在於，澳洲的政治人物、學界、媒體和社會大眾反對中共這麼做的聲音比我們更大聲，也更尖銳。

為什麼加拿大會羞於承認這些入侵，是個令人不安的問題。是不是因為幫中共施展影響力的代理人相當有效，以致任何討論都被轉移焦點了呢？這倒是有幾分真確。史帝芬．哈珀總理的保守黨政府對於要不要與中國接觸，從原本疑心重重到最後改變態度，此一轉向過程顯示親北京的強力遊說人士已深入到加拿大的政治、商業與學院的既成體系當中。但我們不應過分強調中共入侵加拿大公共生活的程度，當然更不可以把每個提倡與中國合理往來的公眾人物都看成北京的傀儡。

加拿大的政治人物對於中共侵入我國的程度一直抱持懷疑，就算有強烈的證據擺在他們眼前也一樣。原因之一似乎是，他們對加拿大的國安和情報工作長久以來缺乏敬意。這些機構過去的歷史確實也問題多多；後文將會提到，加拿大安全情報局（CSIS）是在一九八〇年代和一九九〇年代歷經重重困難才得以建立，其間又發生情報局提出一份報告，內容是關於中共對我國進行代號「響尾蛇行動」的滲透，結果卻遭到國會嚴詞批評的事件。不過，近年來國會和情報機構的關係似已趨向穩定。彼此之間的尊重日增。這得歸功於幾位已卸任的安全情報局長和通訊安全局長，他們不屈不撓地在公開場合以適切謹慎的發言對中共掠奪加拿大的情形提出警告。安全情報局有信心敢對此一主題發言，他們在二〇一八年三月舉辦的「學界推廣研討會」就是明證。那是一次閉門會議，與會者須遵守查達姆守則（Chatham House Rule），也就是雖然可以報導會中談了什麼，但不可以點明說話者的身分。兩個月後的二〇一八年五月底，安全情報局出版了該研討會的報告，共一百六十三頁，題目是《重新思考安全問題：中國與戰略對抗的年代》，報告討論到中共對加拿大及其他國家所形成的威脅，可說是安全情報局至今所發表過的最尖銳、最完整的說明。報告的摘要列舉了中共干預加拿大人生活的各個層面及其所帶來的危險。

報告警示說，不管和加拿大這一方做生意的中國公司是或不是國有企業，都不重要。所有的中國公司都「和中共有緊密而且日益顯著的關聯」。報告寫道：各項貿易協定除非有仔細審查其安全意涵，否則中共「就會運用商務之便來接近商業、科技與基建資源並加以利用，從而達成其情報目標，或足以損害其合作對象的安全體系」。「中國已經準備好，要以威脅利誘把商界與政界菁英拉到它那一邊，並鼓動他們在台灣地位或南海爭議上捍衛中國立場。」

報告說，中共積極地想要影響分布在全世界的華人社群以及住在他國的中國學生與商務人士，「往往是透過限制他們的言論自由，以便推廣配合中共觀點的敘事」。報告又說：「質疑〔中共〕活動的學者與記者，就會遭到中國外交人員以及中國所控制的媒體所騷擾。」

因為害怕被貼上種族歧視的標籤，使得關於中共代理人在加拿大活動的討論非常受限。無可否認，我國歷史上曾有過種族歧視的法律和規定是針對將入籍的華裔移民和其他亞裔移民。對這段歷史所感到的愧疚，在公眾人物之間生出一種充滿戒心的態度，使他們避免討論加拿大多元社會中的單一社群，但這樣一來就將武器交給了中共影響力的代理人。我們可以看到，每當有人公開質疑我國對中關係，總會有憤怒的反應立刻冒出來，稱此種問題的背後乃是種族歧視。

但是把中共滲透加拿大一事看成種族主義，不但是錯誤，更是危險的。這並不是種族主義。這是某一特定政權在其歷史上的某一時期為了自身利益所編出來的故事。中共把海外華人看成一種可以運用並加以濫用的資產，不僅對一般加拿大人來說是威脅，對華裔加拿大人來說更是如此。當然會有一些華裔加人容易受到中華民族主義的吸引。但是絕大多數移民到加拿大來的人，只想以加拿大人的身分開枝散葉，其中有許多人是為了逃離貪污腐敗、一心追求權力的人所伸出來的魔掌，他們就住在中南海四周的豪宅，鄰近著紫禁城，面對著天安門廣場。

本書並不是在描述一段末日傳奇——遠遠不是。隨著故事的推進，愈來愈清楚的是，雖然中國成功滲透與影響了加拿大生活方式的某些層面，在其他層面卻失敗了。這場在暗中進行的戰爭目前已知：中共操作起來最得心應手的場域是在它熟悉的中華文化圈，及其傳統附庸國的人民之間。相形之下，黨和它的特務在應付老牌民主社會，例如加拿大、澳洲、美國、西歐諸國，就時常進退失據。他們在西方民主社會中最好運作的情形，就是找到可以迷惑和收買的人。而要找到前蘇聯共產黨所謂「好用的白痴」，從來都不難。加拿大為中共提供了源源不絕的好用的白痴，包括政黨與政府領袖、基層政治人物、天真又驕傲的學者、貪婪又好騙的商務人士，甚至某些目光短淺、歷練不夠的記者。他們當中的許多人為了替自己的貪念找藉口，便告訴自己，多與中共接觸，黨就會感受到加拿大價值的美好。一旦黨員們見識到自由民主政體帶來了自由與人權，他們就會迫不及待地推動中國走上改革之路。

有一點很重要，那就是我們不要對中共及其代理人做出盲目的反應。雖然他們已經獲致重大成果，尤其是在竊取智慧財產、商用與軍用科技方面，同時也成功地在西方政界、商界、學界菁英眼中打造出大致良好的形象。然而加拿大與西方各民主國家的體制與民主文化，目前看來還能抵擋得住中共的攻擊。中共並沒有像它在亞洲與非洲的非民主國家和威權國家那樣，攻下加拿大與各西方社會的制高點。

但這段傳奇尚未完結，隨著中共的力量日漸增長，而且看來是一定會增長，加拿大等國就會面對北京政權施加的更大壓力，要我們接納他們的觀點與價值。未來最有可能發生的狀況已經顯露出跡象了。美國自一戰以來一直是捍衛北大西洋與啟蒙價值的鬥士，然而其國內政治與社會的爭執不休所帶來的重擔，使得美國的影響力已開始衰退。歐盟原本是唯一能取代美國來推行自由價值觀的強權，我們卻找不到什麼理由可以期待它有意願或有能力在可見的未來去扮演此一角色。因此，華盛頓在國際舞台上所留下的空位無可避免地要由北京來填補。隨之而來的將是國際行事與國際組織的架構為了適應中共而予以更替或改造，但中共的價值觀當中沒有言論自由、尊重異議，以及最重要的，不接受法治至上原則。

在面對中共時，「法治」一詞十分重要。法治代表的是一個國家的主權者——不管是立憲君王、總統，還是議會政府——都必須對國法負責，同樣地，每一位公民也必須對國法負責。英格蘭的約翰王在一二一五年六月簽署大憲章，接受了此一概念，讓西方國家走上漫長的民主之道。但中共不接受法治也不接受司法獨立的概念。中共主張，黨的利益凌駕一切。只要事情牽涉到中共認為會有危險的議題，例如起訴它眼中的異議分子或是挑戰黨至高地位的人，黨委就會秘密商定判決，寫好劇本，交由司法程序在法庭中照章行事。既然中共治下的中國在國際對話中變成愈來愈有影響力的仲裁者，那麼它拒絕接受法治原則，對於所有與之貿易以及日益受其影響的國家來說，就會是嚴重的威脅。加拿大現在無法避開、以後也無法避開這樣的威脅；如今中共的代理人已經在我國展開行動了，這群人該怎麼形容呢，只能說：他們根本不把加拿大的價值放在眼裡。

1

對抗五毒

Fighting the Five Poisonous Groups

海外敵對勢力不希望看到中國崛起，他們中的許多人把我們的國家視為潛在的威脅和競爭對手，所以他們千方百計阻撓並壓制我們。……統戰……是一個能讓我們排除萬難而獲得勝利的大法寶。

——中共中央統戰部《統戰工作手冊》1

加拿大已經淪為中國共產黨打算在此恐嚇、羞辱、弱化其反對者的戰場。這場戰爭在光天化日之下進行，卻鮮少有人注意到，中共的外交官、間諜、國安人員、在地協力者每天忙進忙出，為的就是要把那些被視為意圖推翻中共一黨專政的人身上的武功給廢掉。這是一場恫嚇、騷擾「五毒」人士的戰爭，無論他是加拿大人還是哪裡人——五毒指的是主張圖博（西藏）獨立、新疆獨立、台灣獨立、提倡中國民主，以及修習法輪功（亦稱法輪大法，是一個提倡修習佛法以促進靈性及身體健康的團體）。攻擊這些人的手段包括半夜打電話、在社群網站上進行人身攻擊、將加拿大異議人士留在中國的家屬當作人質、駭進異議團體的聯繫網路。更極端的案例還包括異議人士遭到肢體攻擊，或者被拘留、刑求——雖然這些暴力的肢體攻擊並非發生在加拿大，而是在中國和香港。無論如何，上述種種作為的目的都是要撲滅加拿大的異議發聲，將加拿大人嚇到噤若寒蟬，或者使其公信力受損，讓他們的言行不再對公眾和政治產生影響。

近年來，由於加拿大這個移民地愈來愈受歡迎，中共在加拿大對來自中國及其屬地（如圖博、新疆）的移民所施加的壓力也愈來愈廣泛、愈來愈強化。然而，對中共的間諜、特工、影響力散播者、政治宣傳者來說，加拿大不是唯一的目標。澳洲和紐西蘭也在類似的原因下受到類似活動的影響。其他地區，包括美國、許多東南亞國家，以及歐盟，凡是人口當中有相當數量的華裔，或者有來自圖博和新疆的移民，也都無法免除這樣的影響。

雖然中共與他們在加拿大體制內的各方友人已經竭盡所能地把針對異議人士的活動予以掩飾或低調進行，但這場陰影中的戰爭仍有愈來愈多事件得見天日。二〇一七年初，加拿大有一些非政府人權組織寫了一份報告，詳述「在加拿大從事與中國議題有關的社會運動人士如何遭到騷擾及恐嚇」。[2]此份機密報告有三十頁，主要撰稿人是「加拿大關懷中國

1 原文引自《金融時報》的報導，文中所提的「手冊」題名「China United Front Course Book」，中文資料不詳。Kynge, James, Lucy Hornby and Jamil Anderlini. "Inside China's secret 'magic weapon' for worldwide influence", *Financial Times*, 26 October 2017.

2 「加拿大關懷中國人權聯盟」在二〇二〇年三月提出更新的報告，詳見頁三九。

人權聯盟」，報告所採用的資料多半已經公開。聯盟的成員組織包括：國際特赦組織加拿大分會、加拿大圖博委員會、加拿大總工會、加拿大法輪大法學會、民主中國陣線、中國民主促進會、加拿大保護記者委員會、加拿大自由圖博學生聯盟、多倫多支持中國民運會、維吾爾加拿大協會、溫哥華支持中國民運會。

報告在二〇一七年四月遞交給加拿大全球事務部（外交部現在的名稱）大中華司後，合力撰寫報告的各組織開了一次後續會議，與會者還包括曾經出席第一次會議的全球事務部官員及皇家騎警。會中警方及官員向聯盟徵求同意，希望可以將報告刪修後發送給「想法相似的各國政府」。聯盟同意了，於是該報告便成為加拿大、美國、澳洲、英國、紐西蘭之間共享的訊息。上述五國在二戰期間組成一個情報分享網絡，即所謂的「五眼聯盟」。

主導進行調查的是國際特赦組織加拿大分會，該會對於查訪、評估侵害人權案件並予以核實已有五十餘年經驗。一如既往，國際特赦組織以保守審慎的態度在報告中寫道：「本報告所提出的許多案例，並不能直接證明乃是中國官方所為。然而，即使許多報告帶有傳聞性質或不甚具體，國際特赦組織加拿大分會還是認為，從多項違犯人權事件的規模及連貫性看來，與中共國家支持並居間組織的行動若合符節，而這項行動劍指的對象就是被視為反對中國政府利益的特定政治團體、民族團體、靈修團體。」

報告指出，中國政府企圖於海外施加政治及文化壓力以促進中共目標的紀錄多不勝數：「中國官方企圖在海外投射軟實力，被指稱在加拿大運用民選官員、外國媒體、教育機構，來推廣與中國政府政策相符合的政治立場。推廣親政府政策的努力，搭配顯然是針對異議團體的行動，已經對加拿大人權運動造成嚴重的寒蟬效應，干擾到許多加拿大公民與居民的權利，及其思想自由、言論自由、集會自由。」

中共代理人侵害加拿大公民與居民的方式，可以列出一長串清單，包括網路攻擊、電話騷擾、散布仇恨宣傳、用中共特務跟蹤監視個人、干擾反中共集會、拘留凌虐訪中的加拿大人、恐嚇他們留在中國的親屬、利用中共在加拿大的政治關係來干預言論自由和集會自由。

三年之後的二〇二〇年三月，「加拿大關懷中國人權聯盟」又寫了一份報告，提供了加拿大人遭到中國官員騷擾與恐嚇的最新事證。在大多數情況下，中共針對的一直是提倡香港與中國進行民主改革的加拿大人、法輪功學員、鼓吹西藏自治的人士，以及維吾爾流亡社群的成員；然而最新報告特別指出加拿大大專院校的緊張升高，因為有幾個省的教育局對某些被認為是中共特工的活動反應強烈，這些活動包括試圖限制學術自由以及推廣親北京的政治宣傳。

該報告點出情勢可能正在惡化中：加拿大官員缺乏自信的反應，使得中國的行為者可說膽子愈來愈大，干預事件也愈來愈常出現。

「加拿大政府必須以日漸急迫的態度來面對此一議題，因為這件事已導致在加拿大從事中國人權問題的工作者感到不安與恐懼，其所製造的寒蟬效應讓人不敢在這個國家行使表達的自由與其他公民自由等基本權利。到目前為止，加拿大當局的反應還只是零零星星而且大多無效，既無法拼湊出究竟發生什麼事的完整圖像，也無法指出人權工作者所面臨的恐嚇與騷擾到底從何而來。」

加拿大之所以變成中共特務的獵場，是因為我國吸引了大中華地區意欲逃離中共的許多移民。最初一波是二戰之後以及繼之而來的中國內戰（一九四五年～一九四九年），蔣介石的國民黨失敗了，於是和該政權有關係的人便跑到海外找避難所。一九六〇和七〇年代的難民源源不絕湧入，有來自中國，也有來自中國占據的圖博和新疆。從中國移居加國是為了遠離大躍進的迫害、動盪與飢荒，文化大革命非人性的殘暴，香港在一九九七年主權回歸北京後對未來的不確定，以及一九八九年天安門示威遭到打壓後對改革運動的幻滅。

在達賴喇嘛親自懇求加拿大政府為圖博人提供庇護之後，他們在一九七〇年代陸續抵達加拿大以逃離中共的文化滅絕。圖博裔加拿大人超過八千名，[3]是亞洲以外人數最多的圖博族群。

自從二〇〇一年的九一一事件蓋達組織攻擊了紐約之後，華盛頓就默許了中共對穆斯林的迫害，此後中共便一直強化在新疆對維吾爾人的宗教及文化活動進行控制與破壞。中共在新疆和在圖博一樣，利用漢族移民淹沒該地。目前在加拿大定居的維吾爾人約有一千五百名，[4]其中有些人士積極推動流亡者為故土爭取自治及民主的運動。

台裔加拿大人在中國企圖控制其海外僑民時遭了池魚之殃。目前，先人來自台灣的加拿大人約有十萬名。他們是在一九五〇及六〇年代開始逃離這個位於中國海岸一百八十公里外、面積略大於溫哥華島的島國。當時蔣介石剛在中國內戰中遭中共擊敗，帶了兩百萬名國民黨追隨者占領了台灣，當台灣人對外來政權的統治感到激憤，蔣介石的回應是施行

3 根據加拿大統計局二〇一六年的數字。https://www12.statcan.gc.ca/census-recensement/2016/dp-pd/prof/details/page.cfm?Lang=E&Geo1=PR&Code1=01&Geo2=PR&Code2=01&Data=Count&SearchText=Canada&SearchType=Begins&SearchPR=01&B1=Ethnic+origin&TABID=1

4 同前注。

戒嚴法，展開史稱「白色恐怖」的整肅行動，於是台灣民眾開始逃到加拿大、美國、澳洲和歐洲。一九七〇年代台灣移往加拿大的人口有所成長，一九八〇年代解嚴、民主化之後仍持續不墜。可是中共宣稱擁有這個兩千三百萬人的島國；它用盡一切方法來削弱台灣的民主體制，不斷威脅若台灣人民不接受北京主權就要以武力入侵。對中共來說，台裔加拿大人是重要的目標，因為其中有許多人主張國際應該承認台灣的獨立地位，同時也積極反對北京政權。

當一九八三年倫敦及北京開始交涉，要讓香港從英國統治了一百五十六年的殖民地回歸中國統治，離開香港前往加拿大的移民潮就此展開。接下來的十年，至少有五十萬香港人來到加拿大，其中許多人是帶著討厭中共的情緒，就是因為中共他們才會出逃。約有三十萬人在獲得加拿大公民權的保障之後，仍舊會有部分時間在香港工作，也有許多人重新在香港投入支持民主改革的政治運動。就這樣，香港與中國的政治改革便成了加拿大的國內議題，從而促使中共決定以逐步進逼的方式來關注中國移民在加拿大的活動。

國際特赦組織加拿大分會和加拿大關懷中國人權聯盟在二〇一七年四月所提出的報告，仔細陳述了多年來五毒人士所受的攻擊。最常見的是網路攻擊，往往利用號稱親朋好友寄來的電子郵件，附加含有惡意軟體的檔案。該惡意軟體可能是討厭的電腦病毒，但更多時候是間諜軟體，為中共代理人打開一扇窗口，得以進入異議人士的通訊網路。如此一來，中共間諜不但可以追蹤異議團體的討論及計畫，還能探知個別成員的所在地。發現此類惡意軟體的機構是位於多倫多大學孟克全球事務學院的跨學門「公民實驗室」，當時該機構正以鑑識科學的方法研究中共代理人的網路攻擊。

公民實驗室在二〇一三年檢查了某圖博裔加拿大人團體收到的一封電子郵件。該郵件顯示為圖博裔加拿大人社區的一位要員所寄發，信中含有三個附件，一旦打開來，電腦就會受到惡意軟體感染。公民實驗室將該惡意軟體命名為瑟特（Surtr），源自北歐神話中的火巨人。實驗室說：「遭到瑟特入侵的電腦，可能會讓敲擊的按鍵全部被記錄下來，檔案目錄及其內容全部被列出，還有讓遠端電腦操作者可以執行命令。」

公民實驗室繼續追查人權團體遭受攻擊的情況，然後在二〇一四年發表了〈社群有危險〉報告書。報告書由十個公民組織志願參與研究，內容則是針對這些組織收到的可疑郵件及附件的研究成果。

參與研究的一個圖博裔加拿大人團體提供線索指出，有一些攻擊是某個中方情報單位發動的。此一駭客被西方情報機構稱為APT1，它針對的目標包括許多政府機關及富比士五百大企業。美國聯邦調查局及司法部指出，APT1的本尊就是六一三九八部隊，即中國人民解放軍總參三部第二局負責網路間諜活動的部門代號。二〇一四年五月，美國司法部以經濟間諜活動起訴六一三九八的五名官員，此案涉及了六家美國核能、金屬及太陽能產業的公司。

國際特赦組織發現，某些在加拿大針對中國議題發聲的團體，成了網路攻擊的目標，特別是法輪功。此一運動結合靈性上的修練與太極功的養生之道，有數千萬修習者。一九九二年，李洪志成立了法輪功，目標在於融合傳統太極功夫及佛家修練的概念，達成身體與靈性雙方面的健康。法輪功很快就大受歡迎。短短幾年，全中國就有數千城市裡的公園出現了法輪功學員聚在一起練功。中共對李洪志的運動如此受歡迎備感關注；官方開始迫害該團體，尤其是在中國東北，法輪功最流行的所在。緊繃的衝突來到危機的臨界點是在一九九九年四月二十五日。該星期日早上，紫禁城旁的中南海高牆大院中，中共領導人一覺醒來，警衛告訴他們有一萬五千名法輪功信眾正在外面示威，抗議遭到迫害。朱鎔基總理於是邀請他們的代表進去領導人內院，談一談他們的悲憤。

若是此事留給朱鎔基解決，後果也許會不同。然而，他從來也不是中共領導層的當權派（主要也是他自己的選擇），而他的威望已經受損，因為他前一天剛從美國及加拿大訪問歸國，然而試圖說服兩國同意中國加入世界貿易組織的努力卻失敗了。中共的強硬派從法輪功的狀況警覺到兩件事。首先，示威抗議者大部分是中年人，以前是中共的中階黨員。這些人是黨的忠貞分子，是黨中央信得過可以在中國各地執行黨指令的人，他們信奉中共以人為本的意識形態，而這樣的忠誠對一黨專政的存續必不可少。但他們卻失去了信仰，不再相信那或可稱為共產主義的核心精神，因為中國正恬不知恥地由中共及紅色貴族帶頭投向權貴資本主義。於是他們改而尋找別種信仰來依靠，那就是法輪功。雖然有些中國人接受了基督信仰，但在中國最明顯的是傳統佛教的復甦。

讓中共領導層警覺的第二個原因是此事發生的時間：一九八九年天安門事件十週年的日子就快到了。當年天安門事件發生之前，全國都出現抗議活動，要求改革、清除腐敗，最後在六月四日告終，北京天安門廣場發生大屠殺，中國各城市亦有類似鎮壓。因為十週年的即將來臨，北京的安全措施應是滴水不漏。可是卻有這一萬五千人之眾，竟能從全國四面八方來到北京，聚集在領導大院之外，而國安人員事先全不知情。這對中共是噩夢的場景。經過一九八九年的天安門事件後，中共的結論是，絕對不能再有全國性的運動出現，來挑戰、推翻中共的統治。可是眼前他們的門口就來了一場。中共快速行動，以最野蠻的手段對付法輪功。一九九九年七月，法輪功被宣布違法，說他們是「邪教」。接著中國共產黨趕緊一探究竟，看法輪功之類的群體在中國社會當中有多深厚的耕耘。它赫然發覺到，令人不安的高比例人口正在太極運動及打坐中找到了平安喜樂，他們不只是一般社會上的人，他們還來自政府、共產黨、軍隊。於是法輪功成員遭到清洗，成千上萬的人被監禁或殺害。中共持續認定此一團體對其統治構成主要威脅，部分原因是法輪功領袖李洪志現居美國。

鎮壓之後，中共發動宣傳戰，把宣稱法輪功為邪教的標籤給合理化。中國共產黨說該團體對社會構成危害，因為他們用迷信洗腦民眾，有礙個人心理健康。國營媒體則刊載報導，說學員受到李洪志思想的影響，導致自殺、自殘或大肆犯罪。但是中共從未提出可信的證據來支持對該團體的指控。西方人權組織試圖檢視中共所謂的證據，卻發現或者是故事中所指的個人並不存在，或者是犯罪者並非法輪功學員。位於紐約的「人權觀察」稱中共對該團體的指控是「捏造」。

可是中共對法輪功的反擊相當成功，讓西方國家，包括加拿大，對該團體產生矛盾、懷疑的態度。這有一部分是因為西方國家對亞洲來的靈修運動，本來就很容易懷疑其動機及可信度。另外，西方國家也有各種源自本土的教派，其中有些還造成嚴重的社會問題，留下令人不快的經驗。再說法輪功的做法也沒幫到自己。被禁之後不久，該團體便對西方媒體發動持續不斷的公關攻勢。然而他們的攻勢是如此沒完沒了，投向記者和政治人物的素材又如此大量，其中有些主張又過於異常，聽起來就很歇斯底里，反而對情況沒有幫助。法輪功的公關活動不但沒有令西方記者認為可信，反倒令人感到煩躁，並懷疑起該團體的說法。以致當證據開始浮現，指向中共當局殘酷地虐待遭拘禁的法輪功學員，包括摘取器官以用作高價移植手術時，西方的媒體和政治人物都游移不前，未能以法輪功所希望的嚴肅態度來面對這些指控。

在中共針對加拿大的目標清單上，法輪功排在很前面。加拿大法輪大法學會代表胡倫茜對國際特赦組織的調查員說，該團體注意到遭受網路攻擊，最早是在二〇一〇年。她說有人偽裝成法輪功學員，對聯邦政府的部長及國會議員發送電子郵件，目標顯然是要削弱該團體之公信力。特赦組織在檢查電子郵件後發現，郵件訊息的目的看起來是要強化中共所謂法輪功是個狂熱教派的宣稱。兩位保守黨前任國會議員傑森·康尼及史蒂芬·伍德沃斯都有收到電子郵件。信中辱罵兩位議員沒有參加法輪功的慶祝大會，又提出警告說，下一次集會是他們得到「拯救」的最後機會。特赦組織也秀出二〇一六年四月所發送的一系列電子郵件，其中包括一張保守黨國會議員大衛·安德森的相片。安德森是反對黨負責國際人權及宗教自由議題的議員，電郵中說他「支持法輪功」。特赦組織並沒有說明該相片的細節，但看起來是涉及不當行為，因為安德森辦公室將此信轉發給加拿大皇家騎警。

電話威脅是中共間諜機構及其附隨組織很喜歡運用的騷擾技巧。特赦組織的研究調查了各公民團體提出的許多電話騷擾案例，其中有些人遭到死亡威脅。來電者往往默不作聲，只是播放預先錄製的仇恨或辱罵訊息。渥太華居民周露西（音譯）是法輪功學員，她曾在半夜接到預錄訊息的電話，內容是詆毀法輪功。她還接過其他電話，是頌揚中共及其領導人的宣傳歌曲。還有一名打電話來的男子操著流利的華語，他似乎很清楚周露西最近都到哪裡去旅行。根據周露西於二〇〇五年六月接受《環球郵報》採訪時表示，這些來電很快就變成了性騷擾電話。

周露西的情況曝光前幾個月的二〇〇五年二月，郝鳳軍逃離中國，向澳洲申請庇護。郝鳳軍說他在六一〇辦公室工作，那是中國公安局的特別單位，負責一個廣大的線民網絡專門監視法輪功，網絡遍及澳洲、紐西蘭、加拿大、美國等各個國家。他聲稱，他在工作上看到的文件顯示，中共在加拿大有一個反法輪功的情報網絡，間諜人數破千——他認為比美國、澳洲和紐西蘭的人數還多。他說六一〇辦公室吸收華裔加拿大人來蒐集法輪功學員的資料，從中國派出專業特務，並徵召訪加的商務人士與學生。郝鳳軍表示六一〇辦公室及其線民活動的中心是溫哥華及多倫多，線民通常是收到指示，要以預錄好的訊息來騷擾恐嚇法輪功學員。

下議院在二〇〇五年六月十六日針對此事進行討論。當時自由黨的總理保羅・馬丁回答保守黨黨魁史蒂芬・哈珀的提問時說，政府十分嚴肅地看待郝鳳軍所稱，有千名中共間諜在加拿大活動一事。馬丁說他在該年一月訪問北京時，曾對中國領導人提出此事。「我廣泛地討論了加拿大的利益。」馬丁對下議院說，「我廣泛地討論了加拿大的主權，以及國與國之間的交往必須尊重對方國家主權。」馬丁繼續說，加拿大有「積極的反情報計畫，足以維護加拿大的安全。事情很清楚，而且加拿大人可以很放心，我們擁有強力的執法系統及國安系統，加拿大人肯定會受到保護、活得安全。」

就算郝鳳軍沒有出來指控，也已經有許多證據可以讓加拿大的官方和社會大眾知道，中國政府的官員展開了持續不斷的活動，以針對他們認為對中共造成威脅的加拿大人，尤其是法輪功學員。

中國外交官員在加拿大散播仇恨宣傳的最明確案例，就是針對法輪功。此事源於二〇〇二年十一月中，中國南部的廣東省爆發了嚴重急性呼吸道症候群（SARS）。當地衛生官員很快就知道這種疾病極易傳染，意識到可能會成為流行病。關於SARS的報告循線上報至北京，二〇〇三年一月底，衛生部派遣的團隊抵達廣東。一月二十七日，衛生官員寫了一篇報告，可是列為最高機密；也就是說，任何人——無論是醫生、衛生官員，還是記者——只要公開談論此疾病，就可能因洩露國家機密而遭起訴。

官方之所以封鎖消息，是因為害怕若中國爆發重大流行病，將危及經濟成長並損及社會大眾對中共治理能力的信心。所以一直要到二〇〇三年二月十一日（疾病爆發後三個月，衛生部官員調查後兩個星期），廣東省衛生官員才獲得授權召開記者會，說明該疾病已知情況、傳播範圍，以及社會大眾如何預防感染、一旦患病該如何治療。對於問題的嚴重程度以及傳染開來的可能性，官員則輕描淡寫。到了三月，中國全國人民代表大會開會期間，消息又封鎖了一回。因為讓人大這個冒牌國會蒙羞，在政治上是不能被接受的。直到四月初，北京才將SARS爆發的消息通報給世界衛生組織。約莫同時，中國疾病預防控制中心向全國醫院發出通報，說明如何預防SARS傳播。可是一直要到四月中，北京的衛生部才發出命令，要求仔細監控疫情，逐日將新病例回報給衛生部；距離SARS被發現已經五個月。

此時在加拿大，SARS於二〇〇三年三月五日奪走第一條人命，來自香港的關水珠（音譯）女士，七十八歲。總計疾病肆虐期間，共有四百三十八位加拿大人遭感染，四十四人死亡。到了四月，全球各地開始指責北京在SARS剛出現時因為政治理由而默不作聲。四月十六日，加拿大的死亡人數來到十九人，世衛警告大眾勿前往多倫多旅遊，此時《多倫多星報》刊登了法輪功學員喬伊．契譜卡的社論。他是一位多倫多商務人士，常常給報紙投稿，也會寫信給多倫多的中國領事館，呼籲停止在中國迫害法輪功。契譜卡給《星報》的投書表達了對北京掩飾疫情的關切，他認為有人因而喪命的責任在中共。五月一日，同一家報紙刊出潘新春的反駁。這位中國駐多倫多的副總領事怒氣沖沖地否認北京政府有掩蓋SARS疫情，他說契譜卡的指控是「邪教」成員在發牢騷。

契譜卡於二〇〇三年八月對潘新春提告，稱副總領事的投書證明了中國外交官散播仇恨思想，煽動加拿大人起來反對法輪功。次年二月，安大略高等法院開庭審理。潘新春未出庭，也沒有派代理人為自己辯護。法院主張，雖然潘新春身為副總領事，確實是中國外交系統的職員，但他對加拿大法律的豁免權沒有渥太華大使館的外交官那樣全面。不僅如此，該豁免權只能用於潘新春就領事工作所進行的活動。法庭認為他寫給《星報》的投書不能算是領事工作。

法庭判決潘新春對契譜卡誹謗罪成立，令其為所造成之傷害賠償加幣一千元，並須支付契譜卡的訴訟費用一萬元。契譜卡向法庭提出的傷害賠償只是意思意思，他說自己更看重的是有罪判決的象徵意義。判決出來之後，北京政府發表聲明：「潘先生是在加拿大保護中華人民共和國的利益，依照中華人民共和國的指示，對攻擊行為做出反應……潘先生的行動是領事工作，因此加拿大法院的司法應予豁免。」

二〇〇七年三月五日，張吉燕（音譯）出逃，向加拿大尋求政治庇護。張的夫婿是為渥太華中國大使館工作的會計師。根據她對大使館活動的描述，其中有好幾項被特赦組織的報告列為騷擾及恐嚇。為了捍衛中華人民共和國的利益而採取強勢手段，甚至不惜散發仇恨宣傳、干涉加拿大內政——所以若有人相信中國駐加拿大外交官的工作內容包含這些部分，那還真的情有可原。

張吉燕是一九九五年為法國的中國大使館工作時開始修習法輪功，這一套融合佛學的太極功夫當時在中國還是合法的。當張吉燕與夫婿在二〇〇三年調至渥太華時，法輪功在中國已屬非法，但她看到學員在國會山莊的示威後決定加入。她散發法輪功傳單一段時間，發覺自己受到大使館職員監視，於是她停止公開支持法輪功。張吉燕出逃後告訴記者，她注意到大使館是如何地反對法輪功。「我在大使館親眼看到一些材料，煽動針對法輪功的仇恨」，她在記者會上的陳述得到幾間加拿大報社的刊登。「大使館特別有一個單位，專門蒐集（法輪功學員的）資料。有一次在大使館全體職員都出席的會議上，中國大使談到，他要把詆毀法輪功的材料寄給國會議員、加拿大政府官員、前總督。」

張吉燕說大使館試圖影響加拿大社會的目標遠甚於此，不止是希望打擊法輪功的信譽而已。《溫哥華太陽報》引述她的說法：「大使館透過控制華人社群，以達到對主流（加拿大）社會造成衝擊及影響的目的。」她指出中國駐加拿大外交官曾試圖防止紐約來的「新唐人電視台」獲得加拿大的播放許可執照，不過卻失敗了。該電視台有法輪功背景，由海外華僑營運，經常採取批判中共的編輯方針。張吉燕說中國大使館「動員親共華人團體、大陸留學生寫信給加拿大廣播電視暨通訊委員會，想要阻止新唐人進入加拿大」。此舉失敗之後，大使館職員又遊說「羅哲斯」這間加拿大有線電視業者，不要讓新唐人的節目在本地頻道上架。

特赦組織報告中提到另一個煽動仇恨的案例，但情況遠不及前述案例來得明確。調查員所聽取的經歷來自著名的華裔加拿大作家暨記者臧錫紅，筆名盛雪。盛雪在北京長大，一九八九年天安門大屠殺之後不久搬來加拿大。她以盛雪之名擔任自由亞洲電台的駐外記者，以及德國公共廣播電台「德國之聲」駐北美記者。盛雪也是加拿大筆會的成員，該會是國際筆會的分會，捍衛遭受迫害的作家。二〇〇七年，她是卡爾頓大學（渥太華）駐校作家；二〇〇九年，麥克馬斯特大學（安大略省漢密爾頓）駐校作家；二〇一〇年，亞伯達省艾德蒙頓的流亡作家。[5]她參與了十幾個組織，皆為提倡中國民主改革，並支持圖博、新疆、香港、台灣的人權。

盛雪對國際特赦組織說，過去幾年來她一直是毀謗網站的攻擊對象，除此之外，還有一位名叫張向陽的男子也對她發動個人攻擊。二〇一五年十一月至二〇一六年四個月期間，張向陽每天在渥太華的國會山莊舉牌遊行，罵盛雪是「中國間諜」。她向警方舉報張向陽，對方的反應是提出民事告訴，要求她為損害賠償一千萬加幣。張向陽給安大略高等法院所提的訴狀列出許多奇異的指控，他說盛雪要為他在美國遭綁架一事負責，還說盛雪設計讓他妻子的表親在中國車禍身亡。其中最嚴厲的指控應該是，二〇〇六年，張氏家族在河南省省會鄭州的商用地產遭地方官竊占——這種情況十分常見，所以說得過去。可是張向陽接著表示，此案所得之利潤部分用於資助中共在海外的間諜機構，而盛雪就是其中一員。盛雪宣稱，張向陽這樣講，是為中共辦事，以打擊她在所參與的諸多異議團體中的工作及地位。那是中共間諜機構常見的作案手法。另外，充滿執念、偏愛陰謀論的人，也常常把自己所感受到的不平歸告給公眾人物。盛雪和張向陽的故事說明了，加拿大華裔社群的世界有如迷霧幻鏡，充滿猜疑與不安，而這正是由於中共的間諜與威嚇活動所致。

由國際特赦組織加拿大分會所找到的證據看來，中共外交官及其代理人對目標進行盯梢與監視，不只是為了蒐集情報，也是為了恐嚇目標。他們蓄意這麼做，好讓受害者明白自己的一舉一動都受到監控。

特赦組織的報告當中，關於個人受到監視的案例，有幾位是來自加拿大的大專院校。陳述自身經驗的人士，特赦組織多半不予具名，以防他們招致更多注意。其中有一位加拿大教授告訴特赦組織調查員，「他長期受到中國官員的騷擾和恐嚇，這些人一直試圖監控他在加拿大的活動。」從用字遣詞來看，此教授應該有華裔血統，或者他出身於中國所統治的地方。教授對特赦組織表示，曾有「華人」聯絡他的行政助理問他的資料，而他本身則被新華社的人接觸，另外與他同屬一個團體的人也找過他，他相信這些人已經滲透了該團體。「他還談到同事警告過他，說中國領事館向該校孔子學院的職員打聽他活動的消息。在他服務的大學中有一個華人教職員協會，最近被傳收受了中國領事館的資金，而他懷疑此項資助的目的是要協會分享資訊。」教授告訴特赦組織，中共代理人似乎也用過更直接的手段企圖嚇倒他。曾有兩人坐在車上監視他家，直到他的太太前去質問之後，兩人才離開。

維吾爾加拿大協會主席穆罕默德．托蒂，也曾在二〇〇七年遇過類似的情形。二〇〇七年五月的《麥克林》雜誌刊出托蒂接受採訪的報導，托蒂表示他常常遭到電話騷擾，他

5 艾德蒙頓流亡作家委員會（Edmonton Writer in Exile Committee）所提供的職務，若申請成功即可於一年時間內在特設辦公室寫作、與其他作家聚會、發表演說。

懷疑來電者是中共代理人。二〇〇六年十月，他目擊三名華人坐在黑色休旅車中看著他家。托蒂對記者說，雖然他有向加拿大安全情報局以及外交部投訴此事，他還是失眠了好幾天。他走投無路，只好搬進有全天候保全的公寓，不過他還是告訴《麥克林》：「我覺得在加拿大再也不安全了。」

那似乎正是中共代理人想在這個為數一千五的維吾爾裔加拿大人社群中所激起的反應。三年前，曾發生一次對托蒂更直接的恐嚇。夜裡，他家電話響起，是托蒂的母親特米莎打來的。她住在喀格勒克，位於維吾爾人被中國占據的新疆自治區。自從托蒂逃離中國，已經有十六年沒見到母親了。特米莎很快把話筒轉交給一名男子，此人立刻開始斥責托蒂的政治活動。男子自稱是中國僑務辦公室的官員，那是個利用中國海外僑民以達到中共國際目標的主要機構。他指示托蒂不得在加拿大為維吾爾人爭取支持。他特別要求托蒂不准再聲稱北京正對維吾爾人進行文化滅絕。他又指示托蒂，不可參加接下來將在德國舉行的維吾爾流亡組織大會。該官員的要求背後有明明白白的脅迫。他說：「你媽媽在我們這裡，你兄弟也在」，他又補充道，警方將他們帶到近三百公里遠、位於喀什的公安局，來打這通電話。官員說：「我們想怎麼幹，就怎麼幹。」

這可不是空口說白話。另一位維吾爾領袖侯賽因・塞利爾，漢名玉山江，他是穆斯林教長，二〇〇一年與家人一同逃至加拿大、入籍、在多倫多西邊的伯靈頓住了下來。侯賽因積極參與維吾爾政治，在一次加入多倫多中國領事館外的遊行隊伍時，被中國官員拍下他的照片。二〇〇六年三月，侯賽因前往烏茲別克探視妻子的家族。烏茲別克位於中亞，距離新疆不遠。他在那裡被逮捕，交給中國官員，通過國界被運往中國。雖然加拿大外交人員一直強烈地堅持侯賽因是加拿大公民，須以加拿大公民待之，但他很快就以恐怖主義的罪名受審，並判處終身監禁。[6]此事讓加中關係明顯冷卻了下來。哈珀總理要求中國政府為侯賽因的遭遇提出解釋，對此中國外交部發言人姜瑜表示，中國政府認為侯賽因是中國公民，因此「中加之間的領事協定不適用」。姜瑜更指侯賽因是「東突厥斯坦伊斯蘭運動的成員。他是罪犯。」

侯賽因在加拿大的律師克里斯．麥克勞德相信，從烏茲別克被移送到中國的速度這麼快，若不是中國在加拿大有間諜活動，根本就不可能辦到。麥克勞德對《麥克林》雜誌說：「我一直都認為，侯賽因之所以被中國官員盯上，是因為他在這裡的活動。」「他們顯然有

6 二〇一六年二月，中共當局宣布對十一名危害國家安全與從事恐怖活動的維吾爾囚犯予以減刑，侯賽因也是其中一位，據稱他因為寫了自白也參加了教育訓練，所以刑期減至二十年。

在監控他，知道他出門旅行。他們當然不願意其他維吾爾人公開談論這件事。我猜，這就是他們表達意思的方法。」

中共對新疆的管控愈來愈嚴厲。二〇一八年八月，聯合國人權理事會提出一份報告，稱他們收到許多可信的紀錄，指出維吾爾族有多達兩百萬人正被監禁在集中營內。聯合國消除種族歧視委員會委員蓋．麥道高表示：「我們對收到了為數眾多的可信報告感到十分關切。這些報告稱，在對抗宗教極端主義和維持社會穩定的藉口下，〔中國〕將維吾爾自治區變成了一個巨大而隱密不宣的拘留營。」中方否認這些指控，並反控聯合國採用了「不實指責、歪曲報導」。

中共代理人行之有年的一種技巧，便是威脅或拘禁海外異議人士身在中國的家人，以控制對方的行為，或逼迫他們回到中國接受懲罰。

林耶凡是個演員、又參加過選美活動，也許因為這樣，她很上鏡也有眾多支持者，使得她的案例受到了國際關注。她是在二〇〇三年十三歲時，隨母親由中國移民加拿大。由於雙親離異，父親仍繼續住在中國的湖南省。她在多倫多大學主修戲劇，並踏上演藝生涯，二〇一五年五月贏得世界小姐的加拿大代表權。

她在二〇一五年六月的《華盛頓郵報》上把自己的經歷寫出來，她說，雖然中國有實施新聞審查，她贏得代表權的事還是上了報，親友也都知道了：

但事情很快就變糟了。我勝出之後不久，父親開始遭到中國公安威脅，他們不滿我對人權的倡議。身為一名演員，我常常參與那些反映中國官員貪腐以及迫害宗教的電影和電視節目，我也透過加拿大世界小姐的平台來為此發聲。父親無疑是擔憂他的生計和事業，他叫我別繼續呼籲人權了。他告訴我，一定不要再做了，否則一家人只能各奔東西。

許多華裔的人權運動者都有類似經歷。即使移民到西方，共產黨還是利用他們在中國的家人做施力點，恐嚇他們、使其噤聲。

林耶凡寫道，要在她與父親的關係以及對人權的呼籲兩者之間進行權衡，讓她感到天人交戰。她宣稱：「答案很簡單：如果我也給嚇倒，我就成了侵害人權的共犯。如果我和其他關切此事的人都默不作聲，共產黨就會一直肆無忌憚地迫害它的人民。」「一味保持沉默保護不了我父親，就算他不理解、不接受我發聲的理由，但我知道，他在國際社會的關注之下會比在威權政府試圖製造的陰暗中來得安全。」

即使有這些威脅，到了十一月，林耶凡仍決意前往中國海南島的三亞參加世界小姐決賽，但她未能抵達該地。中國官方拒絕她入境，將她列為不受歡迎人物，明擺著是因為她直言支持中國境內的人權和宗教自由，其中包括她對法輪功所受的迫害表達譴責。

特赦組織的報告臚列了好幾個案例，描述加拿大人在中國、圖博、新疆的親友如何遭到騷擾及霸凌。大部分案例的受訪者名字都被塗黑以保護其隱私。有一個直接點出姓名的人是謝衛東，他原本在中國最高人民法院擔任審判員（法官），二〇一四年移居多倫多，開始對中國司法體系提出直接的抨擊。在二〇一七年一月十一日《環球郵報》刊出的訪談中，謝衛東說他肯定中國官方正打算強迫他回到中國接受審訊。他們公開指控謝衛東貪污腐敗，這是中共經常用來包山包海的罪名，目的是讓批評者被消失、被噤聲。

他對記者說：「他們用上了傷我最深的手段。」「整個家族都變得極度驚恐。他們甚至不敢互相打電話。沒有理由就逮捕我兒子，家族中每個人都認識他，那麼接下來被逮捕的會不會就是他們？」

謝衛東的兒子叫做謝蒼穹，謝蒼穹的太太生動地描述了發生什麼事。二〇一六年底，他們新婚不久，下樓到他們北京公寓的地下停車場，準備開車前去為謝蒼穹的爺爺做百歲壽誕。他們先是看到車子的輪胎遭割破，然後馬上就有黑衣人來將他倆團團圍住。二十七歲的謝蒼穹在極力掙脫中痛得喊出聲，但最後還是被帶走。謝太太記得其中一名男子說：「我們在執法。你必須跟我們合作。」謝蒼穹被送到一千三百公里以南的湖北省，因挪用資金罪嫌遭到拘留。謝家被騷擾還不僅於此。謝衛東的妹妹被關押，其他親屬則不准離開中國。

特赦組織的報告中提及一些案例，指出中國外交官為了壓制對中共的批評，完全無視加拿大人對言論自由、集會自由、媒體自由的信念。報告中有一項干預加拿大表達自由的案例，是中國駐溫哥華總領事梁梳根二〇一一年三月致函溫哥華市長羅品信，要求他阻止神韻藝術團在伊莉莎白女王劇院的舞蹈表演。

《溫哥華信使報》根據《訊息自由法》的要求取得梁梳根的信件內容：「如您所知，法輪功教派涉及顛覆中國政府的活動，有害中加雙邊關係。」「他們有一種戰術，是在加拿大各地讓所謂神韻藝術團上演，藉口『提倡古典中國舞蹈及音樂』。但事實上，此類表演充滿了教派的訊息，以及對中國政府的政治攻擊。今年的表演亦不例外。」梁梳根最後呼籲羅品信及溫哥華市議會不要對劇團發祝賀信，「更不要出席他們的表演」。羅品信辦公室對《溫哥華信使報》說，市長不克出席表演，是因為他到市外度假去了。

在特赦組織帶頭的這份報告中，揭露了許多中共間諜、秘密警察、影響力代理人和各種秘密行動，他們如何騷擾、恐嚇加拿大的人權及政治改革團體，但實況遠遠不止於此。中共可資利用的組織與代理人的全面圖像比這還要大得多，中國共產黨的其他僕從正在加拿大持續運作。

2

挫敵百計

The Hundred Strategies to Frustrate Enemy Forces

古為今用，洋為中用。

——習近平引毛澤東語

中國共產黨打造了一個控制、影響對外關係並從中得利的體系，堪稱機巧聰明的絕佳範例。這套情報與顛覆的機制十分龐大，其元件環環相扣、互相依存的方式，非華人並不熟悉，因此有時也看不出來。中共和其他國家一樣，在軍方和政府內設有慣用的反情報機構，以剔除盯上中國的外國間諜。然而中共與眾不同的地方在於：特別重視運用大量非官方組織以及個人對個人的聯繫，以便在它所針對的國家打開一些窗口。

自從一九二一年七月一日中國共產黨在上海創立後，它所進行的多項事業都以一套政治哲學為其方針，此一政治哲學乃蘇聯所傳，教導中共如何經營馬克思主義的革命組織。毛澤東編修了史達林的教科書，[1]以符合中國社會及文化的需求。他造出了具有中國特色的史達林主義。

毛澤東打算消滅舊中國，建立一個具有馬克思文化的新國家，與中國的過去脫鉤。可是在殺害了地主階級，以再教育來洗腦人民，又經過大躍進的腥風血雨，以及文化大革命的派系鬥爭之後，中國社會並沒有因此產生根本的改變。政府所造成的這些災難只證明了，舊中國和新中國免不了相互糾纏，某些文化態度乃是根深柢固，無法拔除。西元前五世紀的兵書《孫子兵法》對中國的戰略思想至關緊要一事已是老生常談。然而孫子提倡以智取敵，尤其是對付強大的敵人，此一思想仍然居於中共戰略的核心。北京的國安及實力投射還是基於以下想法：亦即，廣泛蒐集敵方的情報，仔細分析其弱點，將能在軍事衝突發生之前讓中國占到上風。如果這樣的情報運用得宜，便能夠在實質衝突爆發之前使對手繳械。尼可拉斯．艾夫提麥爾德斯在美國國防、安全、情報各機構任職有三十年，他在一九九四年的著作《中國情報系統》一書中，寫到孫子兵法對當代中國領導人的影響：「今天的政策制定者同樣重視洞燭機先，以及適度運用間諜活動來輔佐國務。中華人民共和國的情報機關不只是輔助政策制定者的一個部門。對外的決策程序，以及對內的經濟發展與政治控制手段，都與之密不可分。」

有一個很好的例子可以說明北京如何運用情報，針對敵手可能採取哪些行動及反應，以做出明智的判斷：那就是在過去二十年幾乎不費一槍一彈就控制了南海。這段時間內，

1 即《蘇聯共產黨（布爾什維克）黨史簡明教程》，簡稱《聯共（布）黨史》。

中共對南海的領土主張一次一次地、小小地推進，在海上、島嶼上、環礁上建立小規模但持續性的軍事據點，透過占據這些零星地區來合理化它對寬廣的領海主張。南海是世界上最重要的航線之一，同時蘊含了可觀的石油及天然氣，更有富饒的漁獲海產。北京小心謹慎地判斷它推進主權主張的速度和程度。中國的進犯，沒有一次是大到或危險到足以引發國際間的劇烈反應，尤其對美國來說。沒有一次足以成為宣戰理由。現況是，即使有六個鄰近國家對南海提出領土主張，它基本上已經成為中國的一個湖了，中國在七個人造島上布置軍事崗哨來防衛，規模愈來愈大。事到如今，得有一場大戰才能夠把北京的軍隊逐出該海域，而目前並沒有任何跡象顯示有哪一國準備要趕走北京，或用其他方式挑戰其占地的權利，美國是其中看起來最不可能這麼做的那一國。

中共負責安全與情報的文官機構是國家安全部（國安部）。國安部於一九八三年設立，和某些中共機關一樣，都是比照蘇維埃體制，今日的國安部相當於蘇聯在冷戰時期負責國內外安全的主要部門，即國家安全委員會（KGB）。國安部的任務是在國內進行反情報工作、蒐集外國的情報，以及捍衛中共在政治上的安全。

我寫作的時間是二〇一八年中，此時國安部部長是陳文清。部長這個職位使他成為中共中央委員會兩百多位成員之一。他同時也是國務院的一員，國務院代表中國政府，目前有三十五位成員。[2]

國安部從冷戰中得到極大好處。當時美國及其盟友都把注意力放在蘇聯以及華沙公約組織的東歐衛星國，使得國安部和中共其他情報機構得以成長，並把觸角延伸出去而幾乎不受干擾。從中華人民共和國一九四九年建國，直到一九七六年毛澤東過世，西方情報機構對中國頂多只有零星的興趣：一九五〇～五三年韓戰期間，毛澤東派出數萬「志願軍」與北韓並肩作戰；一九五〇年代，毛澤東為了完成一統中國之志而進犯台灣；一九六〇年代，中國介入越戰以及共產主義在東南亞的擴散；情勢沸騰起來是在一九七五年，北京支持的赤棉在柬埔寨掌權；然而四年後，攻進柬埔寨結束赤棉血腥統治的並不是美國，而是越南。

其後毛澤東去世，鄧小平上位成為一代領袖，看起來中國是想要揚棄孤立主義，擁抱經濟改革，變成一個正常的國家，或是接近正常的國家。於是，在一九八〇年代，西方的政府、投資人、情報機構重新對中國燃起了興趣。蘇聯在一九八九年解體之後，他們的興趣更大了。可是到了這個時候，國安部和中共各情報部門已經鍛鍊好在海外行動的方式，

2 這三十五位成員包括總理、四位副總理、五位國務委員，以及二十五位各部會負責人。

間諜和影響力代理人也已安插在有利的位置上。當西方的機構，以及日本和台灣等盟友的機構，發現自己人當中有國安部的間諜時，這才猛然醒覺所面對的是一個非常精幹老練的組織。馬上可以看得出來的是，國安部採用典型的間諜手法，把自己人放到有正式身分的駐外中國人員之間。這些人員包括外交官、商務人士、中國大使館及領事館中的商業或軍事參贊、外國大學等機構的客座科學家及學者、學生、記者——尤其是官媒新華社的記者。有些間諜基於某種法律地位而享有某種程度的外交豁免權，這類人士會出現在中國人民對外友好協會、某些工會、中共中央對外聯絡部，尤其是統一戰線部。

在海外工作的各情報人員有一主要目標，就是在當地吸收線民，並且在可以獲取有用情報的職位上安插間諜。中國在這方面做得很成功。缺乏外交保護的人員稱為「非法人員」，若被抓到就得面臨牢獄之災，在某些國家甚到會被判處死刑。這些人也會受到審訊，所謂的審訊涵蓋範圍極廣，可以是冗長持久的仔細訊問，也可以是直接的刑求。雖然如此，中國的非法人員還是被發現進入了美國各大武器實驗室，包括勞倫斯利佛摩國家實驗室、洛斯阿拉莫斯國家實驗室、橡樹嶺國家實驗室、山迪亞國家實驗室。一九九九年美國眾議院美國國安暨中華人民共和國軍事商業相關事項特別委員會指出，中共搬走了美國各種最先進的熱核武器的設計資料，七款核子彈頭的機密資料（有五種當時服役中），以及一種尖端的輻射武器（俗稱中子彈）的設計資料。上述之外，中國間諜也獲取了核子彈頭重返大氣層載具的資料，此種堅固的外殼是用來保護彈頭，使其由外太空折返時，不受過程中產生的高溫影響。要部署穩定及精準的核子武器，必須先駕馭此一技術。委員會斷定，中共對美國武器實驗室的滲透「至少跨越了數十年，幾乎可以肯定今天仍是如此」。

對中共間諜來說，盜取武器與其他科技，包括工業、製造業、通訊系統的大量資料等的主場在美國。不過近幾十年來世界各地都發現了中國間諜，在非洲、歐洲、亞洲、拉丁美洲都有秘密行動曝光。

國安部不止動用中國外交官和其他駐外人員，也在前往海外就讀大專院校的留學生之間吸收線民及間諜。二〇一五年，中國的海外留學生有五十二萬三千七百人。其中十一萬九千三百三十五位在加拿大，二十六萬零九百一十四位在美國。留學生或者被召募、或者被逼迫去蒐集中國需要的技術。然而，大多數遭竊的企業技術是透過表面看似港資的公司買到手的。國安部對於受到高度保護的科技所採取的最有效方式，是藉由交換學者的計畫將科學家送進外國大專院校。一九八〇年代在加州的勞倫斯利佛摩實驗室竊得中子彈設計圖的人，正是一位來訪的中國科學家。另有一些案例是國安部將具備足夠科學知識的專業情報人員混入客座科學家的團隊裡面。這些情報人員的任務在於監看其他團隊成員，蒐集訪問機構的一般資料，以及在東道主的科學家之間選出可以吸收的人。

國安部也以類似的方法來運用中國的商務代表團。自從中國在一九八〇年代中開放做生意以來，每年有數千個商務代表團前往海外尋找投資和貿易夥伴。國安部在代表團裡面安插工作人員，一方面監看團員，另一方面搜索可以獲取科技的機會。中共特別善於買下外國公司，以得到禁止移轉至他國的軍事及相關科技。憑藉併購取得科技，依舊是以在美國的成果最豐碩，但加拿大也是國安部的重大目標之一，澳洲和數個歐洲國家亦然。二〇一七年，這個問題在加拿大引爆，因為當時的杜魯道政府決定一改前任保守黨政府的封鎖政策，容許ＩＴＦ科技（一間蒙特婁的高科技公司）賣給中國的昂納科技集團，還要讓諾賽特國際（設於英屬哥倫比亞[3]的軍事通訊公司）賣給中國的海能達通信。

• • •

新華社在一九三一年設立，當時叫做紅色中華通訊社，一直都是中國共產黨的眼目及喉舌。記者是黨的宣傳員，他們所印行和廣播的日常新聞，是在宣揚中共的世界觀。同時，新華社的記者也是情報人員，每天產出一系列內部報導，僅限中共幹部閱覽。報導的精確性及坦白程度隨著目標讀者在中共這張等級分明的權力網所處的地位而逐步增加。中層幹部拿到的是《參考消息》，每份六頁左右，內含新華社記者的如實報導以及某些國際新聞。更加敏感的《內部參考》則只有部長級以上的中共官員才讀得到。有時候，新華社會針對時事製作高度機密的報告供中共中央政治局常委參考。特別報告所處理的是二〇〇二年SARS爆發、民眾對環境污染的反應這一類主題。在這種情況下，新華社記者的任務是把關於社會大眾的情緒，提供給中共領導人精確且深入的評估。報告中隱而不顯的是判斷這些議題會對中共政權造成多大威脅。

新華社的海外分社大體上也是照這種方式，產出政治宣傳訊息供大眾消費，撰寫較精確的報告給中共高層人士參考。不但如此，有些海外分社的規模還大到有很大部分的工作人員做的事和新聞報導無甚關係。例如，在香港和澳門分別於一九九七年和一九九九年回歸北京統治之前，兩地的新華社乃是蒐集情報、拓展影響、與當地政府私下接觸的主要機關。在這兩個地方，新華社辦公室具有半外交性質的任務，因為也沒有其他領事機構了。

3 加拿大最西部的省份英屬哥倫比亞省（British Columbia），在中國大陸譯為不列顛哥倫比亞省，在香港譯為卑詩省，簡稱BC。本書採用台灣譯名。

沒有錯，新華社澳門分社的規模之大，其人數竟超過了葡萄牙殖民政府的雇員；在葡萄牙這一邊的同意和縱容之下，新華社澳門分社可以說早在該地於一九九九年十二月移交給中國之前，就已經接掌了該地的行政權。

海外華裔移民和定居外國的中國公民，一般認為人數約有五千萬，在中國共產黨的眼中，他們是一項資產，可以組織起來推進中國的政治利益。其他許多國家的政府，例如以色列、法國、英國、德國，也有設立正式部門來處理本國與僑民之間的關係，但是沒有哪一個政府像中共這樣，為了管理及影響僑民而設置如此大規模的正式架構和網絡。

中華人民共和國在一九四九年建國後，隨即設立了國務院僑務辦公室（國僑辦），時稱華僑事務委員會。紐西蘭學者杜建華於二〇〇九年發表主題為北京如何管理海外華人的博士論文，[4]文中估計北京投入此項工作的公務員約有數萬名。他寫道：「幾乎所有國家的中國大使館、領事館、代表處裡面都有僑務辦公室的附屬人員，以便親自與在地華人社群交往和聯絡。」國僑辦的主要目標之一，是在海外華人之間維持一種有用程度的愛國情操，方法是讓他們與祖國以及他們或祖先出身的鄉里城鎮保持關係。為了此一目的，中國各級地方政府都設有區域性的僑辦，連偏遠的鄉鎮亦不例外。地方上的僑辦與海外僑民維繫連結的方法，是透過體育、貿易、文化團體，以及宗親會和同鄉會。中央的國僑辦預算充沛，得以為此類團體支付費用，出國推廣各自關注的事項，增強其與海外華人的關係。杜建華研究此一運作，在論文中判斷「雖然北京與海外華人的關係時有波動，它的意圖一直都是要保有海外華人對它的信賴感，並運用海外華人的政經資源，來推動其國內發展，延伸其外交政策，挑戰其政治對手，以及提升其國際形象。」

關係的波動是可以想見的。特別是在加拿大、美國、澳洲，中國人之所以會移民過來，絕大部分都是因為他們不願意繼續活在中共統治底下。話雖如此，有些移民仍然會受到誘惑，無論是種族主義的愛國情操，對祖國的強烈情感，或是在金錢上受惠所得到的好處。

與國僑辦相對的，還有一片相當隱蔽的網絡，其目標在於影響中國境內境外的外國人，若可行則控制他們。針對非華裔人士的外交政策稱為「外事」，「外交事務」的簡稱。有幾位學者發現，外事體系的核心是要培養外國朋友。紐西蘭漢學家安－瑪麗．布雷迪博士在一九九〇年代得到了一個絕佳的機會，讓中國內部運作的方式得見天日，她當時有辦法進入各圖書館取用此前列為機密的外事檔案。在那之後，機會之窗就慢慢關了起來，尤

4 To, James Jiann Hua. "Hand-in-Hand, Heart-to-Heart: Qiaowu and the Overseas Chinese." PhD diss., University of Canterbury, 2009. 本文後來改寫成書，題名 *Qiaowu: Extra-Territorial Policies for the Overseas Chinese*，出版社是Brill Academic Pub。

其是習近平二〇一二年上台後。布雷迪的作品清楚描繪出中國國家內部有一個歷史悠久且設計精密的組織，它唯一的目的，就是要在與中國接觸的外國人之間，挑出、吸收中國的朋友和代為散播影響力的人士。

中共早期（始於一九三〇年代）對待外國人的觀念承接自蘇聯。這套觀念的基礎在於把蘇維埃革命在國際上投射出一個溫純的形象，以抵消反對之力，並且在非共產主義者之間贏得支持或默許，同時阻絕蘇聯人民受到外界影響。中共也採用了這樣的目標及策略，只是改得更簡單也更激烈。時值一九三〇年代及四〇年代初，中共是非法的革命軍，雖然有許多外國人在中國境內，但是很少人跟中共有聯繫，也很少人支持它。所以那些支持它的人，確實得到了中共永遠的感謝。像加拿大人白求恩醫師、發起中國工業合作社運動的紐西蘭人路易．艾黎，還有幾位美國作家，主要是埃德加．斯諾，他們都成了革命英雄，中共珍貴的朋友。中共早年所結交的這些朋友裡面，有好幾位是加拿大傳教士及其家人，他們在形塑加拿大的對華方針以及隨後一九五〇及六〇年代更廣泛的外交政策上扮演了重要角色。

中共一九四九年掌權之後，大部分外國人被趕出了中國。只有對中共強烈忠誠的少數人得以留下，例如艾黎，以及毛澤東的美國翻譯員李敦白。然而，新建立的中共政權亟需外國專家。初期，是蘇聯和共產黨主宰的東歐各國為中共政權提供所需的科學家、教師、工程師、醫療人員、軍事顧問、技術人員、宣傳人員、譯者、行政專家。雖有少數例外，但外國人與中國的接觸一直受到嚴密控制，直到一九七六年毛澤東過世為止。布雷迪在研究外事手冊及檔案的過程中，注意到一九九五年的某出版品當中有一段話，說明了中共的政策目標：「我們的朋友愈多愈好，但也得慎選。我們特別想要結交對我們友善的，或者是有社會地位的，或者是有經濟實力的，或者是有學術成就的，或者是有政治影響力的；這樣對於達成和平的國際環境以及支持我國經濟建設是最有利的。」

布雷迪發現，外國支持者有分等級。級別最低的是「外國朋友」，這個詞和「國際朋友」常常通用。高一等的是「中國人民的老朋友」。最高一級的特別人物稱為「國際主義戰士」。這項殊榮保留給白求恩、艾黎一類人士，還有印度醫師柯棣華，他在一九三〇年代志願參加共產黨游擊隊，經歷和白求恩類似。如今我們較常看到的是「老朋友」，這些人一直是北京和中共強有力的外國人脈，為其發聲，不離不棄。這些「老朋友」包括促成美中國交正常化的美國前國務卿季辛吉。還有二〇一〇年去世的前英國駐北京大使柯利達爵士。一九八〇年代中葉，倫敦與北京針對香港主權歸還中國一事進行談判，柯利達爵士是其中要角。他在退休後對英國政府仍然很有影響力，他也曾公開指責末代港督彭定康在一九九七年移交之前對香港灌輸民主。另一位「老朋友」是法國前總統席哈克，有人說他「一輩子都是中國迷」。席哈克對中國文化與歷史的熱愛滿溢到阻止國際間對中共侵害人權的批評，提倡對北京軍售，並支持中共威嚇台灣以將其納入北京主權之下。

西方論者往往認為這些北京投以大量關愛的外國人，是在政治上戇呆，不知道自己被中共政權利用了。布雷迪不這麼想。她指出，在中共看來，「中國人民的朋友」與其說是一種榮耀，更應該說是一種職務描述，而她相信大部分接下此一角色的外國人，是知情而為、自願而為，甚至熱切而為。「成為朋友，有一種道德上的優越性，使他們不同於其他在中國的外國人」，布雷迪在二〇〇三年的研究作品《洋為中用》裡面這麼寫道。「順從此種控制所得到的獎賞很豐厚，包括地位和情報，如果是現在還包括金錢，許多高調擔任中國之友的卸任政治人物，會有希望利用他們的人脈在中國做生意的公司支付給他們顧問費。」

「榮耀」其實是一種職務描述的證據在於，若拒絕執行「中國之友」的任務，將受到或輕或重的處罰。豪華晚宴的邀請函突然就不再寄來了。撥給中國重要官員的電話會接不通。學者可能會發現，其學術聲望所倚賴的資訊來源忽然間就無法使用了。商務人士如果企圖破壞友誼，甚至可能受監禁、逐出中國，或被拒發簽證。布雷迪寫道：「中共的政治友誼乃是有意為之的策略，是整合在中華人民共和國外交體系裡面的一部分。」「這和一般人與人互動所產生的真正友誼，十分不同。中國的政治友誼顯然是統戰原則的實作，透過關注敵人的內部矛盾，統一所有可以用共同目標來統一的勢力，以分化敵人。」

統一戰線部在中國共產黨內是一個獨特的運作。在《間諜之巢》一書當中，加拿大安全情報局卸任探員米歇爾．朱諾－卡舒亞與記者法布利斯．德．皮耶柏格指出，統戰部管理大量針對外國的檔案。「這些包括政治宣傳、控制海外中國留學生、在華僑（以及支持中國的外國人）當中吸收工作人員，以及長期的地下活動。」該書出版於二〇〇九年，之後，統戰部的使命在中國主席習近平的領導下，變得更加廣泛、更加嚴密。習把統一戰線重新設計成全黨的運動。也就是說，黨和國家的各個部門現在都有統戰部的人出任最高層級的職位。據說過去幾年來，統戰部的編制擴張到了四萬人。

英國《金融時報》在二〇一七年十月的某篇報導中，以該報取得的一份統戰工作手冊為主題，裡面說：「海外敵對勢力不希望看到中國崛起，他們中的許多人把我們的國家視為潛在的威脅和競爭對手，所以他們千方百計阻撓並壓制我們。」手冊繼續說：「統戰……是一個能讓我們排除萬難而獲得勝利的大法寶。」同月，統戰部常務副部長張裔炯難得開了記者會，他也強調此一想法。他說：「中國人民要強起來，實現中華民族的偉大復興，同樣要在中國共產黨領導下，充分、全面、更好地發揮這個法寶作用。」

統戰部擴編的一個重點是，幾乎所有中國大使館及主要的領事館，現在都有統戰部的工作人員。《金融時報》取得的統戰部手冊說：「中國人在家鄉的統一，有賴於海外中華兒女的統一。」這種說法就表示，雖然在估計五千萬的海外華人中有超過八成歸化了所居住的一百八十個國家，中共仍然把他們看作潛在的第五縱隊。該手冊提出幾種可以讓統戰部人員贏得海外華人支持的方法。其一是單純訴諸他們與祖國在種族與文化上的紐帶。其二是提出意識形態的呼籲，要他們參與「中華民族的偉大復興」。不過據《金融時報》報導，最主要的動作還是提出更為露骨的條件，為中共認為最能促進其利益的海外華裔團體及個人提供資金或其他資源。所有海外華人的「友好協會」都隸屬於統戰部，人們往往是透過此一組織，被引入統戰部的爪掌之中。

至於更高層的影響力，統戰部的手冊則肯定了海外華人在多倫多選舉所取得的勝利。雖然手冊對於所指的是競選哪些職位的哪些候選人含糊其詞，不過看起來指的是大多倫多地區的市級選舉：二〇〇三年，二十五位華裔候選人當中有六位當選；二〇〇六年，四十四位候選人當中有十位當選。手冊說：「我們應該與這些地位相對較高的個人和團體合作，在主流社會中活動，以期待未來的進展。」

目前統戰部底下設有九個局。[5]第一局是黨派工作局，處理中國共產黨之外的八個中國政黨。這些政黨是中共製造出來的，以便在表面上呈現出多黨民主體制，黨派工作局會將各個假政黨的代表安排到政府各部門中。第二局是宗教、少數民族工作局，發揮類似第一局的作用，掌管中國所承認的五十五個少數民族。管理目標在於使各民族不致成為分離組織，確保大家都了解他們的文化和宗教乃是從屬於中共。

第三局是一個重要的部門，也和加拿大人最有關係。港澳台、海外聯絡局的一項傳統功能在於維繫香港與澳門對中共的忠誠，兩地曾經分別是英國及葡萄牙的殖民地，現在則是中國主權所及的特別行政區。第三局的對台工作，目標是與在地人士建立同盟關係，以削弱台灣人民對獨立的堅持。其終極目標是準備好土壤，當時機成熟時，讓北京得以掌握台灣及島上的兩千三百萬人。第三局還有一些辦公室的業務是在五千萬海外華人當中培養愛國情操，以提升北京在國外的形象，並建立散播影響力的小團體，好在必要時召喚這些人來促進北京的利益。

第四局（幹部局）培訓統戰幹部。第五局（經濟局）針對未能趕上中國經濟革命的貧

5 二〇一八年三月國務院進行機構改革，將僑辦、宗教局及民族事務委員會全歸統戰部領導，現已有十二局。

苦人民，維持他們對中共的支持。第六局（無黨派、黨外知識分子工作局）負責在藝術家、知識分子等具有影響力的黨外人士之間培養支持度。

第七局是西藏工作局。該局的工作不只是要壓制圖博的分離主義，削弱達賴喇嘛的影響力，在他過世之後控制轉世靈童；令人感到不解的是，該局還肩負贏取圖博民心的任務。

第八局，新的社會階層人士工作局，應對的是中共所面對的新問題，即是日漸興起的中產階級，他們在實施社會主義市場經濟的這些年間，得到了經濟上的安全，因此對共產黨不太忠心。正因為中產階級的興起，使得許多西方政府及觀察家認為，假以時日，他們將要求政治與社會的改革，從而改變中國。第八局的目標就是確保上述情況不會發生。

第九局，新疆工作局，是最新設置的部門，其職責在於掌控中國西北方的新疆自治區，手法與西藏工作局相當接近。第九局的任務包括在新疆的維吾爾人、哈薩克人、塔吉克人當中培養愛國情操，以及壓制分離主義運動，並限制各族人民對伊斯蘭信仰的奉行。

統戰部一直試圖擺出純良溫柔的形象。但從其在圖博、新疆、香港、台灣、加拿大、澳洲、紐西蘭，以及世界其他地方的運作顯示，這是一隻戴著絲綢手套的鐵拳。

第一次的統一戰線[6]始於一九二二年，在蘇聯的敦促下建成。莫斯科告訴新生的中共，應當與它的敵人聯手，那就是孫中山所領導的國民黨。莫斯科主張，這樣可以讓中共免於滅亡，共產黨也有空間可以成長，就像執政黨體內的一隻寄生蟲，如此一來可以讓共產黨人在最後取得主導地位。此一同盟只維持了五年。孫中山一九二五年過世，然後蔣介石接下了國民黨，一九二七年四月發動針對共產黨員的清黨，首先是在上海，繼而擴展到全中國。有數萬名被懷疑是共產黨員的人士被殺，但如毛澤東和周恩等中共要人逃過一劫。到一九三五年，共產黨已經在中國北部陝西省的延安及周邊重整。當日本人一九三七年七月由滿洲的租界侵入中國後，國民黨領袖蔣介石雖不情願，但為了擊敗日本，還是與中共組成第二次統一戰線。這個不情不願的同盟一直穩穩進行，直到一九四五年第二次世界大戰結束。統一戰線在對日勝利之後崩解，隨即轉變成一場內戰，然後共產黨人在一九四九年贏了。

　　這兩次統一戰線，對中共來說是寶貴的經驗。中國共產黨學到了，與非共黨的組織暫時結盟，是多麼有用、多麼有利。中共了解到，只要展現出友善的面孔，不多著墨於其目標，同時維持嚴格的內部紀律，它就可以輕輕鬆鬆地建立和操縱這樣的同盟。有了此一經驗，毛澤東在中共掌權後也採用了相同的策略。他推算，中國人口裡面只有大約一成是

6 中國國民黨稱之為「國共合作」。

激烈反對新建立的政權。大部分群眾可以被收買。統一戰線工作部一開始建立就是重要機構，由中共中央委員會管轄，在黨內層級中位於第三級。一九四九年之後馬上進行的一項任務，就是讓中國大多數群眾相信，中共代表進步、統一、民主，而國民黨則是陳舊、貪污、威權的化身。

此一政策順利地使中共穩抓政權，直到毛澤東帶來血雨腥風（大躍進及文化大革命）。一九七六年毛澤東去世，新一代領袖鄧小平重新採用統戰部，在他開放中國經濟、建立「有中國特色的」市場體系時充當一項不可或缺的工具。統戰部的職責仍然包括管理中國的少數民族、共產黨以外的幾個假政黨、獲官方認可的宗教團體。不過在鄧小平時代，統戰部逐漸成為中共外交政策的重要一臂。一開始是利用該部門來吸引海外華人及中國之友，讓他們協助經濟改革與發展的目標。擺在海外華人眼前的誘惑，除了可能在改革過程中搶占先機而賺取龐大利益，還有可能獲得某些榮譽，例如成為兩千四百位中國人民政治協商會議（政協）委員中的一分子。政協過去受到統戰部管理，如今則是作為一個對話平台，讓中共可以聽取非共產黨員的建言，海外華人也包括在內。然而，現實的狀況使得參加政協的榮耀失了色，因為有三分之二的委員都是中共黨員，以確保政協不會取得任何獨立的政治正當性，或提出任何可能使中共政權丟臉的決議。

近年來，統戰部在海外大肆擴展其網絡。其中一項徵兆是，二〇〇七年中共中央委員會撥給統戰部的預算多了三十億美元。該部門管理外交關係上的各式各樣軟實力，其中包含許許多多的對外友好協會（友協）。例如，加中友協一九七六年在渥太華成立，以促進兩國彼此的認識。創會初期的焦點多為文化活動，例如書法、攝影、中國行。然而，在一九八〇年，該會擴大為加中友好協會聯合會，創會會員包括一些對早期加中關係極為重要的人物，例如穰杰德、文幼章、林達光。要說明聯合會的地位，可以看看同年稍晚前往北京的代表團，他們會見了宋慶齡，即孫中山的遺孀，她與林達光是遠親。如今加中友好協會聯合會有六個分會，位於維多利亞、多倫多、卡加利、渥太華、溫尼伯、溫哥華。除此之外，統戰部也密切關注許多專業人士協會，它們可以將中國與外國連結起來，其中包括加拿大。

一九八〇年代，統戰部在全世界成立各式各樣的新社團，其中有不少似乎和友協的工作重覆。新團體裡面有一個是中國國際友好聯絡會（友聯會），一九八四年創建，但它其實並不是一個重覆的組織。友聯會只是一個門面，背後是人民解放軍總政治部的聯絡部。[7]該會的目的主要在於，透過名稱全然無害的附隨團體來蒐集軍事及安全情報，例如中國友聯書院、跨文化通訊中心、和平發展研究中心、國際網絡信息交換中心。

統戰部最明目張膽也最失敗的操作之一，是提供資金給孔子學院，在加拿大、美國、澳洲以及世界各地的中學和大專院校校園設立分支。雖然孔子學院表面上是半官方的「國家漢語國際推廣領導小組辦公室」的一項計畫，但其首任理事會主席乃是統戰部前部長劉延東。二〇〇九年，主管中共宣傳工作的李長春形容孔子學院是「中國海外宣傳機構中的重要組成部分」。本來，加拿大和各國的許多高中、大專院校都歡欣雀躍，紛紛搭上這波由北京支付大部分費用的中國研究熱潮。二〇一四年時，全球一百二十三個國家共設立了四百八十所孔子學院，主事者期望到了二〇二〇年全世界可以達到一千所；然而，設立孔子學院的學校很快就明白，學院其實是從事間諜活動的機構。於是加拿大和各國的許多學校已經陸續結束與孔子學院的合作。

外事哲學的一項基本元素是，與外國人的來往應當是一條單行道。其目標是從外國竊取資訊，在外國發揮影響力，卻又不讓足以傷害一黨專政的思想和哲學傳到中國。一九八九年，中共溫和派領袖胡耀邦死後，發生了北京天安門廣場的示威，示威者要求政治自由化、經濟管治應更加開放、起訴貪污的黨官——這顯示對外國思想的屏障並沒有起到作用。中共搬出舊日的意識形態術語，稱是次抗議為「反革命暴亂」，標誌了共產黨的意識形態急遽向左傾斜，而且此後就一直走在這條道路上。許多西方國家的期望，同時也是許多西方政治人物與高壓政權往來的遁詞——亦即，經濟發展必然帶來政治改革——在天安門廣場的石板地上，與抗議者一同死去了。中共啟動戒嚴，派軍隊對付北京的示威者，以及全中國逾兩百座城市裡因受到激勵而進行類似抗議的示威者。

天安門大屠殺嚴重打擊了中國的國際形象。鄧小平在一九八〇年代展開外事計畫，就是為了要讓中國在西方國家眼中看起來，像是熱情的朋友、積極的夥伴。大部分西方國家對天安門屠殺的反應，是施加貿易或金融等制裁，取消本國領袖訪中行程，也不邀請中國領袖訪問本國。大屠殺之後約莫有一年，中國默默地接受自己孤單的地位而不出聲反對。原因之一是中共忙著整肅內部許多同情天安門抗議者或反對戒嚴的黨員，他們有人被施以再教育、有人遭開除黨籍。此一國內動亂又剛好遇上了蘇聯解體，使得局勢更加嚴峻。蘇維埃帝國的崩塌、俄羅斯政壇的內爆，時時刻刻提醒著中共，若是他們出錯了牌，等著他們的會是何種命運。

直到一九九〇年末，中共才開始設法恢復與國際的連結，測試過去數十年所建立的外國友誼有多穩固。布雷迪引述一九九〇年的外事文件，談到中共總書記江澤民下令，要

7　二〇一六年解放軍總政治部撤銷，改為成立中央軍委政治工作部，下設聯絡局。

全體人員強化他們與外國關係之間的連結。其中有幾份文件提到美國前國務卿季辛吉、當時的美國總統老布希，對於緩和各項制裁有特別給予幫忙。天安門大屠殺過後，重要的外資減少到幾乎停滯，中共首先轉向遠東和東南亞各個鄰國。東南亞有幾個國家，並不因北京鎮壓異議人士而大驚小怪。他們自己也常常這樣做。其他國家，例如日本與南韓，則是看到了大好良機，可以在西方大玩家不得入場時，利用中國的廉價勞力來拓展他們的製造業。另外，許多東南亞國家都有海外華人構成的商業菁英階級，他們當中有很多人的愛國情操都被喚醒了，如果再加上令人流口水的金錢誘因，那就更好了。到了一九九〇年代初，中國對西方國家及其投資公司和跨國企業來說，已經重要到不可以讓針對天安門大屠殺的政治譴責來主導議程的討論。

當時加拿大保守黨的布萊恩·穆爾羅尼政府，和各大工業化國家一樣，立刻表示出對天安門大屠殺的譴責：一九八九年六月五日，國會召開緊急會議，決議實施制裁，並召回駐中國的杜藹禮大使。制裁的內容主要是停掉加拿大國際開發署在中國贊助的各項計畫，中止高級官員互訪，以及令北京特別惱火的，讓加拿大境內所有中國籍人士（大部分是學生）取得落地移民（landed immigrant）的身分，以便他們將來可以入籍。根據外交部的簡報，境內的中國籍人士有八成接受了該身分。一九九〇年接任駐中國大使的碧福多次寫到，北京對於他們最優秀、最聰明的年輕人被偷走了感到大為震怒，這是他赴任之後所處理的問題當中最為棘手的一項。

加拿大的制裁清單與貿易幾乎沒有直接關係，也沒有必要。不過，加拿大去的投資金額立刻跌落谷底，許多在中國已有規模的加拿大公司關門大吉，因為他們害怕天安門大屠殺將引發中國內部廣泛而持久的騷動。至於那些決定留下來的公司，發現自己的等待真是價值連城。二〇一一年所出版的《中國挑戰：二十一世紀的中加關係》一書裡面，碧福在他撰寫的那一章回憶道：「在這動盪的時刻，相對稀少的加拿大公司繼續留在中國營運，它們的主管很高興地知道，只要給我不到兩天的時間，我就能讓他們去拜訪幾乎任何一位中國部長，讓他們提出任何一項原本遭遇到刁難的提案。多年後，當事情回歸『正常』，他們就把這段時期稱為『美好』時光。」

一九八九年的民運結束以來，外事活動是愈來愈順利了，包括在加拿大以及中共特別注意的其他國家，例如美國、澳洲、歐洲、東南亞各國。加拿大的政治人物、官員、商務人士之間，總是不乏願意被灌迷湯的聽眾，而且比起北京所關注的其他國家，加拿大更是如此。要明白為什麼會這樣，我們必須往過去退好幾步，去研究所謂「傳教士之子」對加中關係的影響。

3

中國人建設加拿大，
加拿大人拯救中國

Chinese Build Canada;
Canadians Save China

華人納進來，
華人納進來，
大家歡喜快樂，
華人納進來。

——加拿大傳教士在中國的歌曲，按〈五穀納進來〉[1]曲調吟唱

一八八〇年代，無論是在本土還是在中國，加拿大都在接納中國人。「接納」一詞既有譬喻的含義，也是實際的情形。當時有相當多的加拿大人和中國人發現了對方國家的存在，不過吸引雙方的事物則是天差地遠。一八八〇年代約有一萬七千名中國人（大多是廣東省珠江三角洲的粵人）在英屬哥倫比亞省定居下來，動機是為了錢。此前在一八五〇年代有數百位華人由加州北上，參與菲莎河淘金熱，他們在巴克維爾形成了加拿大第一個華人社群。到了一八八〇至一八八五年間，又有一萬五千名華人從中國和加州過來，在加拿大太平洋鐵路的英屬哥倫比亞段做工。承包商偏愛雇用華人，因為他們默默地接受每日一加幣的工資，那是白人、黑人、原住民工人薪水的三分之一。華人也對雇主提供的惡劣起

居環境一聲不吭，即使以當年的標準而言，仍可說是非常差勁而且往往很危險的環境。儘管有上述缺點，華人移民（此時幾乎全是男性）還是一直前來，希望能賺夠錢，讓他們在中國的家人過上好日子。華人來的數量之多，使官方感到憂心，於是一八八五年通過了《華人移民法》，對每一位來到加拿大的中國人課徵五十加幣的人頭稅。此項措施並未減緩人潮，因此法令愈發嚴苛，終於通過了一九二三年《華人移民法》，但其俗稱更為精確，「排華法」。該法不但禁止更多中國人移民過來，也明文規定已經在加拿大的中國人不具備公民身分。此法一直施行到一九四七年才終於廢除，因為二戰時有數百位年輕的華人男性志願參軍，證明了他們確有權利獲得公民身分。次年，也就是一九四八年，定居在加拿大的華裔人士取得了公民身分。

另外一個完全不同的故事是，加拿大有某一群人對中國特別著迷。也是從一八八〇年代開始，最初幾十個、愈來愈多、最後到了數以百計的加拿大傳教士前往中國內陸，天主教、聖公會、長老教會、衛理公會、路德會和浸信會都有，他們自認是去拯救中國人的靈魂。有許多加拿大傳教士的家族在中國待了好幾代，歷經義和團之亂殺人的動盪，一九一

1〈五穀納進來〉是一首聖詩，原歌詞為：「五穀納進來，五穀納進來，大家歡喜快樂，五穀納進來。」

一年清朝的覆滅，一九二〇年代軍閥的大亂鬥，一九三〇、四〇年代日本的入侵，以及二戰之後、最終使中國共產黨在一九四九年掌權的內戰。他們深深地影響了加拿大與加中關係，直到今日仍然如此。這有一大部分是因為除此之外，加拿大並沒有跟亞洲打太多交道。在《無奈的對頭：加拿大與中華人民共和國，一九四九～一九七〇》一書裡面，約克大學歷史學教授彼得．密契爾寫道：「加拿大對太平洋區域的政經局勢甚少涉入，於是傳教士的影響被放大，從而形塑了加拿大官方及民間對中國及其亞洲鄰國的看法。傳教士社群是在亞洲唯一具規模的加拿大社群，他們在母國各個地區皆有民眾支持，他們也會定期以通函和私函對支持者做出報告。」

由傳教士以及他們在中國長大的子女（熟悉其語言和文化，即所謂「傳教士之子」）所形塑的公眾支持，使得一九四九年中國共產黨上台後，加拿大很快就承認了中華人民共和國。傳教士之子同情中共的原因有兩點：一是因為他們厭惡新法西斯色彩的國民黨，二是因為衛理公會和加拿大聯合教會對基督信仰的解釋，在政治上屬於中間偏左。傳教士之子，尤其是衛理公會的傳人，在一九三〇到五〇年代間對外交部非常有影響力。在加拿大於二戰後逐漸發展出獨立自主的外交政策過程中，他們也扮演了重要的角色。

十九世紀末、二十世紀初，基督教社群之間瀰漫著傳教的狂熱，其中一個核心因素是他們認為，從事改善社會的活動是宗教生活很重要的一部分。此信念所帶來的結果之一，是加拿大許多大學興起了「基督徒學生運動」。年輕男女之所以會踏上傳教生涯，往往是在大學裡參與了基督徒學生運動。其他沒有感受到傳教召命的成員，則打造了一些獨立的聯邦政府機構，特別是加拿大全球事務部。這個部門至今換過許多名字，一九二五年時叫做外交部，由女王大學文理學院院長思高頓出任部長，這一年就是部分衛理公會和長老教會合組為加拿大聯合教會的那一年，使得外交部成為社會福音的傳播者。高斯頓在任期間遇上了英國於一九三一年通過《西敏法》，宣布「白人」自治領——加拿大、澳洲、紐西蘭、南非——該為自己的國際關係負起責任了。

思高頓是加拿大現代全球事務的建築師，在求才過程中，他很自然地傾向於在宗教和社會道德感上與他相同的人士。他延攬了未來將成為自由黨總理的萊斯特・皮爾遜；首位生長於加拿大本地的總督文森・梅西；以及休姆・朗，他原本是高級外交官，一九四〇、五〇年代出任加拿大駐美大使，成了二戰後建立全球秩序的主要人士之一。這三個人全都和思高頓一樣，來自聯合教會，有基督徒學生運動的背景。而這個社群的網絡裡面必不可少的一條線，就是支持在華傳教活動。沒有錯，思高頓之女喜拉於一九四三年結婚，嫁給她在哈佛認識的一位年輕人亞瑟・孟席斯（明明德），三年前的一九四〇年，孟席斯才進入外交部擔任遠東事務官員。孟席斯生於中國，父親是鼎鼎有名的長老教會牧師暨考古學家明義士博士。明義士是發掘「甲骨」（三千年前的龜骨、羊骨，上面刻有中國最早的文字）並最早理解到其價值的人。到了一九五〇、六〇和七〇年代，一群外交官在國際舞台上為加拿大發展出可資辨識的形象，亞瑟．孟席斯便是其中一位。他最後的職務是在一九八〇年至八二年間出任裁軍大使。不過其職業生涯的巔峰或許是一九七六年被任命為加拿大駐華大使。自渥太華一九七〇年給予中共政權外交承認以來，他是第三位擔任此一職務的傳教士之子。（前兩位曾擔任駐華大使的傳教士之子是柯林以及蘇約翰。）

這些男男女女在二戰後形塑了加拿大全國對世界的看法，其中有個重要的框架，就是十九世紀末、二十世紀初在中國的傳教經驗。加拿大傳教士在中國的工作有兩個主要據點：偏西而貧困的四川省以衛理公會最為活躍，東北方的河南省則是長老教會的地盤。

早年，加拿大基督教傳教士在中國的工作是亂七八糟的。頭一位從加拿大過去的傳教士，只能說他可算是個加拿大人。賓威廉牧師是在長老教會出現神學與教區分裂之後，於一八四四年由蘇格蘭被派往加拿大，為自由教會這一派爭取支持。賓威廉在安大略南部的長老教會信徒之間進行了兩年遊說工作，然後他感受到召命，要他承擔一項艱難得多的任務，那就是到中國拯救靈魂。一八四七年，他抵達葡萄牙的殖民地澳門。接下來幾年，賓威廉沿著中國南方的海岸展開工作，首先在廣州、廈門、汕頭成立差會，然後往北到上海及北京，最後他的傳教之行在滿洲結束。

賓威廉作為傳教士實在不能說他成功。他花了七年才使第一個人歸信，而他為基督所拯救的那一小撮靈魂，是經過千辛萬苦才贏來的。不過，他的確是帶來了長遠的影響，因為他在中國的農村地區引領指導了一位年輕的英國新教傳教士，那就是戴德生，當代最有名的傳教士，也是一八六五年中國內地會的創辦人。

就和歷史上許許多多事情一樣，加拿大之所以發展出在中國傳教的經驗，有一大部分是出於偶然。一八八八年夏，戴德生去了一趟英國，回程決定搭乘剛開始營運的加拿大太平洋鐵路，好節省他返回中國的時間。本來有人建議他成立中國內地會的北美分會，以為其事業提供資金與傳教人力，但戴德生堅決反對。歷史學者艾文．奧斯汀在著作中引述戴德生說：「主在這件事上沒有給我指引。所以我覺得擴大工作並不是祂的目標。」但是戴德生從加拿大人那邊得到了很不一樣的訊息。他在加拿大待了兩、三個星期之後，觀察到傳教的熱情是「這麼深厚的湧泉」，於是他設立了中國內地會北美分會，總部在多倫多。

戴德生來到加拿大時，正好遇上加拿大宗教社群世代交替，開啟了驍勇進取的傳教時代，這些傳教士抱持一種強烈的信念，認為促進社會改革是基督徒的責任。戴德生在安大略南部的一連串會議和聚會上講道，他發現聽眾們「陶醉在施予的喜樂之中」。他談到有機會使中國龐大的人口皈依基督教，這讓尼加拉的一群聽眾大為折服，捐獻的款項足以支持八位傳教士在中國度過一年。戴德生覺得這筆錢是個麻煩：「有錢卻沒傳教士實在是非常嚴重的事情。我們有錢，但人在哪裡呢？」他在下一站找到了解答：漢密爾頓基督教青年會的查經班。七位年輕人決定要前往中國傳教，戴德生取了其中六位。到了他繼續動身返回中國之時，已經收到四十二人報名，他選了十五位與其同行。在某個潮溼的九月晚上，大約有一千名年輕人手持火炬，沿多倫多的央街走到聯合車站，與戴德生及一眾加拿大傳教士道別。接下來六十年間，有五百位左右的衛理公會傳教士到中國西部工作並生活。直到今日，他們的子女仍然透過「宣教士子女」及「成都加國學校」等組織積極活動。

同一時間，長老教會搶到了另一個先機。馬偕牧師是在台灣（當時的西海岸由中國管治）工作的長老教會傳教士，一八八一年他休假回國，在安大略南部的殷格索講了一堂道。出席的會眾裡面有一位時年二十一歲的年輕人古約翰，正要前往多倫多的諾克斯學院就讀。馬偕的講道打動了古約翰，他甚至向中國內地會報了名，但後來覺得自己心屬長老教會，不能靠衛理公會來支付前往中國的費用。古約翰開始向長老教會的各個傳教委員會和地方分會尋求資助。此前加拿大長老教會已於一八八六年在中國的河南省設立差會，當地傳來飢荒的消息，有助於古約翰說動一些人慷慨解囊。他籌到足夠款項，於一八八八年一月動身，一同前去的有他的新婚妻子、多倫多名媛羅瑟琳．貝爾—史密斯，以及在女王大學交到的朋友、醫學生佛雷塞．史密斯。

加拿大在中國的傳教事業，及其對加拿大外交政策在思想上所產生的影響，主要是聯合教會的事情。聖公會的傳教熱忱往往投注於遊說西北領地的加拿大原住民，以及支援英國母會的傳教活動。而最先被派往中國去的加拿大天主教會人員是一九〇二年的兩位修女，接替一九〇〇年義和團之亂當中喪命的法國修女。又過了幾年再加入兩位方濟會的修士，但真正被派遣到中國的加拿大天主教差會是直到一九二〇年代才開始運作。這些差會自然是由法裔的加拿大修會所主導，於是到了一九五〇年，大約已經有四百名法裔加拿大傳教士在中國布道。像這樣，加拿大天主教在中國的差會往往反映了當時法裔修會在加拿大遺世獨立的處境。

四川成都周圍的衛理公會傳教據點和河南的長老教會之間，從很早期開始就有顯著的社會、神學與政治上的差異。高嶋幸世二〇〇一年的論文主題是中國傳教士的政治活動，他將其中一些差異歸因於社會階級。[2]他認為，兩地傳教文化的差異乃是受到該地主要傳教家族的影響（河南的羅家、四川的文家[3]），這兩個家族在加拿大的社會階級相差很大。

文煥章原本居住在政治激進的英國德文郡，一八八二年十七歲時移民到曼尼托巴省。他就讀溫尼伯的衛理學院，一八九三年成為衛理公會牧師。曼尼托巴省屬於加拿大大草原區，當時是個十分貧窮的區域，而次年文煥章偕妻前往成都為衛理公會傳教時，他心中也懷著社會福音運動的原則。[4]所以，成都的差會便側重於貧困、社會不公、教育等議題。有些人說，成都差會召募在地教師為其學校服事的時候，蜂擁前往應徵的是年輕共產黨員。此一文化開花結果，具體呈現在文家五子之中第三子文幼章的人生及事業。文幼章追隨父親的腳步在中國做傳教士，他在一九四〇年代開始與毛澤東副手周恩來緊密往來，協助中共對抗蔣介石的國民黨。

衛理公會在其他常見的傳教事業（衛生、診所、醫院）取得極大進展。他們一八九二年在成都設立的華西醫院目前仍有營運，院內床位足以容納四千三百位住院病人，是中國最大規模的醫院之一。衛理公會傳教士也成立了四川大學華西醫學中心，如今也是中國最有聲望的醫學院之一。

相形之下，河南的差會則是一開始就具有上層階級的醫療傳教文化。古約翰、其妻羅瑟琳、其友史密斯，以及護士蘇瑟蘭於一八八八年抵達河南，當時中國內地會在隔壁山東省濱海的芝罘（今煙臺）設有一座療養院，又有一所聲譽卓著的學校供傳教士子女就讀。

事實上芝罘在當時的人眼中乃是生活優渥的外國人所在的租界。

兩處的傳教中心都側重於設立並營運醫院和學校，相較於歐洲以及其他外來勢力一心只想取得商業特權以及劃定租界，加拿大人在中國人眼中留下比較多的好感。就這一點，彼得・密契爾曾經寫道：「加拿大人在中國創辦的醫院和大學，培訓了許多中國人，但這些獲益者當中的大部分人後來並未信奉基督教。這一點所產生的衝擊，讓人覺得並不符合把傳教活動都過度簡化為文化帝國主義而予以小看的邏輯，也使人想到，加拿大人在中國人心目中的好感形象，不完全只是來自於白求恩家喻戶曉的英勇行為。」

河南差會從一九三一年開始走向終結，當時日本入侵了中國東北方的滿洲，將其更名

2 高嶋幸世在加拿大教會史學會發表的論文，題為〈傳教士的夢，外交官的現實：為什麼加拿大聯合教會的傳教士會在一九四〇、五〇年代涉入中國政治〉（"Dreams for Missionaries, Realities for Diplomats: Why the United Church of Canada's Chinese Missionaries were involved in Politics during the 1940s and 1950s"）。高嶋在日本同志社大學的博士課程專攻歷史神學，曾於加拿大麥克馬斯特大學擔任客座講師，也曾擔任加拿大教會史學會的理事。

3 羅姓是McClure家族採用的中文姓，Endicott家族則取了文姓。後文將詳述文家代表人物文幼章（James Gareth Endicott）的經歷。

4 亦即，用基督宗教的道德倫理來解決社會問題。

為「滿洲國」，扶植清國末代皇帝溥儀為其傀儡君主。蔣介石和國民黨拒絕讓日本占領滿洲，但蔣介石更在乎毛澤東與共產黨，於是並未與日本人正面衝突。事態之所以改變，是因為一九三六年四月蔣介石遭到綁架，綁他的人是控制中國大半個北方的軍閥「少帥」張學良。張學良把蔣介石軟禁在西安總部，一直到他答應與毛澤東和中共組成統一戰線，專心將日本人逐出中國。次年，兩軍之間的緊張逐漸升高，一九三七年七月，日本引爆了後世所稱的蘆溝橋事變。此次衝突之後，日本開始明確地入侵中國。河南的加拿大傳教士與當地多數民眾，在日軍挺進之前就逃往南方。

到了一九三八年底，日本進逼的程度迫使蔣介石將首都由南京遷往四川的成都。文幼章人在成都，他認為國民黨本質其實是法西斯主義者，然而蔣介石政府到來，把他拉進了統治圈內。為了使蔣政權在中國民眾以及美國政治人物與捐款者的心目中得到一些道德上的合法性，蔣夫人開始推行新生活運動。這場運動旨在提供社會服務，並且將她年少時接受的衛理公會價值觀融入中國傳統文化。為了達成目的，她要在四川找一位外國傳教士，以便在國內外賦予新生活運動可信度。她相中了文幼章。在中國西部會的首肯下，文幼章於一九三九年初前往支援新生活運動。

一開始，文幼章被蔣夫人迷住了，很多男人都這樣。蔣夫人全心投入社會服務網絡的前線工作，令他印象深刻。一九三九、四〇年，重慶受到日軍益發密集的空襲，文幼章捲入日日發生的急救事件當中。到了一九四〇年，他以前對於國民黨是法西斯的疑心又回來了，因為他注意到新生活運動的婦女指導委員會有些幹部莫名其妙地失蹤了。這些女人在失蹤之前才發起活動對抗貪污成功，之後又被地方當局指為共產黨員。當文幼章質問蔣夫人關於失蹤事件時，她答道，這些消失的人的確是共產黨員，她們被中共調到別的地方去了。然而，文幼章並未信以為真，後來他更發現這些人遭到警方逮捕、刑訊、處決，是蔣介石親自批示下手的。此後幾個月，文幼章愈來愈肯定國民黨的新生活運動與納粹德國的某些機構令人不安地相似，還有，跟日本人比起來，蔣介石更在乎打倒毛澤東的中共。經過一連串與蔣夫人的火爆爭執，文幼章辭了職務，在一九四一年七月攜眷逃到香港。一家人隨即來到加拿大，戰爭期間，文幼章大多待在這裡。

日本在一九四一年十二月攻擊珍珠港，當月稍晚加拿大派兵保衛香港，開始捲入太平洋戰事，決定性地改變了人在中國的加拿大傳教士所處的地位。留在日本占領區的成了敵僑，遭到拘留，特別是魁北克來的天主教傳教士。也有些人設法通過危險的戰地，抵達中國自由地區。此時在渥太華，外交部向威廉・萊昂・麥肯齊・金總理施壓，要求派駐大使到蔣介石遭受圍困的重慶政府。

麥肯齊．金天生目光狹隘，對中國（和整個亞洲）沒什麼興趣。他最初的反應是想指派一位傳教士到重慶做大使，但後來沒這麼辦，而是選了歐德倫准將。歐德倫歷經波耳戰爭及第一次世界大戰，其後擔任過保險公司主管、報社編輯、英屬哥倫比亞立法會議員，在一九四一年出任加拿大駐澳洲高級專員。一九四三年初歐德倫抵達重慶，他自己承認對中國不太有興趣也並不熟悉。他認為自己的工作是要打好基礎，透過盡力援助國民政府，以便在戰後與中國發展有利的貿易關係。或許歐德倫的任務對他來說太過艱難了，不過他身邊可是有許許多多傳教士之子，中國對他們來說就像自己家一樣。歐德倫的第三任秘書是柯林，後來在一九七〇年當上加拿大駐中華人民共和國的第一位大使，他生在中國，父親是一位基督教青年會傳教士。翻譯官啟真道則是醫療傳教士的兒子。大使館顧問喬治．帕特森之前在日本做衛理公會傳教士，後來又成為加拿大基督教青年會的秘書長。

直到二戰結束之前幾個月，加拿大在中國的傳教歷史，相當程度來說只是序章而已，接著傳教士之子和中共就要開始連結了。一九四一年文幼章在珍珠港事變之前回到加拿大，此後他大部分的時間都在四處演說，支持中國自由地區。這時候，文幼章的社會福音思想變成了社會主義思想，愈來愈受到馬克思共產主義的吸引。一九四四年七月他返回中國，在成都的華西協合大學教授倫理學及英文。那時該校已經成為質疑國民黨的溫床，幾近於共產黨的飛地。文幼章對學生和教職員演說時，會避免直接批判蔣介石及其政府，但也差不多了。

當時文幼章還有另一個身分。他在返回中國的船上遇到幾位美國官員，結果當起了戰略情報局（中央情報局前身）的探員，協助與毛澤東和中共建立起可運作的軍事關係。美國人煩惱的是，在對抗日本方面，蔣介石顯然並非可靠的盟友。人稱「委員長」的他讓美國和別的盟友承受對日戰爭的主要損傷，卻保留自己的彈藥，好在戰後擊潰共產黨。同樣顯而易見的是，四川當地對蔣介石的憤恨愈演愈烈，位於印度的戰略情報局總部指示文幼章，就反蔣情況及其影響提供資料及評估。此一任務使文幼章得以接觸到村級的共產黨員。文幼章有一位朋友魏璐詩，她原本是傳教士，此時正在加拿大大使館擔任秘書，也兼任記者，她在一九四四年底將文幼章介紹給中共在重慶總部的幹部。一九四五年一月某日，文幼章出席了周恩來舉行的記者會，周是毛澤東的左右手，當時是重慶的統一戰線代表團團長。有位美國記者的提問使周恩來的口譯一時語塞，而文幼章隨口就接了過來，翻譯得伶俐流暢。周恩來請文幼章在會後留下來，兩人就哲學和政治進行了長時間的交流。文幼章說明了他要為戰略情報局執行的工作，周恩來應道，他期待這位加拿大人會如實回報、完整回報，因為「我們希望美國人了解我們的一切；我們沒什麼好隱瞞的。」文幼章問，是否能建立一條管道，讓他定期將資料由中共這方轉往戰略情報局，周恩來同意了。

從此以後，文幼章的報告愈來愈能精準反映共產黨的實力，以及一般民眾支持他們的程度。他再三警告，如果美國不採取更多行動來確保蔣介石和國民黨在戰爭結束後，引進正直、有效、民主的政府，那麼共產黨起義只是遲早的事。約莫是在小羅斯福逝世的一九四五年四月，美國官員的態度轉變了。他們不想再跟中共打交道，而是決定要強化蔣介石和國民黨，好讓其對手膽寒，以確保社會和政治穩定。但事情並未如其所願。蔣介石的壓迫愈發嚴厲。破裂點在一九四五年十一月爆發，雲南省省會昆明的學生舉辦了一場集會，呼籲組成聯合政府，保障基本自由。蔣介石的軍隊驅散學生，有四人在近身混戰中死亡。次月，來自四川省五所基督教大學約五千名學生在華西協合大學集會，繼續推動由昆明開始的訴求。三十名左右的警察包圍了講台，目的顯然是要中止這場集會。文幼章猜想他們不會阻攔外國人，於是與警方擦身而過，走上講台發表了演說，群眾歡聲雷動。文幼章說，昆明的四位學生「被殘暴的人處死，他們所犯的罪行是要求和平、統一、民主。」

此一事件讓文幼章對於國民黨會組成或想要組成民主、可問責政府的前景徹底感到破滅了。他愈來愈堅定相信中國將產生一場革命，這種想法在他和加拿大大使之間造成了摩擦。儘管如此，文幼章仍然固定與大使館接觸，歐德倫也認為他是有用的人，因為透過他可以聯絡到國民黨高級官員和商人，他曾教過這些人英文。

文幼章的舊友、時任外交部次長的皮爾遜，也認為他是一項資產。文幼章定期向中華司的孟席斯遞交報告，他的分析在部裡廣為流傳，皮爾遜也讀了，覺得值得重視，便去函要求繼續傳送這些報告。文幼章對中國現況及將來可能的發展所做的描繪，與大使相去甚遠。歐德倫以及此後世世代代的加拿大生意人，都相信中國政治問題的解藥在於產業現代化與發展貿易，在歐德倫看來，加拿大是理所當然的貿易夥伴，也會因此獲益。大使並沒有時間去管文幼章的觀點，就是國民黨沒有提供中國多數人所想要的社會，該國即將迎接一場由共產黨率領且大獲成功的農民起義。歐德倫認為共產黨的軍隊只是紙老虎，無法與國民黨匹敵。但是，加拿大大使館當中有一位文幼章的強力支持者，那就是歐德倫的副手、一等秘書穰杰德。文幼章之子文忠志曾為父親作傳，他引用了穰杰德寄往渥太華皮爾遜處的機密信件，日期是一九四七年五月十三日：

> 文幼章所說可能會有農民革命一事值得注意。在中國的外國人，就我所知，沒有哪一位比他更親近一般民眾，在官方的小圈子之外人脈更廣。中國很可能已經有一波對政府感到憤恨的浪潮興起，執政者不但為了繼續打內戰而導致人民大量傷亡，更出現

了自滿清統治和軍閥割據以來最嚴重的貪污。

文幼章說共產黨有能力將此種愈來愈深的不滿組織起來，形成有力的農民革命，這是不用懷疑的。……國民黨將內部所有能辦事的自由派和革命家都趕了出去。現在，這些領袖屬於共產黨，他們有二十年的經驗，又有一群訓練有素的組織者在支持他們。革命的時機已經成熟了。

穰杰德也是傳教士之子，但他並不屬於當時主導中加關係的聯合教會一派。歐德倫在一九四五年要求指派一位諳華語的大使館第一秘書，穰杰德正好可以接手，而他擔負這項工作再適合不過。此後二十年間，加中雙方跳著一支緩慢而尷尬的雙人舞，直到最後雙方在外交上相互承認，渥太華於一九七〇年認知（acknowledge）中共是中國的合法政府；而穰杰德乃是這段過程的核心角色。他在一九五〇、六〇年代以加拿大高級外交官的身分，近距離目睹了互認之前，路易．聖羅倫、約翰．狄芬貝克、皮爾遜、老杜魯道各任政府所運用的權謀。穰杰德在他的自傳《革命中國回憶錄》記下了許多他見到的事情。

穰杰德一八九四年生於中國中部的湖北省，雙親是挪威裔美國籍路德會傳教士穰洪恩、穰漢娜夫婦。穰漢娜於一九〇七年過世後，穰杰德和哥哥尼里厄斯被送去美國愛荷華州與阿姨同住。一年後，父親穰洪恩與五位弟弟妹妹從中國回來，將一家搬到加拿大亞伯達省，在此地建設了一個挪威人據點，叫做英靈殿中心，位於大草原城的西北方。穰杰德在亞伯達大學完成學業，一九二三年回到中國做路德會傳教士，直到一九二七年。他返回亞伯達擔任坎姆洛斯路德學院院長，卻捲入了政治，成為亞伯達農民團結會的黨員，一九三二年在省立法會的補選中當選。之後穰杰德在政治上轉而為羽翼漸豐的「合作共同體聯盟」（CCF，新民主黨前身）效力，但在一九三五年的普選被擊敗。一九四〇年穰杰德開始擔任CCF的亞伯達省主委，一九四二年卸任。他於一九四五年再度代表該黨在坎姆洛斯出征，但是落選了。所以，當歐德倫要找一位會說華語的副手，他就派上用場了。

在大草原左翼的民粹政治圈打滾了將近二十年後，穰杰德返回中國，心中懷有對革命派的強烈支持。抵達重慶不過幾天，穰杰德和歐德倫就應邀與統一戰線中代表毛澤東的周恩來共進晚餐。穰杰德很願意見一見這位知名的革命家；他是一九二二年從北京大學生的口中頭一次聽說了周恩來。在第一次世界大戰之後出現的改革運動當中，周恩來是一位享有相當聲望的領袖。他曾經坐牢，並在一九二〇年前往法國半工半讀，在當地的中國留學生裡面持續進行共產革命工作。周恩來一九二四年回到中國，在蔣介石主持的黃埔軍校負責政治訓練工作。一九二六年五月蔣介石將共產黨人逐出軍校，周恩來也隨之去職。之後中共派周恩來到上海召募幹部，將組織植入並滲到當地社會中。蔣介石則是在一九二七年發動清黨，屠殺上海的共產黨員。周恩來設法逃到漢口，接下來幾年都在地下活動，做中共的組織及情報。有一陣子他還回到上海。一九三一年十二月周遷往毛澤東在江西山區建立起來的中央革命根據地，從此奠定了兩人的政治夥伴關係，一直持續到周恩來過世。一九三四年十月，蔣介石的軍隊圍剿江西蘇區，八萬四千名共產黨軍和平民突圍而出，開始了「長征」，最後周恩來活了下來。一九三六年發生了西安事變，「少帥」綁架了蔣介石，迫其答應與共產黨組成統一戰線對付日本人，當時負責與蔣介石交涉的人正是周恩來，從那之後他就成了一個出色的外交官，負責代表毛澤東與國民黨和支持中國的西方人打交道。

穰杰德很想與周恩來會面，他記錄道：「我的期待沒有落空。他是位自信而謙恭的男子。他的舉手投足幾乎就像個中國的士大夫。然而，他說起話來非常直截了當，一點也沒有中國那種老氣的客套和裝腔作勢。」

這頭一次會面之中，有件事與周恩來和文幼章的初會相映成趣。歐德倫和周恩來進行討論時，穰杰德感到口譯人員大大放軟了某些用字遣詞。周恩來一定是注意到穰杰德的表情，於是問他會如何翻譯那段對話；和文幼章的情況一樣，兩人開始建立良好的關係。

與此同時，歐德倫與文幼章在個性上的摩擦逐漸加劇。一次，歐德倫挖苦文幼章是「勇猛的傳教士」，被共產黨人視為「一位很棒的外國朋友」。確實，文幼章在教學、傳道、公開演說中，是變得激烈和極端許多。導火線是他看到國民黨透過青年團在校園中發起壓制異議的活動。文幼章向校方的傳教士管理層抱怨國民黨青年團的行徑，但他們否定了他的說法，置之不理。從此之後，文幼章逐漸離開聯合教會，慢慢將全部時間投入為中共活動。

文幼章一九四四年日誌中的一句話，巧妙地總結了他的信仰危機。他寫道：「反動的帝國主義與宗教上的基要主義看起來有如此直接的連結，這可真是有趣。」這樣的想法他抱持了數十載。

在全國學生對國民黨發動抗議時，文幼章在成都的集會做了演講，於是事態來到破裂點。數日後，中國教育部對中國西部會發出正式通知，要求文幼章在一個月內離開中國，否則便要將他當作不受歡迎人物予以強制驅逐。文幼章迅速行動。一九四六年五月五日，他向加拿大的上級寫信，辭去中國西部會的職務，也表示不再擔任加拿大聯合教會的牧師。

五月底，文幼章由成都向上海出發，預定返回加拿大。但他經過南京（此時國民政府已遷回）時，收到消息說周恩來想見他。周恩來告訴文幼章，他認為國民黨、共產黨及各民主黨派所組成的統一戰線即將瓦解，內戰迫在眉睫，周隨即補上一句，「你要不要晚點再回加拿大，幫我們做些公關工作？」文幼章答應了，於是留在上海，著手準備編寫發行一份地下〔英文〕報紙，《上海新聞通訊報》。

《上海新聞通訊報》的創刊號在一九四六年六月十九日問世。文幼章和周恩來的一位幕僚每週秘密會面，寫就編輯室的話，巧妙地以經典的西方民主觀點來描繪中國時事。雖然該報印行量小，但很快就在上海及各地變成重要的資料來源。加拿大政府的檔案顯示，渥太華也有讀者。文幼章之子文志忠引述一位中共高官多年後的發言：「這份刊物對我們而言非常寶貴。發行得不多，卻使我們接觸到許多有影響力的團體，為我們贏得許多外國朋友。上海那是一段艱苦的日子——我們並不知道蔣政權會這麼快崩潰，所以，我們必須盡力爭取同情與支持，好讓蔣介石的企圖挫敗，使他不能把美國人更進一步地捲入這場戰爭來反對我們。在這場鬥爭之中，幼章是與我們共患難的同志。」

雖然《上海新聞通訊報》的策略當中，溫和的語氣及政治立場乃是不可或缺，文幼章卻無法長久在編輯台上控制自己的衝動。一個月又一個月過去，該報變得愈來愈激進，甚至使友人開始提醒他不要「太紅」。一九四七年三月，張楚（音譯，文幼章為新生活運動工作時結識的老朋友）邀他共進午餐。當談到正在累積的政治危機一會兒之後，張楚直直盯著文幼章，說：「幼章，我覺得你最好盡快回加拿大。」

文幼章認為這無疑是一項警告，表示蔣介石的打手要來抓他了。一九四七年六月十九日，文幼章與妻子瑪麗離開上海，乘上梅格斯將軍號，這是一艘用來疏散難民的美國運兵船。但文幼章對周恩來和中共的貢獻，並未在此完結。一九四八年一月，他在加拿大開始發行《加拿大遠東新聞通訊報》，每月出刊。此報發行了三十年，最初的二十二年有一個固定的主旨，即加拿大應該承認中華人民共和國，與北京建立外交關係。

當一九四六年初文幼章正經歷信仰與良心交戰的危機時，穰杰德則正在安排將加拿大大使館由重慶遷往南京，戰後此地又成了國民政府的首都所在。歐德倫離開中國去接任土耳其大使一職，繼任者是當過律師及法官的湯瑪士．戴維斯。當時杜魯門私人對華特使馬歇爾將軍在國民黨和共產黨之間所安排的停戰協議正搖搖欲墜。穰杰德估算，國民黨逃不了失敗的命運。他在六月六日的日記上寫道：「國民黨人正在自取滅亡，因為漫天的腐化和貪婪已經滲透了整個政治體系，也滲透了軍隊體系的一大部分。中國的事態實在是混亂可悲的一團糟。」而共產黨所「解放」（這是穰本人的用語，表明了他效忠的是哪一方）的地區，據穰杰德聽聞的消息，顯示出與此截然相反的情況。穰杰德一九七四年的著作《革命中國回憶錄》複印了以前的日記，其中有一段是他與一位加拿大醫師會面的過程，這位醫師前不久參加了視察團，去了共產黨解放區的醫院：

他在參訪前對共產黨持批判態度，回來後所做的報告卻認為共產黨處理事情的方式比國民黨好太多了。他說，進入共產黨領土就像到了另外一個國家。人民受到良好對待，也支持各社區所建立的人民委員會。他說當地沒有貪污或「壓榨」，共產黨員友善對待新教傳教士，他們的醫院管理特別良好，他們給予民眾免費醫療服務，他們管制糧食價格，賦稅並不過重，當地未有飢民。

中共此種策略性的懷柔政策，在海內外都極為有效。一九四八年，共軍逐步取得優勢，國民黨則漸趨崩潰，毛澤東與中共的勝利看來勢不可擋。然而過程中也一定會出現混亂局面。一九四八年十月，渥太華決定撤出南京駐華大使館中的婦孺，並縮減派駐的外交人員。他們說服某些外交官留下，穰杰德是其中一位。一九四九年間，中國各地的城市陷入共產黨之手。一月，國民黨軍指揮官傅作義交出北平，人民解放軍占領該城。經過一系列激戰，通往南京的道路打開了。四月二十三日，國民政府的首都淪陷於解放軍之手。

穰杰德在日記中寫道：「希望我國政府不久便承認此地將要組成的新政府，也希望內戰終於能夠結束。」

一九四九年十月一日，毛澤東在紫禁城天安門廣場的城樓上宣布，中華人民共和國成立。同日，中國官員在南京召集了各國駐華使節，通知他們中華人民共和國已在北京（將定為首都）成立。中國官方堅持，各外國政府必須承認中華人民共和國，並將大使館遷往北京。穰杰德立刻向渥太華建議正式承認中共政權。他寫道：「中華人民共和國的政府控制了整片中國大陸，已經達到國際上對外交承認的標準。」

但渥太華退卻了。一九四九年十一月十六日，內閣同意在原則上承認中華人民共和國，不過部長們想要更清楚地知道，在承認的條約裡，中共可能對渥太華開出哪些要求。外交部指示穰杰德要從中方取得外交承認前所進行的程序。穰杰德是否可以到北京討論此一行動的細節？他向中方提出這個問題，中央人民政府外交部回覆道：北京樂於進行此種討論，但首先渥太華要「正式表明」希望承認中共政府。穰杰德建議渥太華照辦，但加拿大政府拒絕，他們把北京的回答詮釋為一項先決條件，而非直接接受加方立場。渥太華決定此事有待進一步仔細思考，穰杰德顯然覺得挫折。他在日記中寫道：「在我看來，中方的回應是接受了加拿大的提案，而不是反對」，又說他懷疑事情之所以拖延，「最大原因是出於美國的影響而不是別的因素」。

終於在一九五〇年六月二十五日，渥太華允許穰杰德開始與北京就正式承認進行交涉。但是太遲了。加拿大猶疑之時，出現了另一個事件：韓戰爆發。要再過二十年，兩國才會建立正式外交關係。雖然如此，中共已在加拿大建立橋頭堡（大部分是透過傳教士之子），讓支持者把外交承認的議題繼續成為公眾討論的重要事項。接下來的二十年間，對於建立外交關係的角力往往是刀光劍影，而加拿大社會裡面，中共的朋友和代理人網絡滋長、蔓延，特別是進入了商界和學界。

4

受歡迎的老外，
不歡迎的老外

Wanted and Unwanted Foreigners

跟我講講中國的事情，老穰。

——狄芬貝克總理致加拿大外交官穰杰德，一九五九年

中華人民共和國成立於一九四九年。渥太華於一九七〇年十月承認北京政權。在這兩個時間點之間，某些變幻莫測的問題對加拿大來說開始變得重要起來，那就是關於各路人馬以及他們的動機。誰是「中國的朋友」？誰是「施展影響力的代理人」？誰是「間諜特工」？這幾個角色的分界線何在？要怎麼區分間諜和影響力代理人？對加中兩國都有感情、所以想要促成雙方友好關係的人，會在什麼情況下跨過那條界線，成為影響力代理人或者間諜？如果要劃定界線，最好的方法也許是取決於中國共產黨想要得到什麼程度的回報。若一位加拿大人單純出於自身對兩國的關切而致力於雙方的友好關係，那麼他是一位真心的中國之友。但就像前文所述，當中國共產黨贈與某人「中國之友」這項榮譽，它就沒有那麼單純了。中共認為「中國之友」代表的是一種職務描述，表示此人要在加拿大為北京散布影響力。如前面所提到的，中共可以操縱的是，若影響力代理人沒有在加拿大適當地促進中共政權的利益，它就會撤回給此人的好處，讓他遭受損失。

中共在一九四九年十月掌權後，仍然要面對困擾其領導人好一陣子的問題：中國式的馬克思主義會是什麼樣子、要如何運作？毛澤東等人證明了鄉村的農民也能成功地發動共產主義革命，這讓馬列主義的原始信眾感到困惑，因為馬克思及他在俄國的信徒一直相信，唯有城市裡的工廠工人能夠摧毀資本主義。還有一項同等重要的差異是：中國不同於俄國，自一八四〇年代以來，即遭到歐洲和美日帝國主義入侵的蠶食、打擊、羞辱。在中共的心目中，它的這場勝利不只是對中國權貴資本家的革命，還是對外國帝國主義的解放戰爭。

所以中共立刻要進行的一項任務，就是以實力來支撐毛澤東在一九四九年九月二十一日中國政協第一屆全體會議上的宣言：「中國人民站起來了。」有鑑於此，中共認為有必要表現出黨能夠主宰中國境內的外國人。它必須粉碎外國人天生優越的形象，這種形象從一八四〇年代英國開啟了歐洲人搶占中國的風潮之後，就在中國人的心目中扎下了根。同時，中共還打算追隨毛澤東廣為人知的方針，「打掃乾淨屋子再請客。」為了在進行土地改革時保持黨精心打造的溫和形象，中共不想讓太多外國人目擊到他們對中國大量持有土地的富農階級和城市資產階級，予以殘殺或投入勞改。根據《遠東事務》一九九六年的某篇文章指出，一九四九年時住在中國的外國人約有十二萬，這個數字是當年中國訪問團向蘇聯官員提出的資料。這些人當中也包括了加拿大傳教士、醫生和教師。他們會留下來，是因為他們先前認為中共會支持傳教據點，現在他們希望這件事能維持不變。

他們錯了。中共鞏固權力之後，便快速地導入實施一套登記、評量外國人的官僚系統。僑民必須前往當地公安局或黨辦公室，解釋他們住在中國的理由。

當年在成都華西協合大學擔任講師的英國貴格會士徐維理，在所著的《我留在中國》一書記載：共產黨掌權之初，曾要求外籍教師繼續執教，保證說新中國歡迎這些教師。但他們也發出警告，「一切顛覆活動均會遭到嚴正的立即處理。」他們也強烈建議該大學「不准再行洋派作風」。過不了多久，學校就有一位美籍資深教授被捕，並坐了幾個月的牢，因為他對新政權「態度惡劣」。徐維理寫道，該教授做的事「看起來沒什麼大不了的，可是當局似乎樂於有這個機會可以向人民表現出他們能夠對西方人施展權力，因為以前西方人被視為超乎法律之上。」

然而中共知道，就算要驅逐中國境內的外國人，它也需要技術和管理方面的外國專家，來帶動國家的發展計畫。中共自然找上同樣信仰馬克思的兄弟之邦，那就是蘇聯。毛澤東於一九四九年十二月前往莫斯科，以為蘇聯會慨然相助，重建中國在戰亂中受損的工業廠房，並提供財政及技術協助，為工業化注入新推力。然而，蘇聯領導人史達林為了確立莫斯科在意識形態上的優越性，故意羞辱了毛澤東。史達林勉強同意進行援助計畫，但這些援助遠遠超過蘇聯所能給的，又遠遠趕不上中國所需要的。

毛澤東在莫斯科受到輕蔑無禮的對待，使得中共更有必要從海外僑民當中吸引人才。所以中共掌權後最初的行動，有一項就是建立華僑事務委員會，這是一個高層組織，有權直接向總理周恩來報告。該委員會下面有四個部門，分別處理國際合作、外國事務、宣傳、統戰。數年後，在一九五六年六月，又另外設立了中華全國歸國華僑聯合會，以幫助華僑整合融入祖國的生活，這個組織之所以必要，是因為對許多華僑而言，這種親緣關係非常遙遠。

有一位加拿大人叫林達光，與中國的親緣關係只隔一代，後來成了中共在加拿大最有影響力的代理人。林達光也是傳教士之子，但背景和其他人大為不同。他的父親林佐然在一八八二年生於中國廣東省。林佐然天資聰穎，受過嚴格的傳統儒家教育，但家裡沒有足夠的錢資助他讀更多的書，好讓他循著一般清代人的晉身道路，也就是考上科舉、學以致仕。林達光在自傳《走入中國暴風眼》裡面說，有些已經到了加拿大的親友勸他父親前去和他們一道，這樣他既可賺錢養家、學習英文，還可以親眼目睹讓西方國家如此強大的工藝和技術。林達光寫道：「因此，父親於一八九七年三月九日搭乘印度女皇號海輪抵達加拿大英屬哥倫比亞省的維多利亞市。那時，他對英文僅僅一知半解，帶來的錢也只夠付五十加幣的人頭稅。殖民政府當局將他的原名簡化，以喬治・林然（George Lim Yuen）之名登記入冊。」[1]

林達光的父親像當時許多華人移民一樣，在加拿大的最初幾年忙著活下去和賺錢。林父曾在鮭魚罐頭工廠打工，也當過男僕，不過他學英文的方法是參加聖公會的晚間研經班。聖公會新西敏教區注意到林佐然的天資，於是在一九〇七年請他主理溫哥華華埠位於荷馬街上的傳道所。聖公會隨後又資助他到英屬哥倫比亞拉蒂瑪聖公會神學院進修。一九一四年他受任為會吏，一九二〇年按立為牧師，成為加拿大聖公會第一位華裔牧師。

一九一二年十月，林佐然已經有能力可以將妻子趙文琛及兩人的長女從中國接過來。此後兩人又生了四個孩子，林達光是最小的一位。林家在奧肯那根河谷的弗農市定居下來，林佐然則以此為根據地，對分散各處的華工社區傳道。林達光回憶起，雖然他當時還是個孩子，卻也注意到父親主日的佈道呈現出「愛國的文化民族主義」色彩，融合了孔孟之道與聖公會的基督教義。林達光寫道：「受了這些儒學和文化民族主義的薰陶，使我對傳承自先祖的價值觀滋生出深厚的情感。」雖然林達光所受的教育以及朋友和師長，會讓他在社交、文化、語言各方面都覺得自己比較接近加拿大人而不是華人，不過他已經開始注意到反華的種族歧視。他寫道：「我對第一代華人移民的痛苦遭遇感同身受。加拿大人不了解這些華人來自一個歷史悠久且燦爛輝煌的國家。他們之所以受到歧視，是因為中國國力衰弱，以致被擁有強大軍力的國家掌控與欺凌。我當時希望中國有一天會強大起來，讓全世界的華人都重獲尊嚴。這個意念，受了我那道德嚴謹又愛國的父親所影響，成了我一生的使命。」

林達光自己的天分再加上父親對勤學的要求，使他在高中畢業時榮獲總督獎，並在一九三八年進入英屬哥倫比亞大學修習工程學。林達光寫道：「在掌握課業進度後，我便開始參加校園活動，特別是與時政相關的議題。對我而言，那就是受日本侵略的中國問題。」林達光成了一位言辭滔滔的講者，積極參與加拿大各地研討國際事務的學生組織所舉辦的會議，特別是關於日本軍國主義的主題。他只在英屬哥倫比亞大學讀了一年。一九三九年，密西根大學安娜堡分校提供獎學金讓他攻讀工程學位。林達光覺得自己一定要去上這所美國大學，因為他渴望找到一群從中國來的留學生，可以向他們學漢語，並得到更多關於中國的第一手消息。密西根大學自一八九三年就開始招收中國留學生，當林達光入學時，該

1 林達光傳記的中譯文字係參考林達光、陳恕合著，《走入中國暴風眼》，香港天地圖書，二〇一三年。

校共有八十位中國學生。不久他便成為這個小小社群的中流砥柱，他還運用日漸成熟的演說技巧，在該校推廣教育部主講中國與中日戰爭，以補貼微薄的收入。

讀了兩年工程之後，林達光碰上一個許多學生都遇過的危機：他發覺自己並不想當工程師。林達光寫道：「我覺得國際法可能比較適合我，因為可以用來捍衛中國的利益，同時也『夠正經的』，可以讓父親滿意。」他的學術諮詢顧問雷利・納爾遜博士給予強力支持，寫了一封感人肺腑的信給林達光的父親，表彰這位學生的能力，全心全意地贊成他轉移學術方向。林佐然給兒子寫了信，允准他更換跑道：「最重要的是，要學些實實在在、對世界有用的東西，讓自己和別人都從中受益。」

林達光的方向定了下來之後，局勢的發展則為他拓展了前方的道路。日本在一九四一年十二月七日進攻珍珠港，促使美國參與太平洋及歐洲的戰爭，於是林達光這位講者日益受到歡迎，請他演說的人愈來愈多。

差不多在這一段時間，林達光正式把英文姓名從Paul Lin（保羅・林）改成Paul Ta-Kuang Lin（保羅・達光・林）。「林達光」的意思是「光的行進穿越了森林」。他解釋道：「有一個以漢語發音的正式中文名字是很重要的一步，確認了我作為一個現代中國知識分子的身分。」一九四三年一月，他以優等的成績自密西根大學畢業，並且拿到弗萊徹法律暨外交學院的兩份研究生獎學金，分別由哈佛大學及塔夫茨大學共同授予。林達光開始在這所學院攻讀博士，論文主題是兩次世界大戰之間英國的遠東政策和太平洋安全問題。

然而，林達光的親中活動逐漸取代了他的學術生活。由於手頭困窘，林達光暫緩博士學程，轉而接下一份有給職，在北美中國基督徒學生協會擔任秘書長。這份工作的一個重點是協助大批因為國民黨和中共的內戰而流亡前來的中國學生。許多學生參加了中國基督徒學生協會，為的是和華人社群有所連結。林達光為他們舉辦活動，其中一次是邀請加拿大傳教士文幼章來演講。文幼章對蔣介石政權的貪污腐敗予以強烈譴責，開始影響了林達光的想法。到了林達光在一九四八年返回哈佛完成博士學位時，他對國民黨已不存幻想了。他的態度也反映了北美中國基督徒學生協會的公開立場，該會對國民黨以及美國人支持蔣介石的批評愈來愈尖銳。美國開始公開指稱林達光為顛覆分子。

一九四九年初，林達光對政治行動的熱情已經完全打滅了完成博士論文的想法。他的全副心思都放在即將由毛澤東及中共進行統治的新中國。非但如此，他所求的不只是研究新中國。他要成為新中國的一部分。他在回憶錄中寫道：「我決心去溯源尋根，並且見證中國過渡到下一個階段的歷史時刻。」一九四九年十月二日，也就是毛澤東宣布成立中華人民共和國的次日，林達光帶著中國出生的妻子陳恕以及兩名幼子，搭機前往舊金山，登上丹麥快桅航運公司的一艘貨輪，展開三十五天的航行前往香港。「如果我沒有在那時離開，很可能就被捲入約瑟夫．麥卡錫的國安聽證會，……我曾為了是否該離開美國而猶豫不決，但我心裡明白，已經到了『回家』為同胞的未來貢獻個人所長的時候了。」

就在林達光一家前往香港的同時，加拿大駐南京代辦穰杰德正在兩相矛盾的壓力下掙扎。一方面，中國官員堅持加拿大要承認中華人民共和國，要關閉駐南京的外交據點，要在北京設立大使館。另一方面，渥太華的上級卻不肯做出決定。穰杰德本人主張給予外交承認，但是總理聖羅倫和外交部長皮爾遜一心想要先諮詢大英國協其他成員，再決定接下來該怎麼做。聖羅倫和皮爾遜希望，國協的會員國不要直接將外交承認由國民黨的中華民國轉移給毛澤東的中華人民共和國，而是等到一九五〇年一月在錫蘭（今斯里蘭卡）可倫坡的大英國協政府領袖會議上討論之後再來定奪。他們的期待落空了。印度在一九四九年十二月二十六日承認中華人民共和國，巴基斯坦在一九五〇年一月四日承認，英國則是一九五〇年一月六日。

穰杰德終於在一九五〇年六月二十五日得到渥太華首肯，可以就外交承認與北京磋商，但就在消息傳來之際，一切已經無關緊要了。是日，北韓入侵南韓，之後便迅速地將南韓部隊及美國友軍逼到退守南方港口釜山附近。戰爭爆發後三天，聯合國決議軍事介入，加拿大立刻參與聯合國軍。最後由二十一國部隊所組成的聯合國軍，其中有百分之八十八的軍事人員來自美國。有好幾個星期的時間，受困於釜山的南韓國軍及美軍看起來快要撐不住，整個朝鮮半島看起來快要落入平壤的統治了。但是到了九月十五日，四萬名左右的美國海軍陸戰隊，再加上南韓陸軍近五千人，在漢城（今首爾）西邊的仁川海岸登陸。由聯合國軍總司令麥克阿瑟所策畫的這一高招改變了戰事的進程。聯合國部隊向北方進擊，十月底，逼近韓中邊界的鴨綠江。

仁川登陸戰後不久，中國透過印度駐華大使向華盛頓傳話警告，說若是美方率領的軍隊跨越三十八度線（太平洋戰爭結束後，兩個韓國的分隔線），中國將不得不介入。美國高層可能是不明白這個意思，或者沒有認真看待。十月八日，毛澤東將中國人民解放軍東北邊防軍改稱為中國人民志願軍。十月二十五日（此前十天，這支軍隊已秘密渡過鴨綠江），這支非正式的中國軍隊，至少有三十萬名士兵，也許多達四十五萬，攻擊了聯合國軍。到了一九五一年一月四日，中國與北韓的軍隊已將聯合國軍往回推，二度攻陷了漢城。接下來的幾個月，三十八度線周圍展開激烈戰鬥。但是直到五月底，戰況膠著。雙方於是在七月開始就停戰協定進行談判，最終於一九五三年六月二十七日生效。

因為毛澤東的介入，而加拿大屬於聯合國軍的一員，於是加拿大實際上是與中國處於戰爭狀態。穰杰德記錄了當時渥太華的態度：不出所料，「在當時的氣氛中，與北京開啟談判，感覺並不恰當。然而，加拿大並沒有決定放棄外交承認，而是暫緩對協商程序提出問題，等待眼前朝鮮半島的危機過去。」

也就是在韓戰及其後那幾年，加拿大與美國的關係，對於加拿大與中國關係的進退開始發揮影響力。中共及其代理人在這段時期上了一堂頂級課程，學到了加拿大對美國的複雜感情是何等地微妙：崇拜、喜愛、嫉妒，再加上高漲的道德優越感，一旦滿溢則化為輕蔑。中共在此期間也了解到，加拿大的反美情緒是一項有用的工具，很容易就可以挑起，操縱起來也相當簡單。這件事在一個更大的冷戰背景下展開，美國國內擔憂共產黨對政府及各種體制進行顛覆，而這種擔憂的心理無可避免地表現為麥卡錫參議員的獵巫行動。

美國出現了無差別的反左翼活動，當然也打擊到一些加拿大籍的目標人士，導致渥太華的政治外交圈萌生不安及疑慮。但是加拿大的政治領袖不能讓怒火傷害到必須和美國保持基本上相互合作且可運行的關係。一九五四年初，朝鮮半島的停戰協定順利生效，聖羅倫總理開始重新思考與北京的中共政權交互承認。然而此事進行不下去，因為美國總是激烈而明確地反對任何盟友打算承認共產中國的想法。加拿大最接近達成目標的時間是在一九五六年。聖羅倫及外交部長皮爾遜認為時機已到，應該與北京建立正式關係，但實際進行前，他們決定先告訴艾森豪總統。他們特意找艾森豪對話，而不是情緒化的國務卿杜勒斯，心想他們可以得到比較為加拿大設想的回應。他們想錯了。穰杰德回憶道：「總統大發脾氣，他問，加拿大怎麼會考慮要承認『共產中國，他們的手上還滴著在朝鮮半島被他們殺死的美國人流出來的鮮血啊！』」艾森豪又說，若是加拿大這樣做，美國其他盟友將起而效尤，北京就會取得聯合國安理會裡面中國的席位。他繼續說道，既然美國公眾的輿論堅定反對中共，華盛頓將不得不退出聯合國，最終聯合國就非垮台不可。這是艾森豪打出的一張好牌。皮爾遜在聯合國創立過程中扮演了核心角色，他本人以及相當一部分的加拿大民眾，都認為聯合國是他催生的。於是聖羅倫和皮爾遜完全打消了向北京招手的念頭。

狄芬貝克和保守黨在一九五七年上台後，許多過去關於中國的想法都被掃到一邊。在二十世紀的大部分時間，自由黨都是執政黨。由一八八〇年代起算，最有力的保守黨政府是羅伯．博登爵士率領的政府，一九一九年當選，維持了十年。博登之後的保守黨黨魁亞瑟．彌恩，當總理的時間只有一九二〇年秋以及一九二六年底的幾個月。理查．貝德福．班奈特表現得好些，在位的時間從一九三〇年到一九三五年。但是整體而言，只有當自由黨氣力用盡，保守黨才能夠上台。狄芬貝克不但挑戰了自由黨的執政，他還是一位出身沙士卡其灣省的大草原民粹政治家，打破了從加拿大組成聯邦以來，總理一直出身自加拿大中部的慣例（另有一位來自海洋省份）。[2] 狄芬貝克所欲掃除的陳年舊習之一，乃是對華盛頓過度恭敬。於是，保守黨不肯在應對中國問題時被美國說三道四。即便如此，狄芬貝克與外交部長雪梨・史密斯要給予中國外交承認，還是跟以前的聖羅倫和皮爾遜一樣，在採取任何具體行動之前，先去找艾森豪討論。穰杰德記道，真要說起來，艾森豪對狄芬貝克的回應甚至比他對自由黨人還更加惱怒。

狄芬貝克並不像聖羅倫和皮爾遜那樣輕易打消念頭，而是從一個相當不同的角度來面對與北京建交的可能性。他意在貿易而非外交，他也不擔心這麼做是給美國人眼中的高壓政權以道德支持。他是出身大草原的領袖，當時大草原的小麥豐收，供應過多卻沒有足夠的市場；與中共建交的問題有其政治及實務考量，比起援助一個共產政權這樣的道德議題更加緊急。北京在一九五八年向加拿大購入少量小麥，渥太華開始意識到中國需要進口大量穀物，卻完全不懂中國為什麼會有這樣的需求、以及這樣的需求會有多大的量。中國成功地對所有外國人隱瞞住毛澤東的大躍進引發了嚴重的饑荒，如今據信約有四千萬人在一九五八到一九六二年間餓死。基於渥太華當時所知的狀況，在一九六〇年秋，商業暨貿易部應新任農業部長艾文・漢彌爾頓的要求，派了兩位官員前往中國，探查對北京出售小麥的可能性。兩人回國，對小麥銷往中國市場的機會提出正面的報告。漢彌爾頓在接受傳記作者派翠克．基帕訪談時回憶道：

我快要讀完報告的時候……那是一九六〇年十一月底，我接到一通電話，是蒙特婁伊莉莎白女王飯店櫃台打來的，說櫃台有兩位中國先生要找我。聽起來他們搭了加拿大太平洋航空……來到了蒙特婁。他們到這間飯店說要找我，他（櫃台）也夠機靈的，馬上打電話給我，真是個好人啊……我想，嗯，要是他們從中國來，那一定是為了回應我們的小麥促銷活動。所以我對電話上那人說，幫他們準備最好的房間，記在我帳上，好好照顧他們，然後我盡快讓他們搭機到溫尼伯的小麥局，因為只有小麥局能談這筆生意。

可惜，歷史並沒有把伊莉莎白女王飯店這一位特別機敏的櫃台到底是誰給記錄下來。

2 加拿大中部（Central Canada）指加拿大於一八六七年組成聯邦之前，Canada這個名字所指的地方，即今日安大略、魁北克兩省，現在依然是人口最多的地方，政治權力的中心。海洋省份（the Maritimes）指大西洋沿岸的新布朗斯威克、諾瓦斯科西亞、愛德華王子島。大草原地區（the Prairies）指的是涵蓋北美大平原的三個省份，亞伯達、沙士卡其灣、曼尼托巴。

兩位中國官員很快同意以六千萬加幣現金，購買兩千八百萬蒲式耳（七萬六千噸）小麥、一千兩百萬蒲式耳（兩萬六千噸）大麥。因為交易進行得如此順利，漢彌爾頓認為中國可以成為加拿大穀物長久而可靠的一個市場。一九六一年初，他派小麥局局長威廉・克雷格・麥納瑪拉前往北京，調查未來銷售的可能性。

麥納瑪拉提出的報告，促使漢彌爾頓開始與北京就長期合約進行協商。然而，華盛頓對中共的經濟制裁成了問題。北京很難累積到足夠的強勢貨幣來支付加拿大小麥與其他穀物。北京提出了一個不要臉的解決方案：加拿大貸款給中國，為期兩年半，讓中國可以購入五百萬噸加拿大小麥及一百二十八萬噸大麥（總價四億兩千兩百萬加幣）。漢彌爾頓同意了，他說，中國有數千年文明，這是一筆可靠的投資。因為這樣，漢彌爾頓便被中共封為「中國之友」，並贏得周恩來總理的好感，周恩來有一次說，農業部長已經取代了白求恩，成為中國人民心目中最標準的加拿大人。

對於將加拿大的錢借給中共讓他們買進加拿大的小麥、大麥，狄芬貝克的內閣並不像漢彌爾頓那樣歡欣鼓舞。有幾位部長指出，銀行的貸款必須由政府擔保，這代表渥太華正在給予中華人民共和國事實上的外交承認。確實如此，有人可以因此宣稱，正是在簽訂這份小麥大麥協議之際，渥太華已經正式接受中共乃是中國的合法政府，即使法律尚未完備，也尚未互派使節。

加中之間的貿易額隨著穀物協議，由一九六〇年的約九百萬元加幣，到兩年後暴漲為超過一億四千七百萬加幣。整個一九六〇年代期間，每年的金額在一億到近兩億加幣之間波動。然而對接下來更重要的在於，由於進行貿易而留下雙方互信的書面紀錄，為之後的外交承認鋪好了道路。

漢彌爾頓與北京的關係比他在加拿大政府的部長任期持續得更久。他相當認真地看待中國之友這個身分。他離開政府之後，便積極地在加拿大國內提倡與中國做生意，聯絡加拿大各公司，力勸他們好好利用因為小麥交易所開啟的中國市場。當加拿大企業沒有積極地去抓住漢彌爾頓展示給他們的機會，他就轉往亞洲和南美諸國，鼓吹他們展開與中國進行貿易。

一九六四年初，北京政府邀請漢彌爾頓前往中國，為推展該國的國際貿易提供建言。他受到了盛大的招待，遠遠超過他認為討論貿易時所必要的程度。中國官員給漢彌爾頓的回答說明了兩件事。東道主對他說，大躍進造成的饑荒對該國造成了重大打擊，雖然他們仍將饑荒的起因歸咎於氣候惡劣。漢彌爾頓記得他說：「當我們全國上下都在發憤努力，以為我們一個朋友也沒有的時候，你就來賣小麥了。」這段話不但顯示出饑荒對中國人在肉體上和心理上是一場怎麼樣的大災難，也暗示了中共對於自己與世隔絕感到後悔。後來漢彌爾頓與周恩來的談話也證實了他對這件事的印象。「九十分鐘之後我領悟到，他拚了命想告訴我，在他政治生涯結束之前想做一件事，那就是讓美國與中國能恢復到某種和諧的狀態。」

不久之後，毛澤東為了不讓自己因為處理大躍進與饑荒不當而遭到批判，在一九六六年發動了文化大革命。此時，距離林達光得以親近中共的革命核心，已經有十五年的光陰了。但他觀察到毛澤東上一場運動所帶來的社會動盪正不斷升高，決心避開即將到來的大屠殺，返回加拿大。一九六四年九月他回到溫哥華時，已經是一位能幹有才的中共門面人物。

林達光在一九四九年末帶著左翼的狂熱激情去到中國，要親眼一睹他從不認識的故土。他得以親近中共政權核心的這段經歷，對他來說不但影響深遠，也可能很危險。他在香港下船，轉搭海岸線輪船前往天津，在一九五〇年初以一個全新的身分抵達中國。他很快就發現自己的身分與眾不同，換成今天的說法就是所謂的「紅色貴族」。其實，林達光的紅色血統不是最高級的，但也夠他用了。林達光抵達中國不久，就搭火車前往上海見一位女士，此後在中國的十五年間，就是這位女士為他打開了門路，也保護了他。「這位女士」

就是宋慶齡，孫中山的遺孀；孫中山這位共和派革命家，在一九一一年發動了推翻清朝的革命，啟動了一連串事件，最終導致中共上台。宋慶齡是宋家三女之一，父親宋嘉澍是一位在美國受教育的衛理公會牧師，但在中國卻以銀行業和印書業致富。他把三位女兒都送到喬治亞州的衛斯理學院就讀，但這三位年輕女士的人生道路卻有很大的差別。大姊宋靄齡嫁給了國民政府的財政部長，銀行家孔祥熙。小妹宋美齡嫁給了國民黨領袖蔣介石。宋慶齡嫁給了孫中山，他在一九二五年過世時，革命尚未完成。有人說，三姊妹終其一生，一個愛錢、一個愛國、一個愛權。宋慶齡對中國的愛表現在夫婿死後支持中共，雖然她一直沒有入黨。但黨覺得她很有用，因為有她在中共就有作為孫中山繼承人的正當性，而這個身分照理來說應當落到蔣介石和國民黨頭上。中國共產黨對宋慶齡很好，給她全國政協副主席的高位，此一諮詢機構囊括了非共產黨員的要人，為了表示對他們的尊敬，中共會做出重視其建言的姿態。

林達光家系和宋慶齡之間的連結相當間接，但是在只要沾親帶故就會互相幫襯的華人世界裡，這樣的連結非常穩固。林達光的哥哥林達文娶了孫穗英，是孫中山與第一任妻子的孫女。所以，宋慶齡乃是林達光之兄的岳繼祖母。兩家之間還有另一項交集也強化了此一連結。林達光之妻陳恕的父親是陳行，宋子文的左右手，而宋子文是宋慶齡的弟弟，哈佛畢業生，在第二次世界大戰發生之前的幾年，成了中國知名的企業家暨政治家。

本來林達光希望他在國際法方面的學術專業可以為新中國所用，但他發現北京的大學把這門課程看作「帝國主義工具」，完全排除在課程之外。於是他只好兼職當譯者並為雜誌寫稿。

一九五〇年五月，林達光與宋慶齡的關係為他帶來了好結果，當時宋慶齡由上海來到北京參加中國人民政治協商會議。她邀林達光與陳恕做客，將他們介紹給外交部的高級官員喬冠華，他是亞洲司司長兼國際新聞局局長。他給了林達光一份工作，擔任每日出刊的英語國際新聞簡報《參考消息》主編，這份報刊僅限特定政府官員與大使館人員閱覽。一九五一年，林達光當上中央人民政府新聞總署國際新聞局的英文組主管。

毛澤東的統治靠的是製造混亂以及讓他身邊的人雞飛狗跳；若非如此，他們或許會有充分的時間發覺毛澤東的管理簡直是一場災難。林達光設法免於捲入大部分的動盪，不然若是不小心站到了隱而不見的政治界線錯誤的那一邊，就有可能大難臨頭。但是林達光沒有躲過一九五七年的反右運動。在這之前一年，毛澤東提出「百花齊放、百家爭鳴」方針，鼓勵人民公開表達他們對共產政權的看法，好引蛇出洞。一九五七年，共產黨上上下下都爭先恐後地積極揭發右派，以免下一個就輪到自己遭殃。北京廣播電台[3]英文組最先衝出來的是李敦白，美國籍的中共黨員，他從延安（中國共產黨在戰時的總部，位於陝西省）時期就追隨毛澤東左右。李敦白和另一位中共黨員決定要將別人指為右派分子，以免自己變成目標。他們選中了陳為熙這位工作人員，雖然他是無辜的。李敦白在一九九三年出版的回憶錄《紅幕後的洋人》[4]中寫道：「我們已經沒有別的選擇了。他的真名是陳為熙，卻用了Gerald這個英文名字，說明他對西方的生活念念不忘。他父親是支持共產黨的重慶商人。他在加拿大長大，住在文幼章博士家中，這位博士曾在中國教過書，是當時知名的左派牧師，因此陳為熙一直和加拿大左派人士有密切交往。共產黨建立新政權後，這位年輕人帶著滿腔的愛國心回到中國，想要報效祖國。……他被指控的具體行動就是要陰謀推翻現有的部門領導，擁立該部門的二把手上台，而那人是加拿大華僑牧師的兒子，為人浮誇，還不是黨員。」

那位「加拿大華僑牧師的兒子」，就是林達光。這一小段記事除了顯示出毛澤東治下的北京政府部門是什麼樣的龍潭虎穴，也令人看到加拿大傳教士在中國產生的長遠影響。

3 中國國際廣播電台前身。

4《紅幕後的洋人》（*The Man Who Stayed Behind*）（上海人民出版社），台譯《我在毛澤東身邊的一萬個日子》（智庫），又譯《我在毛澤東身邊的日子》（足智），本書引文參考二〇〇六年上海人民出版社的譯本。

雖然林達光沒有明言，但這起事件似乎讓他警覺到，他的西方背景和智識程度可能很容易讓他被反右的獵巫行動給盯上。林達光決定明哲保身，志願加入第一批「下放」(到鄉下與農民同住、向農民學習)的知識分子，以免遭到機關內惡毒的政治風氣所害。林達光回憶道：「和這些簡單卻誠實、勤勞的農民在一起幹了一年活，我更加體會到他們的痛苦和願望。當他們終於開始信任我，把我當成朋友，我覺得很感動。」

林達光這樣自貶身價，有了好的回報。他在一九五九年回到北京廣播電台，升任為英語部藝術指導。然而許多忠貞黨員的日子就沒那麼好過了；在中共內部，認為毛澤東要為大躍進及之後造成的饑荒受到譴責的情緒日益高漲。日常生活中已經開始感受到緊張的氣氛了，這股氣氛最終爆發，導致了文化大革命。一九六二年初林達光的父親將要過八十歲生日，家族打算在溫哥華為他祝壽。林達光和陳恕二月抵達香港，從親戚處取回林達光十二年前留下的加拿大護照。陳恕想要申請加拿大的落地移民簽證，於是前往香港的加拿大高級專署辦理，結果卻遭到四小時面談的待遇，大多時間是問她和夫婿在中國都做了哪些事。等到他們發現陳恕的旅行證件顯然要花上數週甚至可能是數月才能獲批，林達光就先動身到溫哥華。在和官僚系統打交道時，林達光有一套習慣的做法，就是直接找高層。他寫了一封信給公民暨移民部部長艾倫・菲爾科勞，又寫了一封給狄芬貝克總理，直接挑明他和陳恕顯然受到加拿大國安部門的關注這項事實。他給狄芬貝克的信中寫道：「這使我明白，事實上，不批准我妻子入境是因為我對當前的中國政府抱持友善的看法。」林達光堅稱，他對加拿大的忠誠，以及他敬佩「中國人民為創造更好的生活所做的英雄般的努力」，兩者之間並不衝突。

最後，透過國會中第一位華裔議員鄭天華的協助，陳恕得到一份部長特許令，得以在加拿大停留三十天。在加拿大期間，這對夫婦常常注意到有皇家騎警的警員跟蹤和監視他們。一九六二年七月返回中國後，林達光寫信給宋慶齡道：「我們發現加拿大在軍事策略上和經濟上被美國這隻大章魚給緊緊纏住，因此籠罩在美國安全局邪惡的陰影之下。不過，對於美國的強勢掌控，社會各層面普遍有著強烈反感，對於人民共和國的中國雖所知不多，一般輿論卻是友好的。」

林達光之後的生涯當中，有很大一部分是致力於使加拿大人改變對中華人民共和國的想法，從而留下比較友好的印象，如今回頭看來，這封信簡直像是一封求職信。

接下來幾個月，林達光愈來愈清楚察覺到中共內部逐漸醞釀的亂局，以及毛澤東可能要出手整治他的敵人了。一九六四年，林達光認為應該要離開中國了。「我和宋女士商量此事，告訴她我在新中國生活和工作的過程中學到很多，但我覺得以一個『中國人民的朋友』這樣的身分在加拿大工作會更有用。宋女士很理解也支持我的決定。」

林達光回憶錄所記載的事件是有選擇性的，這類文獻總是如此。他的記事中完全沒有提到他待在中國最後那幾年在華僑大學任職的情形；這所大學位於廈門，那裡是福建省南部濱海與台灣相望的港都。百度（中國版的谷歌兼維基百科，遵守北京所要求的網路審查）上面的林達光簡介提到他曾是華僑大學教授。該校在一九六〇年由周恩來總理親自批准設立，目前直屬於政府的國僑辦，因為國僑辦是統戰部對外加掛的牌子，華僑大學也等於直屬於統戰部。學校的宗旨是要鼓勵海外華人學生來到中國進修，將其知識分享給祖國，特別是鼓勵研究生。華僑大學著重科技學門，擁有典型的特務機構所具備的所有特色：中共國安人員會在這些青年人回到自己的國家之前加以鑑別，然後吸收他們成為間諜和影響力代理人。華僑大學的網站上說，創校以來該校已經培養了超過二十萬名畢業生，來自五十多個國家和地區。該校在這些國家都設置了校友會，加拿大也有。

當林達光在一九六四年十月回到加拿大，他已經從中國之友搖身一變，渴望成為中共在加拿大的影響力代理人。加拿大在林達光和陳恕一九六二年訪加期間對兩人予以密切關注，加上他並未提及在華僑大學任職一事，點出了一個問題：他會不會是間諜，甚至間諜頭子？皇家騎警保安局（加拿大安全情報局的前身）以及美國中央情報局都確定，林達光是為中共政權服務的高級工作人員。林達光並未掩飾。不但如此，他還特地表現出來，可能還誇大其事，來增加他在加拿大人之間的影響力。但如果隱密和欺瞞乃是間諜的必要條件，那麼林達光就不符合間諜的定義。他毫不隱瞞其效忠對象與工作目標。

林達光最可能的身分，應該是一位典型的、精明幹練的影響力代理人，而不是間諜或秘密特工。即便如此，加拿大和美國的安全機構仍然一直把他視為危險的謎團，雖然兩國的政界和商界人物很快就發現，在他們與北京打交道時，林達光十分有用。

返回加拿大以後，林達光接下一份兼職工作，在英屬哥倫比亞大學亞洲研究系擔任講師。然而，這份工作沒有持續下去。他第一次正式授課之後沒多久，亞洲研究系系主任比爾·霍蘭德就要求與他見面。霍蘭德想了解林達光在中國究竟做什麼，因為溫哥華《省報》有一位記者揚言要抨擊該校「聘用一個剛從紅色中國來的教授」，霍蘭德說。林達光表示，霍蘭德讓他了解到要是他繼續留任，學校校譽可能受損，亞洲研究系可能辦不下去。接下來幾個月，可能會出事的氣氛愈來愈濃。英屬哥倫比亞大學校長約翰·麥克唐納告訴林達光，《省報》正準備刊出一篇報導，說霍蘭德先前之所以辭去紐約太平洋國際學會會長一職，就是因為麥卡錫參議員的非美活動委員會指控他聘用蘇聯間諜。於是林達光開始另謀出路，經過霍蘭德穿針引線，他接受了麥基爾大學的邀請，出掌新設立的東亞研究中心。

一九六五年九月，林達光開始在麥基爾大學歷史系擔任助理教授。他很快就運用此一職位來累積動能，為加中之間的政治、外交、經濟與學術領域拓展全新關係。

5

美國後院的朋友

A Friend in America's Backyard

與華盛頓保持和平當然比北京對我們的讚美更重要。我們的政策不應該過分強烈偏離美國及其盟友多年來所形成的立場。

——皮爾遜總理致外交部長老馬丁，一九六六年六月二十八日

林達光回到加拿大、接下麥基爾大學東亞研究中心是在一九六五年九月，與此同時，加拿大的公共生活也出現幾項變化，把給予中華人民共和國外交承認這條路鋪平了。首先，加拿大的政壇發生了世代交替。步步為營、高度制式化的狄芬貝克時代行將結束。狄芬貝克對銷售小麥所得利潤感到滿意，但他不認為與北京建立完整的外交關係會有更多好處。一九六三年自由黨重掌政權之後，皮爾遜總理和外交部長老馬丁百般糾結，困在聯合國正在辯論的難題中：應該讓誰來代表中國？是北京還是台北，或者兩邊都代表中國，而又是哪一方應該取得安理會席位？皮爾遜不僅對聯合國一路走來的艱辛懷有一股父親般的焦慮，他也擔心要是加拿大承認中華人民共和國，就會破壞北大西洋公約組織的團結。這種擔心受怕後來稍獲緩解，因為法國在一九六四年承認北京，天並沒有塌下來。但皮爾遜還是害怕，若加拿大冒險承認了中國，華盛頓將給予嚴重的報復。但隨著老杜魯道一九

六五年進入國會，一九六七年出任司法部長，次年接掌黨魁，渥太華的態度也改變了。老杜魯道是第一位曾經去過中國的加拿大總理，他決心要與北京建立外交關係。在老杜魯道看來，把流亡到台灣的蔣介石和國民黨當作是真正的中國政府，完全沒有道理。此外，還有一點對他也很重要，那就是他要掌握機會來凸顯暮氣沉沉的皮爾遜時代已經過去了，現在可是充滿了革命的氣氛。老杜魯道認為，承認中華人民共和國，等於故意打臉華盛頓，無視歷屆美國政府揚言施予報復，但這麼做的好處之一是他想建立的形象可以更加強化。與此同時，學界也愈來愈有興趣把中國開放的可能性當成研究主題。大學教授開始參與一些後來被稱為「第二軌外交」的活動，在這樣的活動中，非政府人士與外國的同業或同行可以進行試探性的非官方討論。此類保持距離的對談，使得許多可能會造成立場分裂的議題，常常能在第一軌的外交人員和政府官員介入之前就解決掉了。林達光是搞第二軌外交的天生好手。他看得出來也了解到，加拿大一九六〇、七〇年代滋長的反美主義很有用。此種厭惡心理主要是因為反對越戰，但林達光很聰明地將其包裝成一套加拿大應當承認中華人民共和國的論述。

加拿大和北京中共政權之間的關係持續演變，到了一九六六年八月出現了轉捩點，正好就是中國文化大革命的開始。此時，加拿大國際事務研究所在亞伯達的班芙鎮舉行年會，討論眼前全球正在發生的事件。該年會的焦點放在加拿大與亞洲。與會者包括數位即將在中加關係所展開的故事裡扮演要角的人物，其中一位是卸任的加拿大駐華外交官穰杰德，他在前往北越首都河內執行一項特別任務受挫後，先是到渥太華及華盛頓做了簡報，然後剛剛才回到亞伯達。另一位則是亞伯達大學法學教授伊凡．黑德，先前曾在外交部擔任外館人員。最重要的是，黑德在一九六七年擔任司法部長老杜魯道的法務助理。兩人一輩子的情誼從此展開，次年老杜魯道出掌自由黨、登上總理之位，黑德便成為他的外交政策顧問。黑德的任務之一是，在加拿大的某些外交場合中，有些人是老杜魯道不克或不願親自接見的，他就要充當總理的私人特使。這些人之中有一位後來成了黑德經常會聯絡的人，他也是班芙鎮年會的講者，那就是林達光。

外交部長老馬丁來到年會之前，還在推動加拿大政府針對中國在聯合國的代表身分一事做出決定，但這次的嘗試同樣令人挫折，也沒有做出結論。前一年秋天他對內閣提出建言，主張加拿大應該建議聯合國大會啟動與中共的試探性對話，討論中華人民共和國加入聯合國的條件。此一想法很快便作罷，因為一九六五年九月二十九日，中國外交部長陳毅譴責聯合國是美國的傀儡，他還提出中國加入聯合國的條件。然而對皮爾遜政府來說是不可能接受的。老馬丁在國會指出：「聯合國不應該為了單一國家的觀點做出調整，無論這個國家的力量強到什麼地步、人口多到什麼地步。應該調整的是共產中國。眼前並沒有任何證據顯示她準備好要調整，加拿大政府對此深感遺憾。」

一九六六年初老馬丁的愁思略消，因為美國支持北約進行一項研究，探討如何將中華人民共和國納入聯合國。各種想法反反覆覆，使得老馬丁決定讓他派到越南去的特使（就是穰杰德）經由北京返回河內，以打探中共對聯合國的真正態度。穰杰德容或確立了自己作為「中國之友」、而且還是「中共之友」的身分，但他很快就發現自己並未因此得到特殊待遇。中國政府就是拒發入境簽證給穰杰德，於是他的任務完全失敗了。老馬丁在班芙鎮年會上的致詞，再次染上了悲觀的色彩。大會卻無視他的疑慮，發表了一份共識報告，不僅倡議加拿大應立刻給予中華人民共和國外交承認，並敦促渥太華應盡其所能讓北京政權成為聯合國會員。雖然會議代表在進行長達一週的討論之前就傾向此一立場，但林達光的發言無疑強化了他們的想法。

此次年會乃是林達光在麥基爾大學東亞研究中心站穩腳步之後的首次對外活動。他的講題平淡無奇：「中國與西方」，內容卻非常具有爆炸性。許多與會者以及事後輾轉聽到演講內容的人，都因此在心目中認定，林達光是北美地區在詮釋中共信念與目標的人當中最神通廣大的那一位。這種想法自然就會推論到，林達光是一個可資利用的信使，可以透過他將訊息傳給北京。對於反情報機構來說，例如皇家騎警保安局、聯邦調查局、中央情報局，林達光的演講足以讓他們更加相信林是中共的特務。

林達光加入了一場沸沸揚揚的爭論中，主題是美國在越南的戰場上愈陷愈深。他說，在亞洲人看來，華盛頓就是執意要將其意志強加在全世界頭上。

亞洲人腦海中的這個形象不是共產黨的宣傳造成的，而是美國近二十年來在亞洲耀武揚威的結果。

亞洲人發現的事實是：中國之外的亞洲地區沒有出現任何一個中國士兵或軍事基地。因此可以理解，他們很難想像千里外的華盛頓怎麼會比他們更確定中國對他們的安全有威脅。亞洲人根本不能接受中國暗懷鬼胎的假設，特別是當美國的燃燒彈、毒氣、落葉劑和塞滿尖利飛鏢的炸彈如雨一般落在不見中國一兵一卒的亞洲大地上，而美國的軍事將領似乎巴不得把他們炸回到石器時代去。亞洲人眼中的中國根本就不是嗜血、陰險的黃禍化身。

這種說法直接訴諸加拿大對於美國日益介入越戰所抱持的反對立場，以及檯面下微微牽動的反美情緒，和年會中的其他演講彼此呼應。然而，此一立場並未受到一致肯定。《卡加利先鋒報》批評年會中某些講者沒有認識到目前的亞洲情勢具有更廣的涵義。該報的社論寫道：「其中一個例證就是麥基爾大學的林達光教授對美國越南政策所做的猛烈攻擊。這位演說者把美國描繪成渴望戰爭的侵略者，企圖以自己的形象來改造全世界。可惜的是，林教授對一些事實沒有查證清楚。例如，他指稱美國可能在幾個亞洲國家都有駐軍，而中國並沒有在國外派駐軍隊或設立軍事基地。林教授似乎忘記了一個被壓迫的小國，叫做圖博。」

林達光在演說結尾，呼籲加拿大為了自身利益，應該在有機會時就儘快與中國建立外交關係：「我們當前的一個重要目標是，正式承認七億中國人民的存在，因為他們值得這樣的承認；還要和他們發展友誼與正常關係，包括增進雙方貿易和文化交流。當然，這需要政治家展現最大的勇氣和真知灼見，以及用長遠的眼光來看待加拿大和世界的利益。」

訴諸「加拿大外交例外論」（Canadian diplomatic exceptionalism）的努力成功了。亞伯達大學中國史教授布萊恩．伊凡斯在自傳《追尋中國》裡面寫道：「此次年會再度向政府強調了承認北京是多麼重要。」林達光這邊則覺得結果比他預期的更加成功。年會後數天，他給妻子陳恕寫了信：「最後，保羅．馬丁（老馬丁）非常尷尬地總結了他的立場，被迫回答許多尖銳的問題，因為出席者在一個星期的會議之後一面倒地傾向中國。許多人告訴我，我的演說產生了極大的影響。當然，也有一些完全相反的意見。有趣的是，駐印尼、緬甸和日本的大使都同意我的觀點，一九五二年離開中國的最後一任加拿大駐華大使穰杰德也同意我的觀點。」

兩個月後，也就是一九六六年十月，自由黨大會通過決議，呼籲立即承認中華人民共和國，以及加拿大應支持中華人民共和國成為聯合國會員。自由黨此一決議正順應了加拿大的民意。根據一九五〇年代和韓戰期間的民調顯示，大多數的加拿大人是反對給予北京外交承認。但是到了一九六四年左右情況就改變了，民意的抽樣調查開始穩定地顯示加拿大多數人主張與中國建立完整的外交關係。

自由黨的新黨魁老杜魯道也這麼想。一九六八年五月，在他接掌自由黨並登上總理之位一個月後，老杜魯道宣布他的政府將採取行動承認中華人民共和國並支持其加入聯合國，在此同時，也會「認知」有一個不同的政府在台灣。老杜魯道的這個立場並不新奇，也非投機取巧。比起以前所有的加拿大總理，他對中國有更多親身體驗。老杜魯道是在一九四九年首次訪華，正是中共建立政權的那一年。他批評西方國家「拒絕承認統治全球四分之一人口——很快就會變成三分之一——的政權。」。他認為，拒絕「與有史以來最驚人的消費市場與生產基地增進貿易關係」，在政治上和經濟上真是愚不可及。老杜魯道的這些話往往被他的批評者引用以支持其論點：他過度強調理性原則，令他看不見其他人的政治動機背後的情感和細微之處。他的傳記作者約翰．英格利希在《世界公民：老杜魯道傳第一卷》說，老杜魯道「對中國的觀點太過於一廂情願」，在看待左派政權時有點天真，又對中共某些領導人投以錯誤的崇拜，特別是精於操縱人心的周恩來。英格利希認為，老杜魯道對中國的觀點，表現出他個性中自少年時代就養成的反體制態度，再加上他是真誠期盼可以消弭核子時代東西方之間的敵意。英格利希說，老杜魯道對中共政權的許多疑慮並未公開表達出來。但老杜魯道對北京政權的矛盾心理，確實可以從《兩個老實人在紅色中國》一書中的多處行文得到證實。此書由老杜魯道與友人賈克．埃貝爾合著，描述兩人一九六〇年的赴中旅行。最終還是理性獲勝；雖然，有一點很有意思，那就是老杜魯道和他的外交政策顧問黑德兩人在一九九五年合寫了《加拿大之道：打造加拿大外交政策，一九六八～一九八四》，書中講到給予中國外交承認一事，卻洋溢著老派傳教士般的道德熱情：

> 朝世界開放的中國，將會與其他國家面對相同的外交誘因，因此可以期待將會逐漸

調整其政治、經濟與社會實踐，以與國際標準和諧一致。

雖然中國顯得如此脆弱，然而，我們兩人有著一個無可撼動的共同信念，那就是（中國）未來會變成世界上最具影響力的兩國或三國之一。因此，吾人不可假定中國沒有朋友，也不可假定中國對國際社會整體來說不必負責任。加拿大的影響力一直有限，但我們應把上述遠景放在心中，來發揮這份力量。

支持外交承認的思考過程可能對老杜魯道來說是既合理又明顯，但啟動外交承認的過程就不是這樣了。外交部以及政府其他高層部會幾經來回，試圖將老杜魯道的願望形塑成可行的政策，結果碰到一大堆難解的問題。一九六八年，中國正經歷文化大革命的動盪不安，此時首要的問題就是中國是否有任何意願與加拿大建立外交關係。外國使節在北京遭到攻擊，帶有強烈孤立主義色彩的革命狂熱再現，顯示出中國沒什麼興趣想要建立新關係。若加拿大提議而被拒，那就有失體面，尤其是新上路的老杜魯道政府宣稱將會大顯身手。接下來的問題是華盛頓會做何反應。華盛頓之前已經相當憤怒了，更不用說此時正值越戰，北京被視為河內的支持者，說不定華盛頓會大發雷霆，用貿易禁運來教訓加拿大呢。還有一項考量是對華貿易，以及加拿大向北京銷售穀物的這門好生意能不能持續。外交承認一定會促成與中國更廣泛的貿易協定。那樣對加拿大是否有利？加拿大的產業會不會必須和進口的便宜中國貨競爭？中共會不會開放市場，讓加拿大的資金、產品以及自然資源可以進去？

另外也有國安的考慮。很有可能，中共會利用大使館，也許再加上領事館，作為間諜與顛覆活動的據點。此事不僅危及加拿大本身，還可能會特別威脅到加拿大既有的華裔移民社區，其中有很多人是支持蔣介石和國民黨的，因此被中共視為危險的異議分子。

如何處理台灣問題也十分重要。老杜魯道只說，必須在「顧及有一個不同的政府在台灣的事實」這樣的情況下來尋求外交承認。那是什麼意思？又，應該要如何措辭才能讓中共可以接受？

在《無奈的對頭》一書中，伯尼．麥可．弗立克在他所寫的那一章指出，當時若徵詢外交部的意見，他們會建議不要與北京建立正式外交關係，結果他們只是聽令行事，在一九六八年八月底，將提案送交給老杜魯道及內閣。提案卡在內閣裡，因為財政部和小麥局都持保留態度，擔心若是加拿大對台灣的立場沒有掌握好，中共將以削減加拿大的穀物進口量作為報復。弗立克回憶道：

一九六八年秋，這些考量都已納入一套說法當中，並提交給部長（外交部長米契爾．夏普）。加拿大將承認北京政府是中國唯一的政府，但不必然接受中國對其並未行使管轄權的地區所提出的領土主張。同時，加拿大政府準備好要聲明，加拿大認為，針對與台灣相關的事務，與實質控制該島的政府往來，乃是合理也是必要的。加拿大的立場是，上述關係並非用來等同於承認台灣是獨立國家（state），或表示對該地區的狀態有任何其他立場。這套說法也規畫了一個可能的發展，若台灣政府有意願，加拿大可以容許其代表在加拿大設立商務代表團，以促進符合彼此利益的事務交流。這麼做等於是事實上承認台灣，但法理上並不承認。

一九六九年一月三十日，內閣發指令給駐瑞典大使亞瑟．安德魯，要他設法與中國大使會面，就外交承認與外交關係展開對話。安德魯在他的《中等強國興衰史：從金到穆爾羅尼的加拿大外交》一書當中，形容在斯德哥爾摩進行的交涉是「照章辦事」。這麼說有點太客氣了，因為接下來十七個月的交涉完全不是這樣。

老杜魯道和自由黨在一九六八年五月勝選之後，北京就預期加拿大外交官會跟他們接觸；他們只是不知道會從哪裡開始。在二〇一〇年慶祝加中建交四十週年的研討會上，中國前駐加拿大大使梅平提到，當時派駐在世界各地的外交人員都被要求保持警覺。梅平說：「早在一九六八年七月十六日，外交部就按周總理指示，發電報給我們在海外的所有外交據點，要求他們注意是否有加拿大外交人員前來接觸，若有則立刻報告。」話雖如此，安德魯和中國駐瑞典代辦劉冀才約時間會面，也不是說見面就見面的輕鬆事。安德魯最先收到的回覆是在一九六九年二月四日，要他在二月六日致電劉冀才，以便安排兩人在二月八日見面。此事並未成真。按照弗立克的說法：「中方顯然在等待北京的指示。」直到二月十九日，安德魯才聯絡上劉冀才，約定兩日後（二月二十一日）見面。據稱，該次會面的氣氛「相當友善」，但是結束前出現了一項重大阻礙，使雙方的對話拖延了幾個月。安德魯說渥太華指示他與中國代表團安排好時間與地點，以討論兩國相互承認及交換使節的事項。他說，除了外交承認的準備細節，渥太華政府還要與會官員想一想貿易協定、領事協定，以及中加關係可以如何發展。劉冀才這一邊則告訴安德魯，他要知會加拿大政府，有「三項不變的原則」是北京考量建交時所根據的基礎。這三項原則是：

一、欲與中國建立關係的政府，必須承認中央人民政府是中國人民唯一與合法的政府。

二、欲與中國建立關係的政府，必須承認台灣是中國領土不可分割的一部分，並且根據此一原則，必須切斷與「蔣匪幫」的各種關係。

三、欲與中國建立關係的政府，必須支持中華人民共和國在聯合國內回復其正當地位與合法權利，並且在此一國際組織的任何部門內，對於所謂「蔣介石代表」不再給予任何支持。

安德魯大使和他的團隊樂觀地把這三項原則當作是北京在表達感受，而不是雙方交涉的先決條件。渥太華懷著這種心態，認為第一項和第三項原則是可行的，但第二項原則——接受台灣是中國不可分割的一部分——他們不能接受。慢悠悠地過了幾個星期，北京一點反應也沒有，大家才開始重新思考這三項原則的重要程度及其是否為先決條件。加拿大媒體以及渥太華與華盛頓的政治人物開始揣測，中共之所以沉默是因為它不在乎能否與加拿大建交，可能也不在乎與任何國家建交，包括美國。當時的北京並非漠不關心，而是正在進行大量戰略思考。二〇一〇年上海主辦了中加建交四十週年研討會「中加外交關係論壇」，前駐加大使梅平和前駐多倫多總領事陳文照回顧了中國外交部一九六八到一九七〇年間的檔案紀錄。他們說，決定與加拿大交涉是朝向長遠目標前進的第一步。當時還有其他西方國家，主要是比利時和義大利，表示有意願與北京建交；但中共在審慎考量之後，決定讓中加之間的協定形成先例，然後以此為基礎與其他國家展開對話。梅平及陳文照說，之所以選上加拿大是因為加拿大與美國關係緊密，而美國已經在探查給予北京外交承認的可能性。加拿大在北京看來，擁有「某種程度的自主性」，並且顯示出有興趣和中國建立貿易以外的關係。中共研判，老杜魯道對世界秩序的看法使他很可能會支持中華人民共和國進入聯合國，從蔣介石的中華民國手中取得中國的席位。

此時在麥基爾大學的教職已相當穩固的林達光，正不斷對渥太華和北京兩邊灌輸他的看法。據林達光本人的說詞，自由黨於一九六八年六月上台後不久，他就經常接到老杜魯道的外交政策顧問黑德的電話。約莫同時，泰瑞絲．卡斯格蘭與林達光牽上線。她是老杜魯道的朋友，加拿大首位女性黨魁，出掌魁北克社會民主黨，曾加入合作共同體聯盟（新民主黨前身），又以獨立人士的身分接受老杜魯道任命為參議員。卡斯格蘭請林達光呈送一份對華意見書，以供自由黨政府評估外交政策之用，他照辦了。

一九六九年初，當安德魯及其部屬正在斯德哥爾摩的加拿大大使館設法安排與中國使節會面，同時，林達光明顯是老杜魯道和北京政府的中間人一事引發了公眾爭議。起因是一九六八年六月二十一日林達光在《環球郵報》的言論版上撰稿，題目是〈通往北京之路障礙重重〉。文章是應報社主編諾曼．韋伯斯特之邀所寫，次年韋伯斯特即轉任駐華特派。

慈善家暨世界和平運動者賽瑞斯・伊頓看到這篇文章，便致函林達光，邀請他和他的「任何朋友」到諾瓦斯科西亞的深灣農場作客。林達光帶著妻兒在一九六八年七月到農場度了週末，回到蒙特婁不久，又接到伊頓的電報，請他八月初的週末再次前往。這一次的其他賓客還有泰德・索倫森（曾擔任甘迺迪總統的特別顧問和撰稿人）以及唐納・柴哥利亞（紐約亨特學院政府學教授）。

這次聚會開啟了林達光作為華盛頓和北京中間人的歷程。最初是伊頓在一九六八年十月的時候說，柴哥利亞提議讓林達光利用其職務之便，在麥基爾大學安排一場中美關係研討會。伊頓和他的美國朋友們認為，比起在美國舉行研討會，在蒙特婁舉行對於華盛頓和北京雙方所造成的挑戰要小得多。柴哥利亞設想這場研討會將吸引許多重量級美國學者和政治人物前來，例如索倫森、國安專家布里辛斯基、參議院外交委員會主席威廉・傅爾布萊特等。會議訂於一九六九年二月初召開，此時斯德哥爾摩的安德魯仍在等候與中方接洽。但接著伊頓提出了一個新想法。他建議在研討會之前，少數美國代表先行開會，討論如何打破美中僵局。伊頓想知道林達光能不能安排一個中國商界、學術界和科學界領袖的代表團來參加這場小型討論。林達光說這種事很難在這麼短的時間內就辦好，但他願意去一趟香港「直接向那裡的中國代表傳達邀請之意」。從林達光對此事的紀錄看來，他是打算入境中國去遞交蒙特婁研討會的邀請，而伊頓會支付所有的費用。但是文化大革命造成的混亂使他無法取得簽證。一月十六日他出香港返回，因為直航加拿大的機票已售罄，他便改搭西北航空的班機到西雅圖，預定由西雅圖轉機飛往蒙特婁。關於接下來發生的事，林達光寫道：

上午六點半，飛機在西雅圖降落後，美國海關官員把我從一群轉機的旅客中拉出來。他們強迫我離開中轉區，要我交出護照，在上面蓋了「暫訪」的印章，這樣他們就有權進行搜查。我得放下行李箱，交出公事包，並掏出口袋裡所有的東西。我在西雅圖遭到如此徹底的搜查，以至於無法趕上轉往蒙特婁的飛機。

我一到家，就把這蠻橫無理的濫權事件告訴我的朋友也是同事，哈佛大學法學院的孔傑榮教授。他主動提出要幫我調查此事，然後他查了將近六個月的時間。

把林達光拉出轉機區是美國反情報部門的行動，應該沒有什麼好懷疑的。我有一位朋友以前是加拿大外交官，他說遇過一些自稱當時有參與此事的中情局人員，他們講起讓林達光難堪的這段經歷，笑得可開心了。他們仍然堅信林達光是北京的特務，尤其是當他們在行李中搜出數千美元現金，這種想法似乎得到了印證。中情局人員認為中共出了這筆錢，要用來資助加拿大境內的親北京活動。他們告訴我的朋友，他們沒收了這些錢。林達光在回憶錄中並未提到這些現金，但若真有其事，顯然還有另外一個解釋。伊頓願意負擔中國與會者前往蒙特婁參加會議的一切費用，林達光自然是帶著錢到香港以應付相關開支。既然他沒有聯絡到人，自然就要把錢帶回來。不論事實如何，西雅圖事件只是美國反情報部門對付林達光與陳恕的多起公然行動之一，這些行動顯然是要讓林達光夫妻明白他們正受到懷疑與觀察。

林達光香港之行的消息開始在渥太華政界傳開來，雖然傳聞中並未提到此行未能完成的任務，也就是在蒙特婁私下安排中美對話。此次行程反倒是在國會和加拿大媒體上被描述為：林達光代表老杜魯道「赴中進行的秘密任務」。這種假消息的散播，很像是蔣介石政權的特務機關會做的事。傳聞說，林達光的秘密任務直接導致老杜魯道放棄先前的承諾，也就是任何與北京達成的外交承認都要包含繼續承認台灣一事。林達光向各報澄清他並不是老杜魯道的特使。《蒙特婁公報》引述他的話說：「我是個學術中人，政治運作與我無涉。」這番解釋可說是扭曲事實到極點了。

與此同時在瑞典首都，事情正牛步進展中。一九六九年四月三日，中國官員致電加拿大大使館，雙方同意針對外交承認的談判將在斯德哥爾摩以英語進行，雖然加拿大大使館的顧問羅伯．艾德蒙茲是中國西部會出身的傳教士之子，能說華語。他們接著又在四月十日見面，開始討論實務問題，包括在北京設立加拿大大使館、在渥太華設立中國大使館，通訊的建立、旅行的限制、外交豁免權等事項。

中方人士無法不注意到加方竭盡全力避免談到三項原則，擔心這些原則果真是協商的先決條件。當中國代表團提出此事，安德魯團隊說，等到進行實質協商時，這些原則當然會討論到，中方看起來是接受了。

自由黨重新執政將近一年，老杜魯道政府對台灣的立場已經明確轉移，林達光對此一改變所造成的影響顯著，雖然改變的程度並未如他所願。老杜魯道上台時，認為「一中一台」的立場就是問題的答案：加拿大將承認中共是中國政府，但也會承認蔣介石和國民黨是另一個國家——亦即台灣——的執政者。老杜魯道的立場完全合理，特別是當時聯合國——以及美國——的立場仍然是，該島的人民應當進行公投，決定他們想在國際上被承認為獨立國家，或者想與中國以某種形式在政治上聯合起來。當時的台灣人就像今天一樣，無疑會選擇獨立。但是毛澤東和蔣介石兩人強烈的信念壓過了老杜魯道的立場，他們兩人都主張台灣是中國的一部分。就此一立場，蔣介石甚至比毛澤東還要激烈。蔣介石政權占據了中國在聯合國席次的流亡政府，又主張它才是真正的中國政府，由於蔣介石的政治正當性搖搖欲墜，所以台灣必須要是中國的一部分不可。因此，老杜魯道在他上台後的頭幾個月，偕同外交部長夏普，將加拿大的立場做了修改，提出了一個微妙的說法。加拿大將「撤銷承認」（de-recognize）蔣介石的中華民國是中國的政府，與台北僅維持非官方關係，與北京的中華人民共和國建立一切正式外交關係。然而，老杜魯道堅持不接受中共的主張，說台灣原本就是中國的一部分。中國這一邊，根據現有的外交部紀錄顯示，對加拿大在台灣問題上的所謂「模糊立場」感到有些迷惑，他們決心要讓加拿大嚴肅看待此事。中共之所以不願意退讓，是因為內建在黨的列寧思想和毛澤東思想基因裡的，對政治原則奉行不渝。在斯德哥爾摩進行的協商花了漫長的十七個月、十八場會議，最主要的原因就是加拿大拒絕明確接受北京主張它擁有台灣。到了一九七〇年中，加拿大的談判人員想出一種說法，終於解開了僵局：加拿大「注意到」（take note）北京對台灣的主張，但這個詞並不表示承認中國的主張。後來華盛頓接下這顆燙手山芋，說他們「認知到」（acknowledge）中國的主張，但北京總是把這個字翻譯為「承認」（accept）。華盛頓的說法後來引發了很大的問題。

周恩來以其一貫的務實作風來處理這場僵局，他告訴中方談判人員：「我們應該保持原則，但以彈性的方法實行，來獲得成功。」雙方於十月三日在斯德哥爾摩舉行第十七場會談，中方接受以加方「注意到」一詞來完成不好下筆的第二段，這第二段又被分作兩部分。就這樣，一九七〇年十月十日，夏普在國會起身宣讀加中相互承認暨建交公報，全文共四段如下：

中華人民共和國政府和加拿大政府根據互相尊重主權和領土完整、互不干涉內政和平等互利的原則，決定自一九七〇年十月十三日起，互相承認並建立外交關係。

中國政府重申：台灣是中華人民共和國領土不可分割的一部分。加拿大政府注意到中國政府的這一立場。

加拿大政府承認中華人民共和國政府為中國的唯一合法政府。

中、加兩國政府商定在六個月之內互派大使，並在平等互利的基礎上，根據國際慣例，在各自首都為對方的建館及其執行任務提供一切必要的協助。

此前兩日（十月八日），周恩來向毛澤東報告了斯德哥爾摩的協商結果。陳文照在二〇一〇年的中加外交關係論壇中描述接下來發生的事：「聽到這個好消息，毛主席笑了，他說：『現在我們可在美國的後院交到一位朋友了！』加拿大是美國的盟友。與加拿大建交，就是在美國的後院打了一個洞。這也給美國的『兩個中國』和『一中一台』的反華政策搧了一記耳光。」

6

當浪漫碰上現實

Romance Meets Reality

我們的投資所帶來的回報，總體而言並不特別優厚。沒有任何證據顯示，楓葉的光華和白求恩的記憶促使中國談判代表選擇加拿大作為他們的供貨來源，除非價格對了。

——加拿大駐中國大使李察・葛漢，一九八七年二月七日

渥太華和北京在一九七〇年建交後，很快就顯現出雙方對這份關係的期望大相逕庭。對中國而言，這是一扇通往未來的門。對加拿大而言，卻往往是一扇照見往日情懷的窗。事實證明毛澤東和周恩來的判斷完全正確，在中國想要建立關係的西方國家裡面，加拿大是最佳候選國。前多倫多總領事陳文照在二〇一〇年上海的中加外交關係論壇上提出報告指出，「加拿大模式」吸引了全球的目光，「對中國與全世界其他國家的關係產生了巨大影響」。中華人民共和國接受了加拿大「注意到」其對台主張此一簡單的說法，使得十一個其他西方中等強國與其展開一輪談判，接下來的兩年簽署了許多建交協定。這股風潮結束了中國的外交孤立，使其遲滯了二十年以上的國內外發展出現生機。

加拿大實為華盛頓的掩護，這點只要看美國的有力人士對林達光有多麼熱衷便可知悉。但華盛頓靠攏北京的步調比其他政府更緩慢、更遲疑。尼克森的國家安全顧問季辛吉

於一九七一年七月造訪北京，之後總統本人也在一九七二年二月去了中國。是次行程中，雙方發表了《上海公報》，誓言要推動外交關係正常化。當時，雙方在對方的首都設置了準外交性質的聯絡辦事處。直到一九七九年一月，才確立完整的外交關係。

對渥太華和北京來說，建交引發了一窩蜂打算建立商業關係、學術關係、私人關係的行動。保羅．伊凡斯在《與中國交往》一書中，引述外交部長夏普後來的話，說一九七〇年之後加拿大與中國在各項關係的迅速拓展，乃是他在外交政策方面最大的成就。一九七二年八月，夏普派出加拿大有史以來人數最多的貿易代表團前往北京。加中兩國在政府對政府的層級上建立了外交、政治、商業交流的基本模式，從而提供了一個架構使加拿大得以在一九七一年協助中華人民共和國加入聯合國，以及之後的國際貨幣基金組織及世界銀行。

與此同時，加拿大的政府機構開始勸進加拿大企業前往中國市場。乍看之下，這樣的前景並不讓人心動。正如侯秉東（亞伯達大學中國研究所所長、前加拿大駐中國與香港外交官）寫道，這兩個經濟體在一九七〇年代根本是天差地別。加拿大的經濟十分著重貿易，「中國的經濟則是把焦點放在農業和蘇聯式的重工業，而且還沒有從文化大革命造成的內部失序與混亂中脫身。」一直要到毛澤東死去、鄧小平掌權後實行經濟改革，計畫讓中國引進國營資本主義，中加之間的商業關係才得以起飛。這段期間，有一些架構被建立起來，以備兩國貿易變得熱絡時搶占先機。

加中貿易協定的談判展開了，雙方在此一協定中給予對方最惠國待遇。意思是說，兩國由對方輸入的商品，將課徵與其他最惠國同樣低的關稅。協定在一九七三年簽署，此時兩國之間的貿易額已經是一九七〇年的兩倍。加拿大的商界人士很快就因中國潛在市場之廣大而目眩神迷：只要把產品賣給總人口當中的一小部分，就能得到巨大的利潤。但不久之後加拿大人就會學到，把中國看成一個具有超過十億潛在顧客的市場這種願景，基本上是海市蜃樓。因為中國的地域主義分明，缺少有效的物流網路，在地商業行為不透明，實行保護管制措施，所以比較務實的看法是把中國當作許多市場的集合體，每個市場約有五千萬人。一九七三年，約六百位加拿大商界領袖與官員參與了在北京舉行的一場加拿大貿易展覽會。這也是周恩來總理所出席的第一場外國貿易展。兩國簽訂貿易協定的同時，也設置了聯合經貿委員會，作為加中雙方官員討論經貿事務的平台。

在上述官方的貿易交流背後，其他的聯繫也在建立中。有一份針對林達光的美國中情局檔案在二〇一〇年解密，對於加拿大商界如何接近中國、北京又是如何促成雙方聯絡，提供了很有意思的洞見。檔案中有一張林達光攝於一九七三年六月的照片，當時他作為包山包海的中間人地位已經確立，所有想要與中國高層建立關係的政治人物、商界人士、學者、官員和記者都會去找他。檔案中最關鍵的報告是一份不請自來、看來也沒必要的備忘錄，那是杭內德．胡斯針對林達光的描寫；胡斯是美籍傳教士之子，倡議華盛頓應與北京強化關係。這三頁備忘錄談到林達光在蒙特婁的運作，胡斯先是交給當時尼克森總統的軍事幕僚布蘭特．史考克羅，史考克羅再轉給國家安全會議的索樂文，附上便箋說應轉由「中情局進行分析」。

胡斯曾於一九七〇年代初擔任尼克森國安會的顧問，參與了一九七二年訪華之行的部分規畫，之後即鼓吹美國要與中國做生意。他顯然相當在乎從前在國安情報圈的關係，並且熱衷於以自由業者的方式與這個圈子保持連結。從該份備忘錄中可以清楚知道，他在一九七三年六月左右去蒙特婁拜訪林達光，不僅去過林家，也去過林達光在麥基爾大學東亞研究中心的辦公室。

胡斯備忘錄一開始簡單描述了林達光的辦公室：「有相當多來自中華人民共和國和中國大使館的信件及摘要報告。書架上放著馬克思、恩格斯、毛澤東等人作品的中英文版本。辦公桌上的『小紅書』顯然經常被翻閱。」備忘錄中對林宅的說明要詳細得多，那是位於修女島「豪華地段」的一棟公寓。胡斯記下了林宅的格局，說房子是「西式裝潢」，並陳設了許多「高級的」中國藝術品。然後是一些擺出來的照片，裡面有林達光與陳恕和周恩來及宋慶齡的合影。

接著是描寫林達光的書房。這部分行文的脈絡顯示出，胡斯這位美國人去見林達光，是為了請他幫忙聯絡中國官員。他說林達光書桌上有兩支電話，一支是普通的轉盤式電話，另一支則是「林博士……可以直接找到中國大使館的人員，顯然是在渥太華（但無法確認）」，這支電話不需要接線生，也不用撥號。」為了胡斯的事情，林達光拿起了第二支電話的話筒，找到商務領事方吟（音譯）。「林博士對方吟和其他人講話的態度彬彬有禮，但帶有一種命令的語氣，例如，『我要你見他，也幫他的忙。』('Wo yao ni chien ta, yeh pang ta-ti mang.')」胡斯是傳教士之子，懂漢語。胡斯還記錄了書房內陳設的圖畫，其中一幅「看起來是書法真跡，由『毛澤東』致贈『林達光』。」

備忘錄繼續提出五花八門的觀察與結論。胡斯用引號標示林達光對他說的話，例如，林達光是「周恩來總理的好朋友」，他「幫忙」安排了加拿大承認中華人民共和國一事，還「幫忙」加拿大太平洋航空取得在中國降落的許可。「他跟中國許多『領導圈』的『第一把手』都『十分親近』，包括『國務院』、『中國國際貿易促進委員會』、『中國銀行』等等。」

胡斯又說：「林博士手頭似乎有相當多現金。例如在餐廳這種地方可以看到他錢包裡塞著超多的加拿大紙鈔。……他幫加拿大公司辦事，協助他們入境中國或是參加在北京舉辦的加拿大工業博覽會。」

胡斯觀察到：「他有辦法透過外交郵袋將書面資料送達北京（或者讓別人幫他這麼辦），有辦法透過「電報及郵件以外」的方式（也許是外交郵袋？）與北京溝通（或者讓別人幫他這麼辦）。」

胡斯寫道，林達光講的話「是直截了當的中國共產黨語言，毫不拐彎抹角。然而，他一直把中華人民共和國和中國人叫做『他們』，他自己的立場則是身為加拿大教育者在提供學術分析。」但胡斯堅稱，林達光並不是無私的活動家。「某些想要與中華人民共和國進行貿易的美商之間已有傳聞，林博士可以幫忙搭上線。要他幫忙的代價是一筆諮商費，或是一筆研究基金。」

胡斯最後的評論說，林達光「遠不只是一位教授，他與中華人民共和國的『領導圈』有相當密切的往來，很可能他本身就是其中的一名大員。他應該被視為全力支持中華人民共和國，而且可能正在北美替中華人民共和國執行任務。他可以協助某些美國公司與中華人民共和國貿易官員建立關係及完成有關目標，但美國應該把他視為可能十分危險的人物。」

索樂文的反應值得一提，他就是史考克羅轉呈胡斯備忘錄的國安會官員。「我和中情局的人談起胡斯對林達光的『調查報告』，裡面沒有哪一件事情是中情局不知道的。」

一九七三年十月，距離胡斯將備忘錄送交史考克羅已有四個月，老杜魯道總理偕妻子瑪格麗特以及一群朋友與相關人員前往中國，慶祝外交突破三週年。布萊恩．伊凡斯當時為加拿大大使館工作，後來到亞伯達大學教授中國史。他在《追尋中國》一書當中引用了外交部為此次行程所準備的簡報書，裡面小心翼翼地將雙方關係描述為「溫暖而友善」、「活躍但不密切」。簡報書說，中國對加拿大有「相當的善意」，他們普遍認為加拿大「是個動機良善且真誠的國家，在西方聯盟中的影響力一般來說並不大。」然而簡報書提醒參加行程的訪客，不應該就此認定加拿大在中國有特權。無論中國公民和中國政府對加拿大產生了哪些正面觀感，那幾乎完全是因為加拿大是主要的西方國家中最早肯認中國的。簡報書提醒訪客們，加拿大很容易就會「耗盡這筆人情債」。

然而渥太華一點也不克制，反而大張旗鼓地籌辦老杜魯道的行程。加拿大版的卡美洛傳奇[1]即將上路，一同出發的還有總理夫人瑪格麗特．杜魯道（即將第二度在聖誕節臨盆），行程包括七人畫派[2]的畫展、加拿大冰球隊的巡迴賽、溫哥華交響樂團的音樂會，以及比較實際的，由各大學名譽校長與校長組成代表團的參訪。隨行總理出訪的記者超過二十位，當時做了一些特殊的安排，以確保記者為老杜魯道之行所拍攝的影片每天都能及時傳回加拿大，供晚間新聞使用。由於新聞片不能直接從中國傳送，老杜魯道團隊又覺得為此設置專用衛星連線的造價太過昂貴；於是設計了一套流程，讓錄下來的影像由班機運往廣東省的廣州，再用計程車載到香港邊境，交給加拿大媒體駐在香港的人員；最後再透過衛星將這些資料傳回加拿大，趕上本地時間的當日晚間播送。

雖然老杜魯道訪華乃是一齣精心安排的政治表演，卻也建立了幾項重大關係，使中國共產黨在未來數十年得以進入加拿大並對其產生影響力。老杜魯道參訪團抵達北京機場時，出現了一個戲劇性的場面。林達光在一九七三年八月向麥基爾大學申請休假一年，以便回到中國把自己的經歷寫成一本回憶錄。此次旅行中，他拜訪了昔日的導師周恩來。林達光在回憶錄中以相當大的篇幅描述他和周恩來針對文化大革命的談話，卻完全沒提到兩人對老杜魯道即將前往中國講了什麼。這是明顯的一頁空白。此時，林達光已經穩坐中共在加拿大影響力代理人的頭號寶座。就像他在回憶錄中所說的，他與老杜魯道的外交政策顧問黑德經常通話。眼看老杜魯道即將啟程，周恩來卻沒有詢問林達光他對加拿大政情的

1 卡美洛（Camelot）是亞瑟王傳說中亞瑟王、關妮薇王后以及圓桌武士居住的城堡。到了二十世紀的美國，卡美洛傳奇則用來指涉時任美國總統的甘迺迪家族。

2 七人畫派（Group of Seven）是一九二〇年七位加拿大人畫家組成的團體，以創新的藝術風格，打破「加拿大風景醜陋、不值一繪」的傳統看法。

看法，實在教人難以置信。再者，除了中國駐渥太華使館之外，要是老杜魯道和他的官員也利用林達光試試水溫，測試他們在北京可能會受到何種待遇，那也不讓人意外。林達光回憶道，當老杜魯道及隨行代表團在十月抵達北京，他前往機場觀禮，同行的還有訪華中的加拿大建築界朋友：亞瑟·埃里克森及其合夥人法蘭切斯科·克里帕茲、摩西·薩夫迪，以及薩夫迪的妻子尼娜。歡迎團的人數相當多，周總理在登機梯迎接了老杜魯道，將貴賓帶往熱情的群眾。周恩來看到林達光在人群中時說：「林教授，歡迎來中國。」根據林達光的回憶：「杜魯道也跟過來和我握手，說：『林達光，真高興在中國見到你。』」

數日後，埃里克森在頤和園舉行了私人午餐會，招待老杜魯道夫婦、林達光夫婦和薩夫迪夫婦，老杜魯道與林達光再次見了面。這個邀請非比尋常，除了需要周總理批准外，還因為用餐地點在昆明湖畔的聽鸝館，那裡正是一八六一年至一九〇八年死前一手控制了衰頹滿清的慈禧太后聆聽黃鸝鳥叫的地方。埃里克森為大家準備了慈禧太后最喜歡的菜色，林達光說，貴賓們都非常盡興。他在回憶錄裡面說：「那天晚上稍晚，我接到周總理辦公室的電話，詢問午餐究竟吃了什麼，讓加拿大總理高興到差點誤了下午和周總理會面的時間。」

此次參訪宴席不斷。十月十一日，周恩來在天安門廣場西側的人民大會堂舉辦晚宴，歡迎老杜魯道一行人。老杜魯道也在十月十三日晚間設宴回禮，然後與副總理鄧小平搭乘火車往南邊去。鄧小平在文化大革命中受到整肅，遭流放下鄉，當時剛獲得平反。這兩場豪奢的宴席之間，老杜魯道與周恩來有三次正式會面，進行了長時間的交流。談話的主題有一大半是兩人都熱愛的政治哲學，但他們也討論到比較務實的事項。其中一回，周恩來尖銳地提出，雙邊貿易的平衡嚴重傾向加拿大，應該要創造更為公平的商業關係。兩人也簽訂了一項劃時代的協議，容許雙親或子女居住在加拿大的中國人得以與家人團聚。這項協議促成了整個世代以來由中國來到加拿大的第一波移民，也為往後數十年許多人由香港及中國前往加拿大做好準備。

在老杜魯道和周恩來的第三次正式會面之後，便有人領他單獨前往會見毛澤東，此時毛澤東的健康狀態已經很不好，他的看護仔細準備，好讓他可以短暫地會晤加拿大來的訪客。

老杜魯道此行有一項重大結果，那就是加拿大和中國協議交換大學生。如今這仍然是雙方關係當中的基本元素。來到加拿大的絕大多數中國學生，都是期待精進學業與能力以便回饋給社會。至於利用學生簽證之便取得加拿大公民權的人，大多也是因為他們真心希望成為加拿大人。然而，中國學生前往加拿大唸書（目前每年約十二萬人），也是中共情報機構與統一戰線滲透加拿大的主要管道之一。

就加拿大這一方來看，交換學生的計畫已經有了長足的發展，不再只是一九七〇年於北京設立大使館後所進行的一項實驗了。由於外交部具有中國經驗的人員不足，政府便決定任命曾接受中國研究訓練的加拿大學者前往大使館擔任文化官員。

第一位駐大使館漢學家是多倫多大學的威廉・賽威爾教授，從一九七二年七月開始任職一年。一九九三年他重回加拿大學界，成為加拿大亞太基金會的主席暨執行長，這是一所商業導向的研究分析機構。

首批前往中國的加拿大留學生被安排在老杜魯道訪華期間啟程。布萊恩・伊凡斯在《追尋中國》一書記載，學生們是一九七三年十一月在香港集合，他寫道：「我去香港見他們，陪同他們穿越邊境，一起搭乘前往北京的班機。這是個很有意思的團體，各有各的興趣，包括詩詞、中藥、歷史、政治、電影。總共十女十男，出身地涵蓋加拿大的多數區域，政治觀點從保守派到毛派都有。毛派學生的導師乃是麥基爾大學的林達光教授。他們預定要在北京和〔北京語言學院[3]的〕中國學生同住，以便完全沉浸在文化大革命的經驗裡。」

加拿大一行人裡面，毛派和非毛派產生了隔閡。這二十人抵達時，語言學院和中國社會的大部分地區都還處在文化大革命的動盪不安中。伊凡斯寫道：「加拿大學生當中有些人覺得應該要向他們的中國鄰居看齊，積極參與學院生活。其他人則出於種種理由，避開群聚的場合。語言學校當局在面對這麼多來自不同國家的學生群體時，傾向於以群體為單位來處理學生事務，他們並不希望外國學生完全投入中國人的生活中。這的的確確是加拿大學生之間永遠無法解開的矛盾。」

為了確保不會出現矛盾，中國這一方在挑選交換學生時就小心許多。加拿大國家廣播公司節目製作人艾拉．貝森，在一九七三年夏天時還是渥太華卡爾頓大學的學生。他接下一份暑期打工，是要協助九位中國留學生習慣加拿大生活，為他們即將在該校度過的一年做好準備。他們是中華人民共和國頭一批獲准到北美就讀的學生。貝森二〇〇八年五月三十日在加廣網站上發表的文章寫道，他認為這些人之所以被指定到卡爾頓大學，是因為「如此一來，他們就不會離得太遠，好讓渥太華的〔中國〕大使館可以嚴加看管。」他又說：「這些人顯然不是隨機選出來的。他們都很聰明，英語講得夠好，也都參加過文化大革命，曾經下鄉和『人民』一起工作。但他們也都很謙虛，無時無刻不保持禮貌，熱心學習。他們雖然都支持政府，卻不太涉入政治，也坦然承認中國經濟的失敗。」

3 現為北京語言大學。

貝森之所以在二〇〇八年起心動念寫這篇文章，是因為這九位一九七三年中國交換學生當中的一位回到了渥太華，他叫盧樹民，這次的身分是中國駐加拿大大使。盧樹民在中國外交系統裡升遷得很快，自二〇〇五年起即駐在渥太華。就在他履新前不久，哈珀領軍的保守黨少數政府勝選，哈珀宣布他不會「為了全能的金錢」出賣人權。盧樹民的任期正好遇上渥太華與北京的關係自一九七〇年以來最冷淡的時期。哈珀痛斥北京對圖博、新疆異議人士的鎮壓，對法輪功的迫害。總理也在國會中表示，加拿大境內有一千名中共特務在從事產業間諜活動。盧樹民強力反對哈珀政府的指控，堅決否定關於侵害人權的所有說法，並且召開了數場面向加拿大媒體的記者會，這個動作對一位中國大使來說並不尋常。在檯面下，一場大型的遊說活動展開，試圖利用商界與學界的中共影響力代理人，促使哈珀政府改變對待中國的態度。無論如何，這場遊說成功了，而且其中必定有部分要歸功於盧樹民對加拿大社會的經驗與了解。

有關加中交換學生計畫的早年情況，可參考加拿大國際發展研究中心對該項計畫的檢視報告（一九八三年出版），報告完成前曾深入訪談兩國當年的留學生以及參與其中的校務人員。

《一九七〇年以來加拿大與中華人民共和國的學術關係》這份報告，呈現出加拿大人和中國人對交換學生計畫採取了大不相同的做法和態度。一九七〇年至一九八三年間來到加拿大的兩千五百位中國留學生，採取了合理務實的做法來掌握此一機會。最初六年，也就是自一九七三年簽訂協議到一九七九年六月對學術交換達成了更廣泛的協定期間，大部分中國學生是到加拿大修習無學位的英文課程，一小部分選擇了法文課程。他們另外旁聽了科技方面的課。由此可以看出來，中國留學生和他們的導師一方面抓住這個機會所提供的立即好處——語言課程——另一方面也在評估加拿大學校在科學與技術上的實力，以便替未來的交換進行規畫。這是徹底理性的做法。等到通往加拿大學術機構的窄門在一九七九年之後更加敞開，中國留學生大多直接投往科學學門，尤其是電機、資訊科學、機械工程、化學、物理學。相反地，加拿大人還是充滿了傳教士文化所孕育的浪漫情懷。報告中提到：「從比例分配來說，他們專攻的科目與來到加拿大的中國學生有著驚人的差別。」在上述十三年期間，計有一千位加拿大學者與學生前往中國，其中選擇人文課程者占三分之一（最多的一類），特別是亞洲研究、教育和語言。

這些加拿大人和來到加拿大的中國人不同，他們當中有一部分人（百分之十三）是大學教職員，他們前往中國的原因主要有三種。其中約有三分之一的人被報告委婉地稱為「學界遊客」。他們抱怨觀光行程擁擠又倉促，由此看來，他們顯然是逮到機會，拿補助去中國度假。另外有三分之一是中國學術機構的客座講師。又有五分之一是加拿大大學的校務人員，到中國與同儕協商未來的學術交換計畫。

加拿大對交換學生計畫這種漫無目標、興之所至的做法，不可避免地使得整件事情很快就失控了。中國人馬上了解到，他們占到了一個好位置，加拿大人並沒有什麼真正的程序來監控或調節正在發生的狀況。加拿大教育廳長理事會底下本來設立了一個官方體系，要監督中國學生與學者如何分配到加拿大各大專院校。但國際發展研究中心的報告說：「這個體系承受的壓力愈來愈大，因為有愈來愈多可能來訪的學者明白表示他們希望進入哪一所加拿大機構，甚至要求他們曾經聯繫過的個別加拿大教授替他們的分配取得『官方』批准。」

加拿大人上了一堂了解什麼是「關係」的速成班。「關係」指的是動用每一層可資利用的關係來鑽系統的漏洞，可說是中國人為求生存必不可少的工具。報告說，到了一九八〇年，情況已是一片混亂，因為「加拿大的大學多數都沒有準備好要面對中國人的各種提案，又缺少一套整體性的做法來處理與中國之間的學術關係。」結果，大專院校和相關政府部門裡面，沒有一個人弄得清楚加拿大境內有多少來自中國的研究者，他們在哪些校系，還有他們在進行什麼研究。報告說：「一位不堪其擾的校務人員指出：『……很難追蹤誰往哪裡去了……總而言之，就是來一個解決一個……』」後來，該體系慢慢穩定下來，主要得力於一九八二年撥給大學校方的聯邦基金。國際發展研究中心的這份報告有一處顯而易見的遺漏，就是完全沒有考慮到，當來自中國的研究者大量湧到加拿大科學系所，不僅毫無管制，顯然也不知人數多寡，將對加拿大的國家安全造成什麼影響。

老杜魯道一九七三年的訪華之行，加上在北京舉辦的貿易展，以及應運而生的雙邊貿易協定，促成了一個以培養加中貿易關係的非營利組織得以創建。加拿大國會圖書館在二〇〇八年十一月收到一份簡報書，題為《加拿大對華貿易政策暨經濟關係》，簡報書提到，外交部在一九七八年設立了加中貿易理事會（Canada-China Trade Council）。如果成功來自許多人的努力，那麼在這個案例當中，似乎每個人都想聲稱自己就是這個組織的推手，因為該理事會不但是加中雙邊貿易背後的驅力，也是過去四十年來形塑加中關係的要人俱樂部。

林達光在回憶錄中描述了該組織（後改名為Canada-China Business Council）成立的過程。一九七七年，蒙特婁的鮑爾集團董事長保羅．戴馬雷與林達光接洽，請他幫忙籌組加拿大商界代表團前去廣州參加規模龐大的中國進出口商品交易會。林達光照辦，隨後他又在一九七七年十二月組織了一場相關的研討會，由他所在的麥基爾大學東亞研究中心和管理系聯合主辦。此次研討會的贊助者都是加拿大企業界豪門：加拿大皇家銀行、蒙特婁銀行、豐業銀行、加拿大鋁業公司、印哥、加拿大太平洋鐵路、麥克米蘭．布洛德爾，以及戴馬雷的鮑爾集團。大約有六十人與會，討論中國的經濟和加中貿易的前景。林達光寫道，因為研討會辦得成功，戴馬雷和加拿大石油公司的莫利斯．斯特朗尤其希望趕快在中國設立一個加拿大的常設貿易機構，以免一旦美國同意與北京建交，美國企業就會大量湧入中國市場，導致加拿大失去先機。一九七八年加中貿易理事會的創始會員與贊助者是：巴瑞克黃金公司、蒙銀金融、龐巴迪公司、中國國際信託投資（中信集團）、[4]加拿大出口發展協會、宏利金融、加拿大鮑爾集團、永明金融、拉瓦稜公司。加拿大的商業菁英雲集一堂，形成強而有力的遊說團體，倡議應該強化對華關係，把貿易的利潤放在第一順位來考量。

理事會的創建是林達光職業生涯的一個高峰。他於一九八二年從麥基爾大學退休，一九八六年獲聘為澳門東亞大學[5]校長，當時澳門仍然是葡萄牙殖民地。林達光擔任校長期間，曾頒發法學博士榮譽學位給季辛吉和老杜魯道。後來由於一樁涉及學術自由的爭議，導致他在一九八八年辭職。之後他在溫哥華定居，獲聘為英屬哥倫比亞大學亞洲研究所名譽教授。雖然林達光對中國和中共懷著一片赤誠，但他沒辦法接受天安門大屠殺，對此做出了嚴厲的批評。他在一九九八年獲頒加拿大勛章。二〇〇四年過世。

關於加中貿易理事會的成立過程，林達光的記載與前參議員歐杰凱的描述吻合。歐杰凱是老杜魯道熟識的朋友，大半生涯都投注在發展加中貿易關係。在二〇一八年二月十三日出刊的《溫哥華商業雜誌》中，歐杰凱接受採訪，針對理事會創設時的情況，補充了一段有趣的小插曲。這段插曲牽涉到創會董事長鮑爾集團的戴馬雷以及中信集團。歐杰凱說，大家常常忘了，戴馬雷把中信拉進加中貿易理事會之後，就開始推動中國國營企業在加拿大投資。他向中信提議要出售鮑爾集團旗下的一家造紙廠（位於英屬哥倫比亞的凱索加爾）百分之五十的股份。這是中共進行的第一個外國投資實驗。歐杰凱告訴該報：「中信的可信度第一次在中國國內獲得大大提升，是透過加方這樣的努力。在中國和加拿大的關係裡，這是光榮和重要的關鍵時刻。」

鮑爾集團十分有影響力，過往如是，現在仍是如此。該集團與自由黨有密切的連結，既是卸任總理也是未來總理的雇主，同時又有親密的家族關係。老杜魯道在聯邦自由黨站穩腳步並當上總理時，保羅．戴馬雷是他的顧問。老杜魯道退出政壇後，就到鮑爾集團擔任國際顧問。另一位自由黨籍的總理穆爾羅尼，在投身政界之前是戴馬雷的律師，專長勞

4 中信集團的成立時間，根據中信與加中貿易理事會的官方說法，都是一九七九年；然而加中理事會的成立卻是在一九七八年。可見榮毅仁家族早在中國正式成立公司之前就已經插旗加拿大。

5 現為澳門大學。

動法。小馬丁（保羅．馬丁）在一九七四年擔任加拿大船運公司總裁，而這家船公司是鮑爾集團的子公司，主跑五大湖航運。小馬丁後來在二〇〇三年當上總理。自一九九三年至二〇〇三年擔任總理的尚．克瑞強（又譯克里田），和鮑爾集團的關係更加密切。克瑞強的千金法蘭絲嫁給了安德烈．戴馬雷，也就是保羅．戴馬雷的公子。安德烈．戴馬雷在一九八三年成為鮑爾集團總裁，與其兄保羅（小戴馬雷）一同擔任共同執行長，同時接手父親的中國業務。安德烈．戴馬雷後來接任加中貿易理事會董事長，目前仍是該組織的名譽董事長；他還曾在官方傳記透露，自己是「位於中國的數個組織」當中的成員，包括他在一九九七至二〇一四年間，擔任中國國家財富基金（中信泰富）的董事。

鮑爾集團是加拿大與中國正式關係的頭號把關者。其影響力之大，可以由我朋友所講的故事看出來；我的朋友在政府中擔任高級官員，時值一九九三年，保守黨結束了九年的執政，自由黨重新掌權。克瑞強新政府的資淺部長當中有一位是陳卓愉，他是大溫哥華地區列治文市初次當選的國會議員。陳卓愉在外交暨貿易部擔任亞太事務國務部長。他生於香港，父母是一九四九年中共取得政權後由中國逃往香港的國民黨難民。陳家在一九六九年移民到加拿大。在列治文這個選區裡面有大量來自香港的移民，他們是因為一九九七年香港主權即將移交給中國，所以在那之前來到加拿大。陳卓愉是第一位在加拿大政府中被任命為部長的華裔加人。

一九九三年底，當陳卓愉和他的新部屬正在組織團隊，著手設定目標以及優先事項時，部裡有一位官員給了他們直接的建議。對方說：「你們最好下到蒙特婁去見一見安德烈．戴馬雷。」於是雙方安排在鮑爾集團的辦公室碰面。他們抵達之後，參觀了令人驚艷的古董及藝術品——科內略斯．克里格霍夫、七人畫派、尚．保羅．李奧裴里的作品。然而，其中有一幅畫跟整個辦公室格格不入。戴馬雷解釋道，這幅畫作乃是他的好友李鵬所贈。正是李鵬在出任中國總理期間，於一九八九年五月二十日宣布戒嚴，進而導致六月三日晚間在天安門廣場的鎮壓。不管戴馬雷是有心還是無意，這一瞬間在陳卓愉團隊的心頭留下了痕跡。就在三年前，陳卓愉被中國驅逐出境，因為他參加了天安門廣場上紀念大屠殺一週年的示威。我的朋友說：「我們離開鮑爾集團辦公室的感覺是，有人用了一點也不含糊的語言告訴我們，加拿大的中國政策是在哪裡制定的。」

無論此一說法是否完全準確，很明顯的是，在一九七〇年代末與一九八〇年代，驅策加拿大對華政策的動力是要確保持續成長的商業關係。雖然舊日的傳教士目標仍有人提起，也就是加拿大有道德責任要推動中共走向政治與社會的改革及進步，但所得到的解答往往是從商業觀點出發。那是一個老掉牙的論點了，也就是說，隨著中國的經濟透過貿易而成長，將會創造出一個中產階級，有朝一日，這群中產階級就會要求產生一個代議政府，而有了法治就會帶來一切的公民權。

這種態度並沒有因為進步保守黨在一九八四年六月執政而有所改變。穆爾羅尼積極地想要消滅南非的種族隔離政策，使得有些人盼望他也會對中國人權展現出類似的熱情，但他們錯了。一九八五年十月十一日，穆爾羅尼告訴國會：「我已經對國會、中國總理和中國國家主席表明一項事實，本屆政府願意執行前任總理杜魯道先生所訂定的政策，而我同意這些政策。無論是各種情況，我們都予以遵守。」

穆爾羅尼十分認真地對待老杜魯道留下來的資產：日漸成熟的對華關係。當穆爾羅尼上台時，加中兩國的雙邊貿易額是二十億加幣。當他在一九九三年離開政府時，貿易額已攀升到四十七億八千萬加幣。然而，貿易差額朝著對中國有利的方向增加了，這也是雙方建交以來不變的趨勢。穆爾羅尼自國會退休的時候，加拿大每年對中國的出口額是十六億八千萬加幣，進口額卻是三十一億加幣。

一九八六年，穆爾羅尼首度正式造訪中國。在保羅．伊凡斯撰寫的《與中國交往》一書中，他研究了包括現已解密的政府檔案，並引用了總理搭機返加時的日記，總理寫道：「要拓展雙方關係，仍有許多事務有待進行，但加拿大歷任總理（主要是老杜魯道）持之以恆的努力，顯然已有收穫。我與身兼總理、國家主席與總書記的鄧主席數次會面，無論無論是在深度還是廣度上，都代表了這段十分有利的關係是多麼珍貴。」

保羅．伊凡斯引述了穆爾羅尼出訪前的簡報書，簡報建議總理不要在公開場合將中共的人權紀錄搞得沸沸揚揚。穆爾羅尼雖然在中國按此建言行事，但一回到渥太華，他就指示外交部長喬．克拉克下令對加拿大的中國政策進行一次重大回顧，目標在於提出「有效、動態、協調的路線，以供加中雙邊關係所用」。據保羅．伊凡斯記載，外交部對於加中之間在未來的連結，提出了非常樂觀的預測。此份初步報告主張，基於中國在文化上的成就、在地緣政治上的實力、以及作為市場的重要性，中國對加拿大的意義將持續增長。根據報告的判斷，加拿大的社會大眾「強烈」支持深化與拓寬對華關係，特別是如此一來就能在加拿大境內創造更多就業機會。

加拿大駐華大使館在閱畢初步報告之後，給這個期望過高的加中關係潑了一桶冷水。大使館的回應是：「加拿大好像中了中國的魔幻術，但我們不應該鼓勵這種態度，而是應該實際一點。加中雙方的對話並不會使中國認為加拿大在世界上具有舉足輕重的地位。」大使館的備忘錄還說，中國仍然是個馬列主義國家，「與蘇聯和東歐的共通之處更多，而不是與其亞洲鄰國。中國對外的關係，如同蘇聯和東歐的對外關係，具有同樣自私自利、自我中心的特徵，而天朝上國極高至尊的態度，更使得這樣的特徵得到了強化。」

大使館的備忘錄也提到，隨著雙方關係日益緊密，一定要對中國在加拿大境內的間諜活動產生真的關注才行。三十年後的今天，如果有人寫下同樣的這段訊息，可能會帶著更多的強調、更加地令人感到迫切。

大使館的警告對於渥太華的政策擬定者似乎沒有起到什麼作用。報告的定本《加拿大對華策略》，在一九八七年三月三十一日獲外交暨國防政策內閣委員會通過。報告說，加拿大應該善用國人對中國的嚮往來確保雙方關係，以待中國成為世界強權之一，報告預言此情此景將在二〇〇〇年左右實現。報告書接著設定了確保加中連結的十九個步驟，奠定在既有的計畫和協議之上。但報告書也說，加拿大對中國的「浪漫情懷」時期要結束了，之後必須改用務實精明的態度，來計算「加拿大真正可能的收益」。報告解釋道，加拿大必須培養出對中國更深入的理解，認識其政府的管理實務，強化兩個政府之間的溝通與諮詢管道。值得注意的是，報告也主張對中國實施援助計畫，重點則是放在發展而非政治之上。至於人權議題，報告不置一詞。

當穆爾羅尼總理、他的部長與官員們正在思索未來的對華關係時，倫敦與北京也在討論英屬殖民地香港的未來，由此引發的事件將永遠改變中加關係。

7

現實會咬人

Reality Bites

他媽的，這些狗崽子！竟敢在神聖的天安門作踐這麼久，真的找死啊。小平同志，對這些反革命分子要馬上派部隊去抓，人民解放軍幹什麼的，戒嚴部隊幹什麼的，不是吃乾飯的，就是抓這些反革命的。不抓不足以解心頭恨，不抓不足以平民憤。誰要推翻共產黨，誰就死無葬身之地。

——中國副主席王震向最高領導人鄧小平報告，一九八九年六月二日[1]

昨天，我親眼看見他們並不在乎人民。他們只在乎自己的權力。他們冷血地殺害平民百姓。他們比法西斯還要差勁。

——加拿大大使館工作人員，北京，一九八九年六月五日

有一項可怕的事實在很大程度上形塑了中國人的家族與社會文化，那就是在中國的五千年歷史中，不曾出現過一個人民可以信賴的政府。中國人民因此發展出一套複雜的人際網絡以保護自己免受掌權者所害，這套網絡由家人的連結開始，家庭以外則延伸到宗族以及同姓的人所組成的團體當中。這麼說會稍微簡化，但有人強調說中國只有「百家」姓。

然後還有「關係」，許多外國商務人士都認為這是他們在中國發展事業的關鍵。

散居世界各地的華人和前往海外做生意的中國人，會把這個保護網當中的許多元素帶著走，即使他們在所生活與工作的國家中並沒有時時遭到當局壓迫之虞。環太平洋的各個港市都有宗親會。譬如，有一位華商姓周，他在馬來西亞檳城國際機場下飛機之後，可以去周氏宗親會，馬上就有了一個可以聯絡的圈子，雖然他以前從沒來過這個地方。家族來自中國相同地區或鄉鎮的華僑也會組成類似的俱樂部，這些往往是外人看不到的。例如，加拿大由中國移民所構成的商業社群現在就充滿了這樣的同鄉會。

這些結社以及許多其他社會團體的核心概念在於：要在世局動盪時活下來，保護永遠不嫌多、選項永遠不夠多；你若是個中國人，顛簸動盪是常態。這就是為什麼自一九六〇年代開始，有愈來愈多人想要由香港來到加拿大，並取得加拿大居留權或公民權所帶來的額外安全保障。乍看之下，這好像很奇怪。香港的戰後景氣正要起飛，為什麼大家想要離開那個地方呢？馬保智在他二〇一〇年的著作《華人如何開創加拿大》敘述道：「在這段社會與經濟的繁榮時代，數以千計的香港市民開始來到加拿大，我自己的雙親就是。但我

1 譯文引自《中國六四真相》（*The Tiananmen Papers*）下冊，明鏡出版，二〇〇一年。

想知道——這座驚人的城市已自貧困崛起，享譽國際，為什麼人們還要離開？父母告訴我的答案是，沒有人可以確定香港的繁華和自由可以持續下去。」

這並非盲目的恐懼。一九六〇年代和七〇年代的大部分時間，不僅是中國被文化大革命給淹沒，混亂的情況也波及到與大陸僅有一線之隔的英屬香港，而香港根本就沒有軍事能力可以保護自己。一九六七年五月，親共的煽動者利用一場勞資糾紛，擴大轉化成反英暴動，暴動中有人揮舞著毛語錄。示威進行了三個月。五十一人在工潮中喪生，裡面有十位警察。這場暴動的背後顯然有來自中國共產黨的影響，甚至非常可能就是中共指揮的。一九六七年十月，中國總理周恩來下令停止暴力行為，然後就立刻結束了。

對於香港的英國官員與他們在倫敦殖民地部的上級來說，此次暴亂與騷動既是一次震撼，也是一記警告，讓他們不得不思索這座城市的未來。英國是在一八四一年開始擁有香港，當時英國在第一次鴉片戰爭中擊敗中國，倫敦要求割讓香港島作為一部分的賠償。英國的各間貿易公司（大部分做鴉片生意）覺得這個近海島嶼暴露在外，很是危險。他們想要控制海灣另一側的九龍，如此一來，他們的泊地、倉庫，以及日漸成長的墾殖地所擁有的設施，會比較容易防守。一八五六年，英國對中國發動第二次鴉片戰爭，這下子機會來了。英國人與當地的中國官員約定，租借九龍供英軍紮營。一八六〇年中國再度戰敗，兩國簽訂和平條約，中國把九龍半島割讓給英國。香港整塊拼布的最後一部分在一八九八年縫了起來，此時英國駐北京公使竇納樂爵士談成了九十九年的租約，這就是九龍以外的新界，裡面包括許多沿岸島嶼，最大的一座是大嶼山。

中共和人民解放軍在一九四九年拿下中國的時候，原本可以順勢橫掃香港，至於為什麼沒有這麼做，一直都沒有令人滿意的解釋。英國原本預期解放軍會攻擊，於是加強香港守備，雖然倫敦從來不覺得有辦法也沒有打算嚴守這塊殖民地。日本曾於一九四一年十二月入侵香港，證明了它在軍事上不可能守得住。有人提出一種解釋，說中共之所以沒有入侵，是因為早在當時他們已經見到了香港的價值，可以做一扇通往世界的窗口；此一立論是有一些證據的，包括一九八〇年中國國務院官員趙關濟（音譯）說，韓戰期間香港是「中國的生命線」。羅伯．科特雷爾在一九九三年出版的《香港的終結》一書中說，中國在韓戰時依靠香港這條通道輸入汽油、化學物品、橡膠、機動車輛、機械，以繞過聯合國及美國對中國實施的禁運。在這場戰爭裡，英國的軍隊在朝鮮半島打中國的人民解放軍，英國的殖民地卻提供一道後門來援助中國，實在是深刻的諷刺。

一九五五年十月，韓戰業已結束，中共穩穩地控制了中國，時任港督的葛量洪爵士私下前往北京，與周恩來總理進行了三小時的非官方會談。兩人對話的內容各家說法不一，但似乎周恩來是說了，中共準備要容忍英國在香港的存在，條件是倫敦要遵守某些規則，其中包括不促進也不允許該殖民地發展民主或導向自治；不應該容許外國勢力（無疑是指美國）利用香港作為軍事基地；應當防止蔣介石的國民黨利用香港作為顛覆中國的跳板；中國官員在香港應該受到保護，同時中國在該殖民地的經濟利益不該受到阻礙。大體上來說，英國遵行了周恩來提出的行為準則，一直到末任港督彭定康才在香港即將移交之前企圖深植民主，但為時已晚，最終也沒有結果。

當一眾英國官員在一九六〇年代開始打量香港的未來這一片迷霧時，租約還有三十年才到期，只是時間飛快流逝。英國人試著探測中共對香港未來的立場，卻沒有成功。中國正因自身的問題而手忙腳亂。文化大革命隨著毛澤東在一九七六年的死去而消亡，但接下來毛的妻子江青與四人幫又企圖奪權。毛澤東身後的密謀及對抗持續了兩年，直到鄧小平在一九七八年成為最高領導人。同年稍晚，鄧小平透過特使向港督麥理浩爵士發出邀約，請他訪問北京。英國人想預先設計好一套有用的手法，讓麥理浩到北京時派得上用場，但在過程中卻弄得焦頭爛額。內部的爭論和猜測所導致的一團混亂，使得麥理浩要到一九七九年三月二十四日才能動身前往北京。隨同麥理浩前往的還有他的夫人、幾位官員，以及香港行政局首席非官守議員，律師暨銀行家簡悅強爵士。

當麥理浩抵達北京，他仍然不清楚見到鄧小平之後，對於香港的未來這個主題，他要怎麼提、在何種脈絡下去提，以及提的時候要有什麼目標。中國領導人就沒有這些顧慮。自從鄧小平緊抓大權，他和其他中共高層就悄悄地針對此事討論了幾個月。他們把香港看成由他們主導的大戲當中的一部分，這齣戲是用來說服台灣與大陸達成某種形式的政治統一並承認北京的主權。直接呼籲台灣加入中國並保證給予高度自治的做法已經失敗了。[2]中共現在設想的，是要讓香港成為實驗某項政策的天竺鼠，也就是日後所謂的「一國兩制」，目標就是誘使台灣不再拒絕北京的示好。與麥理浩的會面才剛開始，鄧小平就解釋起中共的對港政策。據一九九〇年出版、由中國外交部編纂的《現代中國的外交》記錄了鄧小平說：「我們歷來認為，香港的主權屬於中華人民共和國，但香港又有它的特殊地位。商談怎樣解決香港問題的前提是：香港是中國的一部分，這個問題本身不能討論。可以肯定的一點，就是我們會尊重香港的特殊地位。在本世紀和下世紀初的相當長的時期內，香

2 一九七九年一月一日，中國人代會常委會發表《告台灣同胞書》，呼籲兩岸結束軍事對峙狀態，實現國家統一。公告表示商談時一定「尊重台灣現狀和台灣各界人士的意見，採取合情合理的政策和辦法」。十二月，鄧小平與日本首相大平正芳會面時，又提出「三個不變」，即兩岸統一後「台灣的制度不變，生活方式不變，台灣與外國的民間關係不變」。

港還可以搞它的資本主義，我們搞我們的社會主義。」

鄧小平更加言簡意賅地告訴麥理浩，要香港的投資者「放心」，這個詞令香港各家工商報紙的頭版記者大受鼓舞。麥理浩返回香港後說：「這是可以告訴各位的最實際也最有用的一句話。」然而，這還不足以安撫許多香港人的恐懼，接下來的幾年，最能測度他們安全感的兩項指標——恒生指數和房地產價格——開始上下波動。

在此同時，鄧小平與中共也開始拉攏香港各大企業與集團的大班（高層主管）。這有雙重目的。首先是要確保香港這個貿易與投資的中轉站對中國持續有價值，因此要讓商界的領導者相信他們依然能在一個管制最小的自由港賺到錢。他們企圖讓這些在香港立法局及行政局已擁有相當權力的大班，變成北京在當地的第五縱隊，作為後續與英國談判時的施壓工具。第二個目的，是要運用這些大班的商務經驗及專業，為鄧小平在中國的經濟改革帶來活力。因此，北京邀請了一團又一團的香港商界領袖及其他重要人士前往，以美酒佳餚相待，並提供特許的機會讓他們進入剛剛開放的中國市場，藉此交換他們的支持與商業頭腦。

一九八二年的春天，這類活動絡繹不絕。其中最引人注目的，也許是鄧小平和霍英東在五月二十一日的會面。霍英東是房地產大亨，和中共早有往來。他賺到的第一筆大錢，是在韓戰期間打破聯合國禁運令，為中共運送槍械。霍英東可說是中共在香港最信任的影響力代理人。後來他加入基本法（香港移交後的小憲法）起草委員會，一九九三年又當上中國人民政治協商會議全國委員會的副主席。鄧霍見面那天，趙紫陽總理會見了李嘉誠，他也是房地產大亨，旗下集團主導了香港股市走向。之後，李嘉誠就成了香港與加拿大關係中的一位重要人物。他最初購入加拿大房地產是在一九六八年，地點是溫哥華西區的一棟公寓。到了與趙紫陽會面時，他在溫哥華已持有幾個街區的公寓群、一間購物中心，然後開始在多倫多購置房地產。然而，他邁出的最重要一步，是在一九八八年拿到一個標案，為英屬哥倫比亞省政府所持有的八十二點五公頃土地興建住宅，這裡位於溫哥華福溪區，正是一九八六年舉辦世界博覽會的所在地。彷彿是在預示將來的情景一般，李嘉誠擊敗了傑克・普爾領軍的本土企業集團，普爾是貝爾開發企業的老闆，他有兩位好友，一是英屬哥倫比亞省省長溫德心，另一位則是車業大亨吉姆・帕蒂森，八六年世博的主席。李嘉誠能夠拿到當時全加拿大最大的一筆房地產開發案，是因為他在事前的悉心研究、培植政界關係，以及組成最有能力的開發團隊方面，都比對方更勝一籌。他在當地最重要的關係包括建築師暨英屬哥倫比亞體育場總裁郭敦禮，以及曾為執政的社會信用黨打造形象的克雷格・艾斯皮諾，有人形容艾斯皮諾知道「政府體制的每一條縫隙」。李嘉誠讓兒子李澤鉅所主持的協平世博開發公司來負責此一計畫。從建築風格來看，此一開發案把加拿大與香港的連結表露無遺，座落在園區裡的公寓是許多香港移民感到安心而熟悉的落腳處。

如今再回頭看，有意思的是，自從鄧小平一九七八年與麥理浩會面之後，即使歷經多年的爭論與協商，事情其實沒有什麼改變。倫敦與北京的聯合聲明在一九八四年發表，基本法在一九九〇年公布。這些文件指出了，香港將成為中國的特別行政區。據此，它將維持其資本主義體系以及最低限度民主的政府體制。文件中含糊地表示，期待這樣的狀態會開花結果，成為完全的民主。香港民主派運動領袖常常把這些表達方式解釋為北京的許諾，但其中的遣詞用字卻不是決定性的。基本法說特區將保有獨立的司法審判權，以及承襲自英國的法治。然而，這樣的體制在殖民地時期結束後，只有五十年的期限。期限過後，香港的特殊地位就會終結。

當時香港人口約有六百萬，不是人人都確定只要按照此一公式就會穩定發展。由香港出走的人潮，始於一九六〇年代由財富所提供的機會，在七〇年代逐步成長，之後隨著對前景感到不明朗的情緒攀升，到了八〇年代和九〇年代呈現穩定的向外流動。面對香港黯淡的前景，許多尋找安身之處的人都認為加拿大是首選的避風港。

加拿大的一項主要吸引力在於當時它已經是公認的香港人庇護所。自一九六八年至一九七六年間，加拿大總共接受了九萬零一百一十八位華裔移民，其中大部分來自香港。但是此一遷徙並不完全是因為香港的緣故，也不完全是因為加拿大的緣故。

麥理浩一九七一年十一月接任港督時，面臨了一個嚴重的問題，那就是皇家香港警察的貪污。這支警隊是典型的英屬殖民地產物，在世界各地都有類似的部門。其中的成員有來自英國和歐洲的警官，往往是剛從學校出來的年輕人；至於主力部隊則是探長及探員，由本地人當中召募而得。由於本地人的薪資過低，他們為了補貼收入不足而養成索賄的習慣，即所謂的「茶錢」，或其他各種名目。這套系統的運作高度標準化，並且是各警區的高階探長在管理。這些探長變得太有錢了，使得他們在地方上的權力至少和三合會黑幫的頭目相當，而他們兩邊往往也有緊密的交情。賄賂之風並不限於香港本土的探長。有一位最惡名昭彰的索賄者是總警司葛柏，他設法在海外戶頭裡存進數百萬港幣，然後在可能被拘留、起訴之前潛逃出香港，回到英國。

麥理浩意氣軒昂地抵港，他心中有一份清單，是為了重振香港必須進行的事項。其中一項重點就是整頓警隊。為了辦這件事，他在一九七四年成立廉政公署。廉政公署得到很大的權力，例如可以追查生活水準或財富與其公職收入不相稱的人員。廉政公署滿載著眾人的期許，期許它可以為廉潔正直立下無懈可擊的標竿。結果廉政公署不但十分成功地在香港掃除了貪污風氣，也成為全亞洲在設立類似機構時的參考模範。

一開始，人稱「五龍」的探長以為他們可以躲過這場改革風暴，就像以前行政當局打算動手整頓索賄和保護費的時候一樣。但他們不久便看清，麥理浩不像以前倫敦派來的人，是因為接受酬庸才來管理這個華人殖民地。他顯然是玩真的，於是眾探長覺得是時候把他們的油水收一收，前往更安全的地區。廉政公署成立之前，五名探長逃離香港。他們的第一站是中國和台灣，不過五個人最後都到了加拿大。據聞許多貪污的香港警察也走了同樣的路。《亞洲郵報》二〇〇六年九月六日的一篇報導，引用了加拿大皇家騎警亞洲犯罪組織調查小組的報告，指出他們認為有多達四十四名香港警察曾在加拿大尋求棲身之地，以免成為廉政公署的偵查目標。他們之中有不少人是利用加拿大的投資移民計畫來取得永久居留權。

《亞洲郵報》報導描述了五龍之一的韓炯森遺族，如何與香港政府進行曠日費時的交涉，之後將他的不義之財返還一部分。韓炯森又名韓森，在皇家香港警察隊服務三十一年，期間薪資收入合計三萬五千元加幣。但他一九七一年退休移民到加拿大時，資產卻高達數百萬，還包括超過五十處房地產，銀行戶頭無數，分散在香港、佛羅里達、泰國、英屬哥倫比亞。他在溫哥華至少持有十一處住宅與商辦，還有幾十間公司，以及羅布森街[3]的一間餐廳。

香港當局打算引渡韓森及五龍的其他成員，但他們無法讓加拿大法庭同意其要求。問題在於，用來逮捕五龍的香港法律基礎在加拿大不屬於犯罪，此等情事包括「控制與其現在或過去的公職薪俸不相稱的金錢資源或財產」，並且無法「就該等金錢資源或財產如何歸其控制向法庭作出圓滿解釋」。雖然如此，當韓森一九九九年八月在台灣亡故後，親族還是決定與香港政府達成庭外和解。他們交出韓森在香港的全部房地產，據說這些資產時值兩千萬加幣。

五龍當中的另外一位也得益於加拿大法庭對引渡法條的嚴格解讀，那就是最成功的呂樂，流行文化所說的「五億探長」。呂樂後來在香港變成某種反體制的英雄人物，還有幾部電影是以他的事蹟為藍本。他在一九六八年由警隊退休，時年四十八歲，一九七三年與妻子和八名子女移民加拿大，就在廉政公署成立前一年。港府將呂樂在香港的資產凍結充公，但未能引渡他回港。呂樂二〇一〇年五月在溫哥華過世。

不過，在希望成為加拿大永久居民和公民的香港人裡面，貪污的警察和三合會成員

3 溫哥華市中心最有名的購物街。

始終都只是極少數。根據加拿大統計局的數字顯示，一九九〇年一月至一九九七年三月之間，計有二十三萬三千零七十七位香港人移民到加拿大，加入原本就為數眾多的加拿大香港移民之列。到了主權移交時，總計約有五十萬左右的香港移民住在加拿大。

之所以產生這麼大量的人口流動，一部分是因為加拿大政府在一九八六年展開一項積極的計畫以吸引香港移民，他們認為這些人受過良好教育、充滿企業家精神，往往還很有錢。渥太華在爭取香港人這件事情上，遠遠超過香港人原本會選擇的其他國家，例如澳洲或美國。一九九三年，生於蒙特婁的英國學者傑拉德·西格爾，批評加拿大政府採取「不負責任的移民」政策，來獵捕香港最聰明、最優秀的人士。

西格爾只知其一，不知其二。該項計畫的構思過程，要不是根本漫不經心，要不就是完全不在乎可能造成的後果，以致成為加拿大名譽的一個長久污點。直截了當地說，該項計畫創造了一種氣氛鼓勵大家索賄行賄，以便利用假造的文書或證明讓港人可以申請進入加拿大。在這段香港人紛紛出逃期間，約有三分之一的人是透過投資移民計畫來到加拿大。其中有相當一部分——雖然沒有任何人能估計出合理數目——並沒有資格自稱企業家，或根本就是罪犯。這兩種申請人都由香港和加拿大取得不實文件，來支持他們符合入境資格的說辭。無可寬宥的真相是，不管知情與否，正是加拿大這邊的政策制定者和政府人員創造了這種必定會滋生貪污的環境。

加拿大移民上訴委員會前副主席查爾斯．坎貝爾二〇〇〇年出版了《背叛與欺騙》一書，血淋淋地分析渥太華數十年來的移民政策。在他全面性的批判當中有一整節是談加拿大的投資移民計畫，此項計畫的申請者一開始以香港移民占大宗，接下來，在坎貝爾出書的那段時期及以後，則是來自中國大陸的人士。

投資移民計畫是穆爾羅尼政府的傑作，一九八六年推出時，是打算用來提供種子資金以刺激加拿大經濟成長。首先，這就是一個錯誤觀念。當時的加拿大經濟委員會曾表示，加拿大國內已有大量投資基金可以使用，沒有必要到海外尋索。不管怎樣，政府對移民開出的條件是，若申請者在加拿大連續三年投資十五萬至二十五萬加幣，那麼他們本人及其配偶與未成年子女便可以獲得移民資格。多年來，申請人需要投資的額度與持有的淨資產不斷地在調高，直到該項計畫在二〇一四年叫停為止。到了後期，申請人的淨資產須達一百六十萬加幣，投資金額須超過八十萬加幣。

計畫剛實施那幾年，透過該項計畫抵達加拿大的移民當中約有一半來自香港。坎貝爾提到一項由加拿大公民暨移民部在一九九七年所做的研究，對象是申請投資移民計畫成功的人，研究發現只有極少數人符合標準。其中有一半的人既不會說英語也不會說法語，還有許多人不是企業家、甚至完全不是經理人。申請成功者大多是由其他專業退休下來的人士。此外，計畫也「對可疑的財務安排、洗錢、與組織性犯罪的關係、或非法活動所得的金錢，幾乎沒有任何控制。」

該項計畫有一個地方尤其失敗，那就是申請人實際上並不需要帶來此項制度所要求的投資額度。坎貝爾寫道，一九九二年，投資移民計畫的規定是申請人必須持有總值五十萬加幣的資產，並連續三年投資十五萬加幣，款項交由加拿大指定的國內投資經理人來管理。這些加拿大經理人往往重新詮釋計畫規定，讓移民者僅須拿出十萬。更有甚者，投資人可以不必拿出這筆錢，而是反過來向加拿大的金融機構借錢。所以，說什麼實施該項計畫可以為加拿大帶來新的資金云云，完全是胡說八道。

至於如何由胡說八道淪落為荒謬絕倫，在二〇一四年聯邦政府題為《聯邦商業移民計畫之演變》的分析書中有一番闡述。該報告對一般大眾來說並不好讀，但我們仍然可以從中看到，利用投資移民計畫的人當中，有相當高的比例不但避掉把資金帶進加拿大，還躲過了加拿大的課稅，因為他們會壓低自己在加拿大申報的收入。報告顯示，他們在加拿大的最初十年，平均每年只繳納一千四百加幣的稅金。待在加拿大超過十年之後，這些移民平均每年僅申報一萬兩千七百加幣的自雇者淨收入。

有一群人很早就看到了香港人想來加拿大的商機無限，他們甚至早在投資移民計畫展開之前就洞燭先機。其中有位來自多倫多的律師馬丁・皮爾茲梅克，原本在卑街一人開業，但不久之後就為香港富豪提供諮商並詐騙他們（這是後來才知道的），他因此賺了很多錢，各大律師事務所爭相招攬他。這個例子正顯示出，加拿大的既得利益者是如何一心一意地只想與中國做生意，還想着能賺到多少錢，而忽略了為達目的所採用的手段是否合乎道德的問題。皮爾茲梅克在一九八五年加入米金納律師事務所，據說他的薪水是另一位合夥人的四倍，那個人就是未來的總理克瑞強。一開始，事情好像都很順利。根據《多倫多星報》所載，皮爾茲梅克頭一年為事務所帶來一百萬加幣左右的營業額。好景不長。一九八八年六月八日，皇家騎警闖入了位於多倫多第一加拿大廣場的米金納事務所，扣押了皮爾茲梅克的檔案。克里斯多福・摩爾在一九九七年的《上加拿大法學會與安大略的律師，一七九七～一九九七》書中寫道，皮爾茲梅克的大半「業務，原來都是靠著幫富有的非居民以矇騙方式取得公民身分，還有從他們的戶頭裡偷錢」。皮爾茲梅克的詐術是叫他的委託人報案說香港護照遺失，但他會替委託人把護照保管在加拿大。委託人將會得到補發的香港護照，以供平日旅行之用。等到要申請加拿大公民權的時候，他們再拿出皮爾茲梅克代為保管的護照。如此一來，這些護照就可以證明委託人數年來不曾離開過加拿大。這種情形說明了，許多投資移民不太願意真的在加拿大生活，雖然也有很多人樂意讓自己的妻兒在此過日子。這段故事的結局令人開心不起來。皮爾茲梅克被撤銷律師資格，一九八九年七月，又以五十宗關於移民法的犯行遭到起訴。一九九一年四月十九日，當時他保釋在外等候開庭，有人在多倫多市中心的一家旅館房間發現了他的屍體，死因是用藥過量。一九九〇年，上加拿大法學會判定米金納律師事務所有五位合夥人瀆職，因為他們涉及皮爾茲梅克的所作所為。

打從最初開始，投資移民計畫就籠罩著毒霧陰霾。穆爾羅尼政府知道這一點，只是不肯坦白承認。下一章將會講到，一九九一年，資深外交官布萊恩·麥克亞當受命派駐香港擔任移民控制官，以研究簽證計畫導致國安問題的相關報告。一九九三年自由黨重新執政後，踏出了目標更為明確的一步：政府聘請了和世界銀行合作的資深鑑識會計師大衛·韋伯，前來加拿大進行訪談，並檢視申請人是否符合規定。經過四年的研究之後，他在一九九八年提出報告，斷定投資移民計畫「充滿了詐欺」。韋伯說：「加拿大移民部宣稱該項計畫成功的說法嚴重誇大，而渥太華引進……打擊詐欺的規則完全沒有作用。」他接著說：「我發現有多起案例完全沒有投資，或者投資的金額嚴重虛報。加拿大釋出了真正有價值的東西——簽證和護照——卻得到極小的回報。」

一九九七年香港主權移交後，想要透過投資移民計畫遷往加拿大的港人陡然減少。就在香港前往加拿大的移民潮退燒時，來自中國的申請者卻增長了。這些中國申請者很快就主宰了原本是設計給全球企業家的移民計畫。該計畫在二〇一四年終結時，等候申請的案件計有五萬九千筆，其中有四萬五千筆來自中國大陸。至於由各省政府所支持的計畫裡面，來自中國大陸的申請者所占的比例更高：據省級統計，達百分之九十九。

隨著該計畫的日漸成熟，貪污與詐欺的扎根也愈加深入。二〇一一年二月，《環球郵報》找了能說華語的調查員，佯裝是要移民至加拿大的人士，聯絡位於中國的移民顧問公司，之後刊出一系列相關報導。報導載明了逐字逐句的聯絡內容，清楚地呈現了貪污行為是如何嚴重地影響該項計畫。然而，有一點值得注意，那就是用來造假和隱匿的文件大部分是由位於加拿大的公司所提供。《環郵》調查員有次與北京的移民顧問交談時，表示自己有興趣透過投資移民計畫前往加拿大。顧問於是說明需要投資多少錢，還說該項聯邦計畫的申請者必須提出「三年高階主管經驗，例如副總經理或更高的職銜」。顧問馬上又說：「我們在溫哥華的加拿大律師會幫你找一間企業，讓他們提供給你移民到那裡所需的文件。」

《環郵》研究員反問：「你的意思是說，你們會幫我在那邊找一間公司替我擔保嗎？」

顧問說：「對，換句話說，這間公司會雇你當主管，但他們不是真的雇用你。這樣差不多需要一百萬（人民幣）。」折合加幣約莫是十九萬。

另一次接洽另一間位於北京的移民顧問公司時，《環郵》研究員說他並沒有高階主管經驗。顧問表示，或許他應該考慮一下英屬哥倫比亞，因為該省政府有一套自己的企業家移民計畫。顧問說：「我們會幫你在英屬哥倫比亞省找間公司，讓他們雇你擔任主管。這種公司通常都很大，名列世界五百強。他們急需有能力、有經驗的主管。」然後顧問描述了相關過程。該加拿大公司會在中國面試申請者，同時拍攝照片與影片。申請者也需要與該公司簽訂合約。顧問接著說：「然後，我們就把這些資料交給英屬哥倫比亞省移民局，這樣你才能在那邊工作。我們會幫你找到適合的公司，當然你得付一筆錢給那間公司。差不多需要十五萬加幣。」

換言之，聯邦政府為了吸引成功投資人前來加拿大而採用此一有欠思量的計畫，其長遠的副作用之一就是讓我國染上了商業貪污的病毒株。這些病毒複製擴散，使得其他形式的貪污在加拿大變得司空見慣。到了二〇〇〇年代和一〇年代初，貪污的中共官員以及紅色貴族可以輕輕鬆鬆地就把鉅額金錢移到加拿大。他們讓加拿大成為洗錢中心，在國際上聲名狼藉。總部位於華盛頓的反洗錢遊說團體「全球金融廉正組織」指出，上述期間非法流出中國的錢，有六成是透過造假的單據。意思是說，位於加拿大的公司向中國合作夥伴開立偽造或灌水的請款單。如此一來，中方就能通過申請將資金匯出，日後這些錢可以在加拿大處理掉，通常是用來投資房地產或者設立公司。

這段時期有數十萬人由香港移民到加拿大，大部分人的動機及其所循的行政管道，完全是合法的。他們當中許許多多人所掛慮的，不只是單純而強烈地害怕香港回歸中國統治後的不穩定。這些人還相信公民價值，特別是英國在統治香港時所依據的法治與司法獨立。很多人試圖透過遊說，讓這些價值在香港成長為完全的民主。他們決定來加拿大的驅動力是渴望能生活在由這些價值所管理的社會，他們害怕主權移交後要實現這樣的香港社會希望渺茫，雖然北京答應會迅速讓香港走向完全民主。不過，他們的離開並不代表放棄了在香港推行政治改革，溫哥華及多倫多仍然是香港民主運動者的中心，這也使得他們個人及其所屬團體成為中共情報組織的目標。

儘管英國人在一九五五年時答應周恩來的強烈要求，不在香港推動民主和獨立，但當地的情況使得某種程度的改革勢在必行。一九五六年，市政局被授予數項權力，同時其議席有一半由民選產生。時值英國諸殖民地要求獨立的呼聲愈來愈高，香港也與之唱和。到了一九七〇年代，當殖民政府管理的港人受到的教育愈來愈好、收入也愈來愈高時，他們再度面臨缺乏政治正當性的問題。於是港府成立了正式的諮詢機構，以便將各商業及社會團體整合進殖民地的決策過程裡面。此一架構因為透過各種平台讓不滿和爭議得到解決，從而為政府體系注入一定的透明度。

隨著一九八〇年代初北京和倫敦就主權移交的程序進行對話，香港人愈發渴望進行更多政治改革，以得到真正的代議與問責制度。英中兩國政府都熱切地想要擬定一項協議，來確保香港作為亞洲金融貿易中心的地位，於是一九八四年的《聯合聲明》裡面便出現了一些華美的辭藻，預期香港移交後仍然會持續進行政治改革。但，就像接下來再清楚不過的發展，此類修辭對北京和中共根本起不了約束作用。雖然如此，香港人想要有個更能回應民意的政府，這樣的念頭始終存在。一九八五年，立法局選舉在新制度的實施下展開。其中十二席議員由九個功能界別的選民選出，分別代表了商界、工業界、金融界、勞工界、社會服務界、教學界、法律界、醫學界、工程界。在這些一九八五年當選的議員裡面，包括兩位民主派人士：李柱銘及司徒華，香港接下來數年間的政治論述將大部分由他們兩人所主導。

一九八六年十一月，事情來到無可回頭的一瞬間，一場大型的集會催生了香港的民主運動。[4]一九八八年，民主派開始要求民主化腳步加快以及立法局議員直選。中共對此予以迅速反應，在它看來這是個逐漸形成的威脅，勢將危及中國穩定以及中共本身的長久掌權。當時有個流行的看法，認為中國共產黨一旦吞食了香港，就會把革命性的改革一併吃進中國肚子裡，導致自己中毒。為了防微杜漸，中共加強在香港的運作，擴展了新華社及其統戰行動。親北京的候選人被派去參選區議會，也就是地方行政的最低層。區議會處理的是日常事務，例如設置巴士站之類，但這麼做對中共的好處是，可以將其人員深植到香港的草根生活。

然而，一九八九年六月三日晚上，中共的笑臉攻勢崩解了，當天在北京的天安門廣場，解放軍屠殺了數千位示威者。較早前在五月間，香港許多團體以各式各樣的方式支持天安門廣場上的學生。有一陣子，香港的民主運動就好像一座燈塔，或可將其光明投射至中國。因此是次鎮壓，以及對於舉行類似抗議的兩百座以上中國城市所做的攻擊，對香港產生了深遠的影響。六月四日早晨的香港，是言論自由與法治世界的哨站，淒冷孤單地挺立。一百萬左右的香港人走上街頭遊行，靜默地批判中共對北京和平抗議的殘酷鎮壓。

4 這裡的大型集會指的是第一次高山大會，香港各民主團體在老龍坑高山劇場集結，要求一九八八年的立法局選舉應直選，同時基本法起草委員會應在《基本法》當中加入民主政制。

慘案引發的震驚，促使渥太華的國會召開緊急辯論。外交部長喬・克拉克說這是「悲劇和暴行」。國會議事錄記載了他的話：「我們曾經希望也相信，中國正在走一條全面基本改革的道路。……我們有很多人認為，中國終究會有辦法變得更民主、更開放、更尊重它自己的人民，如此就能夠應付改革所造成的壓力。」克拉克說，大街上的血腥殺戮也一併消滅了那些「一個國家正在改變的正面跡象」。

加拿大駐華大使杜藹禮與其團隊趕緊安排撤僑事宜，以便想要離開的人得以成行，當時身在中國的加拿大人約有五百名；同時，渥太華政府也準備針對中共政權予以一連串的外交制裁及經濟制裁，其中包括暫時召回杜藹禮大使，延緩正常的高層往來，以及停止雙邊的官式訪問。位於北京的大使館重新調動人事，改以人權為重。各省、各市、各鎮與中國對口省市鎮所締結的姊妹關係都暫停了。這項措施對統戰部是一大打擊，因為該部掌管中國對外締結姊妹城市業務，以及藉此用來滲透加拿大的各種關係。

經濟方面，加拿大提供給中國的二十億元貸款信用額度在六月底中止，等候重新審查。原本在中國有得到加拿大國際開發署支持的數項計畫暫停了，並且暫不核准新計畫。叫停的還有核能合作諮詢，以及一項小型的國防合作計畫。加拿大國際廣播電台開始以華語向中國境內播送。

雖然穆爾羅尼政府對天安門慘案的反應是雷聲大作，但實質意義卻很小。保羅·伊凡斯在《與中國交往》書中指出，「雖然這些舉措有傳達出信號，卻沒有讓與中國交往的列車逸出常軌。渥太華並沒有聽從反對黨成員和憤怒的公民團體所要求的，與中國斷交、中止貿易關係、施加一般性制裁，或者終結援助計畫。」天安門鎮壓後只不過三個月，外交部就批准加拿大出口發展公司貸款給中國，外交部長喬·克拉克也重申他決意要維持交往。八月五日他投書《多倫多星報》，寫道：「『反華』政策不會讓在中國進行改革這項目標得到任何成果。中國變得更加貧窮孤立的話，並不符合中國人民的整體利益。」

加拿大與中國官員之間的直接會面或許是遭到禁止了，但在他方外交場合的走廊上彼此巧遇，那又是另一回事。一九八九年九月，克拉克在柬埔寨的某國際會議相關活動上，見到了中國外交部長。一九九一年，加拿大農業部長前往中國。伯尼·弗立克引述前駐華大使葛漢的備忘錄說：「中國是一頭不可侵犯的金牛，牠吃加拿大的小麥。」一九九二年，加拿大國際貿易部長前往北京；這次訪問是一項精心設計、意圖明確的計畫，目的是重啟雙方高層接觸與商業活動。一九九三年五月，穆爾羅尼在官邸設宴招待中國副總理、經濟學專家朱鎔基時，把目標清楚地解釋了一番。他說，加拿大「這幾年將會準備好全面與中國交往」。但出於國內政治問題，必須謹慎行事，因為加拿大人關心人權問題。

結果，在加拿大與中國重新交往之前，穆爾羅尼就下台了，於是此一任務落在重新奪回政權的自由黨頭上。自由黨在克瑞強領軍之下，於一九九三年十月勝選。克瑞強有相當豐富的中國經驗，一方面是來自先前在內閣擔任的職務，但更直接的是他的家族關係。因此，克瑞強政府的初期行動之一，便是計畫派遣高級貿易代表團在一九九四年十一月前往中國。此一信號是中共所樂見的，代表天安門慘案後被迫陷入外交孤立的情況已經結束了。對自由黨人來說，此事則再一次展現加拿大與中華人民共和國理應存在的特殊關係。

一九九四年「加拿大團隊」代表團出訪期間，克瑞強一直被問到，他與中國國家主席暨中共總書記江澤民會晤時，有沒有提出人權議題。有一次他回答記者：「我是個有兩千萬人國家的總理。他是個有十二億人國家的主席。我連叫沙士卡其灣省或者魁北克省的省長做這做那都不可以，難道我可以叫中國主席做這做那嗎？」克瑞強最後還是為人權說了重話，但這些話他保留在一場演講裡面，聽眾是專門挑選出來的北京清華大學學生。

天安門事件發生時，馬大維[5]在渥太華外交部的中國司工作。他在二〇一五年出版的《中等強國，中央王國》一書裡面說，加拿大政府在天安門慘案後所採取的行動「是對的反應，讓我學到了兩件事。首先，有些夥伴關係因為太重要，無論雙方爭議的點是什麼，都必須保留一些暢通的聯絡管道，至少可以了解有哪些可能影響加拿大的事態正在發展。

第二是，當群情激憤，打算將這段現已受損的夥伴關係全面揚棄，你得要很小心，因為有些人並不是問題的一部分而是解決方案的一部分，不要到最後反而懲罰了這些人。」

5 馬大維（David Mulroney）後來在一九九八～二〇〇一年間出任加拿大駐台代表，二〇〇九～二〇一二年間出任加拿大駐華大使，他與穆爾羅尼總理（Brian Mulroney）同姓，但兩人不是親戚。

8

毒蛇一咬

Snakebite

中國仍舊是對加拿大的國安和產業一個最大的持續威脅。不用再懷疑，中國情報機構確實可以在加拿大經濟的各個重要領域裡取得影響力，包括教育、房地產、高科技、安全，以及許多其他項目。因為如此，又使他們得以接觸到加拿大的經濟情報、政治情報以及某些軍事情報。

——響尾蛇報告

一九九一年，布萊恩．麥克亞當在外交部累積三十一年的歷練後，被調往加拿大駐香港專員公署。幾年下來，他曾告訴好幾位採訪者說，自從一九八〇年代中葉渥太華開始著意吸引來自香港的移民後，就有疑似國安的問題產生，而他被派駐香港就是為了追查這些問題。之後加拿大皇家騎警紀律審查委員會提出一份報告，表示有一起事件涉及此類疑慮。「兩位香港居民投訴，稱他們收到兩位自稱是公署雇員的女子聯絡，表示若他們願透過一名當地移民顧問做中間人來支付一萬元加幣，就可以加速他們的簽證申辦程序。他們謝絕了這項提議，以信件向公署投訴，但沒有收到答覆，於是決定再向皇家騎警投訴。」

麥克亞當很快就確認，貪污情事並非僅此一案，而是四處橫行，尤其是香港當地聘雇的人員更為嚴重；有人以高價向香港人出售簽證和居住證。他發現約有兩千張空白簽證下落不明，還有偽造的印章，可能來自加拿大在其他地方的公署，以核發簽證所需文件之用。麥克亞當循著此一線索調查，發現有數名三合會成員雖有犯罪紀錄，卻已獲得加拿大簽證，並將家人遷往加拿大了。他也開始懷疑電腦系統遭到入侵以美化罪犯的經歷。麥克亞當開始十萬火急地將報告送交渥太華的高層官員，同時一面整理累積的證據。總計有三十二份報告。但他的上級沒有回應。麥克亞當說，當某位任職於皇家香港警察的熟人打電話給他的時候，他才真正了解到自己在對付什麼。這位朋友負責打擊犯罪組織，職務包括監聽三合會大佬們的電話。麥克亞當二〇〇八年接受《渥太華公民報》採訪時說：「該名三合會成員打電話給渥太華加拿大移民部辦公室裡面的人，令負責監聽的這位香港警察嚇了一跳，這位警察還講到：『他們有那樣的關係，你的問題可大了。』」然後，這位香港警察轉述該加拿大移民部官員跟三合會大佬說的話：「不用擔心麥克亞當。我們會處理他。」

無論是不是受到上述監聽的電話內容所影響，總之，一九九三年有人問麥克亞當要不要回渥太華，有個高升的職位在等他。麥克亞當接受此一安排搬回加拿大，卻發現這份工作已經給了別人，而他實質上是坐了冷板凳。麥克亞當曾在多次訪問中承認，他的心思一直都被香港貪污的證據所占滿，而遭受排擠則影響到他的健康。他請了兩年病假之後在五十一歲提前退休。毫無疑問，麥克亞當如此一心一意，堅決要讓他的指控得到承認、得到全面偵查，使得他很容易遭到別人打擊。

皇家騎警確實有在一九九二年針對麥克亞當指控加拿大專員公署貪污一事展開偵查。但根據麥克亞當的說法，每次只要調查員即將核實麥克亞當收集到的證據，該員就會被調職。這種事情發生了好幾次，直到一九九六年自由黨國會議員大衛・基固爾對麥克亞當的某次陳情有所反應。基固爾來自艾德蒙頓—史翠斯孔拿選區，是主管拉美暨非洲事務的國務部長，也是一位針對貪污和人權議題的知名運動者。基固爾致函克瑞強總理，請他就這些貪污指控進行公開調查。不過，新一輪的偵查仍然由皇家騎警執行。擁有十九年資歷的羅伯・里德警目接手檔案，前往還是英屬殖民地的香港。里德在那裡花了幾個月的時間審視麥克亞當的指控，兩人都說，里德找到的證據足以支持其中許多事項。里德也發現自一九九二年起，皇家騎警就在針對麥克亞當指控的報告中，持續篡改麥克亞當提供的資料，並忽視可以進一步偵查的大好線索。里德向上級指出這些異狀，上級卻說這只是皇家騎警個別探員的無能。在里德看來，事情愈來愈像是系統性的貪污，以及經過全面計畫的掩護。當里德在一九九七年開始向上級主管力陳自己的看法時，他卻被解除處理本案的權限。里德指控上級妨礙偵查，然後就被解雇了。這位前警目心想，國家的利益重於他進入皇家騎警時所立的保密誓約。於是一九九九年八月，里德找上知名記者法比安・道森。道森很熟亞洲及香港，當時任職於溫哥華《省報》。里德和盤托出駐香港專員公署的貪污問題以及政府高級官員的麻木不仁，道森在盡可能核實資料後以系列報導在報上刊出。在里德說出的事項當中，有一項是電腦輔助移民處理系統（CAIPS）裡面有至少七百八十八個檔案遭到刪除。里德也證實了麥克亞當所說的，有兩千張空白簽證下落不明。里德讓道森過目一份最高機密報告，他在裡面寫道：「在一九八六至一九九二年間，失去對CAIPS的控制權……失去對香港移民的控制權……，這是最嚴重的國安漏洞。」里德又告訴道森：「我認為背後有一樁巨大的陰謀，用來掩蓋整個問題。」

皇家騎警指控里德違反了他的保密宣誓，並將他交由一個內部裁決委員會審理。委員會認為里德求助於媒體的行為「醜態畢露」，也痛斥他對報社提供「不實資訊」。裁決委員會的判決是：「毫無根據顯示有任何需要公開調查或遭到掩蓋的不當行徑和非法活動。」里德向皇家騎警的外部審查委員會提起上訴，得到的結果卻天差地遠。審查委員會的判定是，以里德違背保密宣誓為由來懲處他甚為正當，「除非該員的行動在於揭穿有待公共討論的合理公共議題」。在審查所有證據後，委員會做出結論：「針對專員公署本土雇員的活動，皇家騎警持續表現出不願意偵查的態度。」委員會的報告審視了里德所調查的公署內本土雇員與加拿大官員之間的關係。委員會說，該調查「確實顯示出有轉交禮品、金錢以及其他好處的情況，嚴重程度遠遠超出原本外交暨貿易部與公民暨移民部取信於皇家騎警的說詞。」委員會認為皇家騎警對里德的偵查做出這樣的反應是「注定如此」，因為該警目的上級「認為麥克亞當的投訴並無任何價值」。審查委員會判定，雖然里德違反行為準則，他的動機畢竟是希望皇家騎警能好好偵查在香港發生的事件。「無論如何，此種揭發仍然應視為合理的公共議題，因為這凸顯出一項事實，就是七年來皇家騎警並未採取適當行動，以判斷公署的雇員是否涉及移民詐欺。」

里德的勝利並沒有維持很久。此案又上訴到皇家騎警助理總監，他在二〇〇四年推翻審查委員會的判定，認為皇家騎警解雇里德乃是理據充足。

同一時期，麥克亞當也像里德一樣，為了保全其專業與個人聲望而奮鬥不懈，但是毫無希望。在他一九九三年返回渥太華之後那四年，到他最後離開公家機關，麥克亞當經歷數次憂鬱症發作，期間他接連多日都幾乎下不了床。他接受不同媒體訪問時，好幾次坦白承認他變得執著於洗雪名譽。但他個性古怪，在渥太華體制內如魚得水的那些大人物，很容易不把他當一回事。紀錄片導演維若妮卡·愛麗絲·曼尼斯在二〇〇〇年代初曾訪談過麥克亞當，當時她正在拍攝《吹哨者》一片，片中所描述的人物都曾提醒大眾要注意政府的行為，即使他們的事業不可避免地會受到損害。

曼尼斯在導演講評中這樣描述麥克亞當：「〔他〕住的房子看起來像防空洞，位於渥太華郊外，是他自己蓋的。房子的功能兼具娛樂中心、辦公室和研究基地。地下室的空間很大，像個子宮，整齊地分成幾塊四邊形，代表他的不同興趣——其中一塊是魔術專用，裡面有一應俱全的魔術書、道具和各種小玩意，全都擺得好好的。另一塊區域則放了他的撞球檯、西洋棋和圍棋。第三塊展示了詳細的圖表（總共十二幅），是他多年來仔細記錄了他所發現的貪污陰謀網絡，連結了加拿大還有世界各地的個人、公司、政府和秘密犯罪組織。第四個區域放了他的高端電腦，他透過電腦進入遍布全球的間諜世界，在複雜的網絡中與他的聯絡人溝通。」

揭露與記錄中國共產黨在加拿大的影響是一個漫長的故事，不過通向下一個階段的關鍵，不是麥克亞當的聯絡網，而是他的遊戲間。一九九四年，某位也介入搜集駐港專員公署貪污資料的皇家騎警人員，向麥克亞當引介了彼得．隆德，他是加拿大安全情報局亞太司的青年探員。兩人建立起工作關係，麥克亞當開始向隆德提供三合會在加拿大出現與活動的相關情報。一九九五年底，隆德將麥克亞當介紹給他的長官，安全情報局亞太司主管，米歇爾．朱諾—凱蘇雅。朱諾—凱蘇雅最先是在新布朗斯威克省任職於皇家騎警，一九八四年加入安全情報局，此時創設的安全情報局，是要取代亂象叢生、日益失靈的皇家騎警保安局。朱諾—凱蘇雅積極學習亞洲文化，喜歡下圍棋。這種遊戲據說是大約兩千五百年前在中國誕生，我們可以把它想成西洋跳棋和西洋棋的綜合體。然而，圍棋比這兩種棋複雜多了。圍棋的棋盤上縱向和橫向都有十九條直線，形成方格，兩個棋手分別持有黑色棋子和白色棋子。遊戲的目標是移動棋子包圍對手，迫其認輸。與西洋棋、西洋跳棋不一樣的地方在於，圍棋並沒有明確的棋步可以引向明確的勝利。圍棋更可以說是一種心理勝負的遊戲，其中蘊含了中國戰略專家孫子的哲學，他的開創性作品《孫子兵法》問世的時代，差不多就是圍棋發展出來的時候。

後來朱諾—凱蘇雅經常到麥克亞當的地下室去下圍棋。自然而然地，兩人就講起了麥克亞當調查過香港專員公署的移民體系涉及貪污，講起了哪些方法可以讓三合會成員更容易移民到加拿大。朱諾—凱蘇雅特別關心香港的情況，因為兩年內英屬香港的主權即將回歸中國，他開始評估這件事對加拿大的意義。朱諾—凱蘇雅把重點放在三股勢力對加拿大可能造成的危害，這三股勢力分別是中共情報機構，與中共密切聯繫的香港及中國企業家，以及中共公開稱其為「愛國組織」的三合會幫派。朱諾—凱蘇雅及其部屬後來在「響尾蛇行動」中與皇家騎警的情報探員合作，把蒐集分析的材料予以綜合，寫成一份初步報告，題目是《中國情報機構與三合會在加拿大的金錢往來》。這是安全情報局創立以來，第一次與皇家騎警的合作。初步報告長二十四頁，列為機密級，一九九七年六月二十四日送交給皇家騎警與安全情報局的內部聯合審查委員會，這時距離香港回歸中國只剩一星期。

公眾是稍後才知道，提交響尾蛇報告一事，在安全情報局和皇家騎警內以及雙方之間，掀起了一場官僚體系的風暴。提交報告後結果是什麼事情也沒有發生，這對相信報告的主題——中共及其各類外圍組織——構成加拿大國安威脅的探員們來說，實在太令人失望。由於在加拿大的公共生活中，政治人物或政府官員經常隱藏可能引發爭議的文件，從而使得這些文件更加可資運用。一九九九年秋，報告內容大半都洩露給了加拿大記者。

響尾蛇報告呈現出一幅令人震驚的景象，描繪了中國情報組織以及和北京政權密切相關的人，是如何設法滲透與影響加拿大大範圍的企業及公共生活。報告說，自一九八〇年代起，已有超過兩百間加拿大公司為中共及其親信所影響或持有，使他們得以控制具有戰略重要性的加拿大科技與資源。報告提到，香港首富李嘉誠及其子李澤楷，對加拿大的銀行進行大規模投資。澳門賭場大亨何鴻燊是安大略萬錦市的善美電腦集團主要股東，此一企業專門替政府、國防部門及警察機關設計安全的資訊系統。報告說，中國公司，尤其是位於香港的中國公司，對加拿大境內的華語媒體及娛樂產業投以鉅資。加拿大各大城市的房地產也有大量的中資投入，特別是溫哥華、多倫多，及蒙特婁某些地區。報告說：「房地產本身對加拿大的安全並不是明確的威脅，卻是一個絕佳工具可以用來接觸當地政治人物，接近他們的權力和影響力。」報告說，基於上述事實，與中共相關的中國企業家對加拿大公司的投資快速成長，便成為對國家安全的一項挑戰。可疑的中國投資人「對地方級、省級、全國級政治領袖所擁有的影響力也增加了。這些重要的中國企業家，在這場影響力的博奕裡面，已有好幾位搭上位尊勢重、一呼百應的加拿大政治人物，還幫這些加拿大人在他們公司的董事會留位子。而這些公司當中有許多是中國的國有公司。」報告這樣提，意思是它們既然是國營企業，就會受到中共控制。

響尾蛇報告接著說明，北京將影響力代理人安插在加拿大的大專院校裡面，特別是多倫多大學以及西安大略大學。可惜的是，報告的公開版本缺少了索引標示稱為「大專院校及研究中心」那兩節。外洩的初步報告整理了一些細部描述，內容是中國情報組織如何利用兩國之間的商業聯繫來掩護其行動。其中一起事件是安大略水力公司的核能技術資料遭竊，後來發現資料已透過傳真送往中國的國家科學技術委員會。還有一些例子是中國國安部及人民解放軍的人員，以貿易代表團的身分來到加拿大，目的是組織情報活動或試圖取得敏感科技。

還有一點也許和響尾蛇報告裡面羅列的事件同等重要，那就是渥太華的政府官員及機構徹徹底底地否定該份報告。響尾蛇報告所受到的公開抨擊，相當程度地打消了公眾與政府的興致，使他們不願審視中共滲透加拿大社會已經到了什麼地步，也不願面對北京對於關係到自己政權的事物所取得的影響力已經有多大了。

說句公道話，響尾蛇報告很容易為人詬病。初步報告裡面提出的分析，有幾個明顯的遺漏。其中一個主要遺漏是，為什麼加拿大對北京來說是個重要對象，要在這裡搜集情報，並建立足以施展經濟與政治影響的一個網絡。幸好朱諾－凱蘇雅在二〇〇九年給出了答案。他在離開情報機構之後與法布里斯．德．皮爾柏格合著了《間諜之巢》，書中不只是針對中國，而是就一般來論，認為加拿大會吸引外國情報機構的原因有四。首先，加拿大擁有許多先進技術，間諜要接觸這些技術，在加拿大比在美國容易。其次，加拿大的經濟實力堅強，既有自然資源可供出口，又有相當數量的消費者可以購買進口商品。第三是這些國家認為有必要操縱加拿大的內政、外交，如此一來移民（有可能是異議人士）就不能危害其原生國執政者的利益。第四是軍事間諜活動。蘇聯時期的俄國人發現加拿大是一個值得嘗試的管道，透過加拿大可以獲取美國及北約各國的機密。北京現在也有同樣的看法。《中國情報系統》一書對北京的意圖也有類似的描述。前中情局分析師尼可拉斯．艾夫提麥爾德斯在書中說道：「總體而論，中國以情報活動來謀取其政治利益的方法包括：獲取外國高科技（供軍事及民事用途），探知與影響外國政策走向（例如雙邊政策及貿易議題），以及監視異議團體（例如民運人士及台灣國民）。」

響尾蛇報告這齣大戲裡面還有一項說法，是中共的成功有相當一部分來自中國情報機構與三合會的密切關係。三合會的血腥暴力時有所聞。近年來在加拿大商界嶄露頭角的知名企業家多半出身香港，例如李嘉誠和何鴻燊，其中不乏有黑社會背景的人。報告宣稱，這些人是三合會的高層。這樣的主張已經多次有人提出，最重要的就是美國國會，但是從來沒有出現令人心服口服的證據。報告的摘要說：「中國利用這些盟友，⊠他們在加拿大的某些經濟槓桿範疇中發揮最大作用，試圖影響加拿大政治。」

報告在附錄一節說明三合會在十七世紀的起源。一開始他們是地下反抗團體，為了反清復明而戰。一旦失敗了，三合會很快就演變成犯罪組織，求生之道是培養出嚴格的內規、牢不可破的階層結構、一輩子的忠誠，還有對敵人施加暴力絕不手軟的名聲。該附錄有很大一部分引自《三合會暨其他犯罪組織》這篇報告，兩位作者分別是加拿大駐港專員公署的皇家騎警蓋瑞．克萊門，以及麥克亞當，那時他是專員公署的移民官。香港當時是三合會活動的中樞，而克萊門與麥克亞當合寫的報告，是由皇家香港警察協助完成。三合會報告和響尾蛇報告一樣，也洩漏給加拿大記者閱覽。一九九三年我接手索瑟姆新聞集團亞洲分部，辦公室裡就有一份。

來自香港的移民眾多，加拿大對種族歧視的批評又很敏感，這讓北京有了完美的掩護，可以偷渡間諜及影響力代理人。響尾蛇報告的結論說，「這讓中國領導層似乎有辦法發展出對國際市場的潛在影響力，尤其是影響到加拿大的經濟生活和政治生活。」作者說，他們很難反對來自中國的人流以及他們帶來的投資，因為「大部分都是合法的。如果你把眼光放在單一個人，就看不出來此種威脅，但因為他們與中國有聯繫和合作，根據此處分析的事實，我們相信是有一個共謀的計畫，其目的在於擴大影響力，而這可能會對加拿大構成威脅。」

外洩的響尾蛇報告以七點建議作結，提交給安全情報局和皇家騎警的聯合審查委員會。首先要成立專案小組，納入更多跨部門的人員，包括外交暨貿易部、加拿大移民部、加拿大稅務局，以及皇家騎警及安全情報局的代表。此一專案小組有三個目標。第一個是評估中國企業對加拿大經濟的實際控制程度。第二個是「審查在加拿大公司的董事會裡面，誰是具有影響力的加拿大人物（to review who the influential Canadian figures are on the boards of the Canadian companies）。」此處應該是誤植，在外洩的初步報告中有許多打字和文法的錯誤。之所以產生這些錯誤，看來是因為報告原本用法文寫成，而外洩版是不太順暢的英文譯本。幾乎可以肯定，該報告的意思是指加拿大公司的董事會裡面具有影響力的華人。第三個目標是與美國聯邦調查局合作，他們那一陣子顯然也在美國進行了類似的研究。

第二點建議是向安全情報局及皇家騎警的各地分局做一系列簡報，「以提醒行動主管需要偵查中方活動，以利掌握中國情報機構、三合會、以及在中國公司服務的企業人士彼此之間的聯繫。」第三點也類似，建議要向加拿大安全及情報界高階人士做一系列針對現況的簡報。第四點是向「受此問題影響的政府部會，例如司法和產業」等部會官員做簡報。第五點是檢視有哪些公司曾為聯邦政府部會及公營事業（Crown corporations）設置過安全系統，以便釐清這些公司的真正老闆，以及它們是否對加拿大形成風險。第六點是全面清查加拿大境內由華人持有的公司究竟給了各加拿大政黨多少錢。最後的第七點建議，是要調查分析中國政府及三合會涉入加拿大娛樂產業及媒體業的程度。

響尾蛇報告的內容、所指稱的情事，本身就足以引起社會大眾注意了，更不要說當媒體開始刊出報導，談到報告何以外洩，大眾的興趣就更強烈了。媒體聲稱，有一股強大的政治力量要停掉響尾蛇行動、丟棄該報告。意思是說該報告危及某些加拿大人的經濟利益，因為他們與香港人及中國投資者有夥伴關係。有人打算壓下響尾蛇報告的這種說法強化了一項論證，那就是中國情報機構對加拿大的公共生活所擁有的影響力，已經不合理到足以顯示北京對加國國安是一項直接的威脅。和這件事一同攪和進來的，還有安全情報局與皇家騎警的高層之間，針對響尾蛇報告是否可以信賴，以及該怎麼處理它才好，發生過激烈的爭執。據說，安全情報局的高層發現報告所提出的證據有瑕疵，表達的方式也很糟。但皇家騎警力挺該報告，認為應該以此作為基礎，進行更加廣泛與深入的偵查，看看北京到底在加拿大搞什麼。更有報導稱，為撰寫響尾蛇報告所蒐集的材料，已有許多遭到銷毀。

安全情報局和皇家騎警互有嫌隙的說法，很可能是真的。安全情報局的設立，就是因為國內原有的反間諜機構無法有效完成工作，那就是皇家騎警保安局。一九七〇年代，皇家騎警保安局遭多次指控辦案無能又從事非法行動，在輿論的要求下，由大衛・麥克唐納法官展開司法調查並於一九八一年提出報告。麥克唐納委員會所提出的主要建議，是新設一個文職的安全情報機構。成立於一九八四年的安全情報局，必須取得法院授權方能進行監視工作，其業務亦須由政府任命的安全情報審查委員會（安審會）以及督察長辦公室共同監督。安審會的設計是為了檢驗安全情報局過往的行動，是否有效能以及在法律上是否可接受。督察長的任務在於審視安全情報局當下的行動，就其是否依法行事，給予檢察總長以及公共安全部長建議。督察長辦公室二〇一二年在哈珀執政期間遭到撤銷，預期將來會由一個國會委員會加以取代，委員們將獲得最高層級的安全權限，並獲知安全情報局正在進行的行動。

皇家騎警卸下國內情報工作的責任，由新設文職部門來接管，可想而知會有一段辛苦的適應期。而且在安全情報局創局伊始，勢必會有部分工作人員曾在皇家騎警任職。對於必須放棄紅制服騎警的袍澤情誼所帶來的保障，與安全情報局招收的新人（大多出身自學界、軍方和其他準情報組織）一同工作，他們會做何反應呢？新人不只是來自不同的組織文化，與皇家騎警傳統的準軍隊風格大相逕庭，他們也會使用十分不同的方法來蒐集資訊及衡量其重要性。騎警下判斷時，往往靠的是經驗與直覺。安全情報局新進的年輕學者則是考察哪些是確定的事實，這些事實又能夠推導出哪些無懈可擊的結論。安全情報局的這兩種基本文化居然直到十年以上才產生公開衝突，就各方面而言已經很不可思議了。

輿論與政界要求響尾蛇報告的處理要給個交代的呼聲愈來愈無法漠視。此一任務自然要交給安全情報審查委員會。有關報告的產出、最後的處理結果、皇家騎警及安全情報局之間的觀點差異等相關事件，安審會進行了一番仔細的研究。當時安審會的五位委員是：主席保羅．高堤耶，企業及商業法專家；詹姆斯．安德魯．葛蘭特，律師兼企業董事；李博，前安大略省長、曾任加拿大自由黨過渡黨魁；雷蒙．史匹克，改革黨前國會議員；法蘭克・麥肯納，前新布朗斯威克省長、前加拿大駐美國大使。

委員會在一九九九～二〇〇〇年的年度報告中，公布對響尾蛇事件的評估。安審會的裁決相當嚴厲，語氣強烈，顯然有意藉此阻絕爭議。委員會找不到任何證據顯示，有政治干預或不當阻力試圖中止該項計畫。安審會說：「響尾蛇並不是被中止，而是在發現其產出不當時予以暫緩。」意見書又說，安審會「認為〔初步〕報告在幾乎每一方面都有重大瑕疵，並不符合需要專業與分析嚴謹的各項最基本標準。」評估報告說，安全情報局及皇家騎警的高階人員之後轉而確保雙方接下來的合作計畫有更高的水準，是完全正確的判斷。同樣地，安審委員也找不到證據指出，安全情報局與皇家騎警之間因為對響尾蛇的意見不同而導致嚴重的摩擦。至於寫成報告過程中的「暫用文件」遭到銷毀一事，他們也看不出來有什麼蹊蹺。

安審會一樣對初步報告的核心主旨不以為意，對於報告內容的品質幾近不屑一顧：「委員會……認為幾乎每一方面都有重大瑕疵，沒有說服力。某些小節有諸多邏輯跳躍、前言不接後語，以至於自相矛盾；通篇報告充斥著危言聳聽、陰謀論的詞句。」

接著，安審會提出了最重要的一個論點：「委員會明顯認為，最根本的問題是，響尾蛇初步報告的基本定義就不明確：如果有人說要審視各種具威脅性的非法活動，而這類活動又與完全合法無害的活動同時發生，那麼，關鍵在於是否能夠將上述兩類活動予以區別出來。響尾蛇的初步報告並未做出這樣的區別，而是將散漫凌亂的『事實』以含血噴人、捕風捉影之詞連結起來。」

安審會採取了合理的下一步，將已經曝光的響尾蛇初稿與當時尚屬機密的定本比較一番。定本代號「回聲」，完成於一九九九年一月，在此之前皇家騎警及安全情報局的爭執已經解決。安審會的報告講到一位皇家騎警的高階人員對他們表示，騎警「對定本並不完全滿意」，因為它不像初步報告那樣「提出至關緊要的策略問題，並概述一些更有意思的研究途徑」。然而，安審會「閱畢響尾蛇報告的兩個版本，認為其間的差異值得注意——定本報告在分析方面的品質及深度遠遠勝過初版。顯然，在初稿完成之後、提出定本之前的這許多個月期間發生了很多事情。」

安審會最後的裁決是，它「找不到證據支持響尾蛇初步報告所設想的那種嚴重而急迫的威脅；找不到證據支持有某項威脅遭到無心或蓄意的漠視；找不到證據支持確實存在重大威脅但政府卻未得到適當的提醒。」委員會要皇家騎警及安全情報局兩個單位，持續調查由北京及其他地方對加拿大所產生的國安威脅。

響尾蛇報告初版的其中一個失敗之處，除去編撰過程明顯功力不足之外，就是報告對於中國情報機構滲透加拿大的手段，採取過度狹隘的觀點。初步報告之所以自傷信譽，是因為太強調中國共產黨與三合會之間的連結以及三合會受中共所指使。兩者之間的連結肯定有，但是宣稱一國政府利用黑道來充當間諜活動的小兵，這樣的劇情反而模糊了北京如何成功地採取細緻手法來確保它在加拿大及各國的利益。

雖然兩個單位的高層和審查委員會都主張響尾蛇報告不可信，但由安全情報局的高階人員及其他人士在事後的公開發言看來，情報局顯然認為報告的主要論點乃是實情。從報告曝光之後陸續出現的公開資料可以佐證一個論點，那就是中共一直都在努力影響加拿大的媒體、學界、商界以及政界。

無巧不成書，就在響尾蛇報告初版將近完成之際，一九九八年冬，安全情報局發布了一份可供社會大眾取閱的文件，而這項研究與響尾蛇報告所提出的某些論點相同。該研究名為「評論七十二號」，作者荷莉．波蒂斯是活躍於渥太華的一位安全問題分析師。研究的題目叫《北京對香港的統戰策略》，裡面描寫中國共產黨如何在一九九七年主權移交之前，贏得非共黨社群領袖的人心。波蒂斯寫道，中共順利地說服了這些人士，從而安撫了香港對主權過渡的恐懼，使當地六百萬人在中共控制香港的過程中沒有出現重大的不良反應。此一情形後來改變，因為北京食言，不再信守一九八四年聯合聲明所給出的承諾。

但一九九七年主權剛剛移交時，波蒂斯說，統一戰線有辦法「創造廣泛的輿論共識，認為中華人民共和國將按其保證，透過所謂『一國兩制』的規範，維護香港的資本主義體制。」為了表明她談的不只是香港，波蒂斯在評論開頭沒多久就寫道：「統戰工作非常非常重要。不論我們如何強調其重要性，仍是不夠。在評估統戰工作可能產生的結果之前，我們得先了解它的本質、支持它從事活動的機構、它所針對的目標，最後還有它預期帶來的成果。就此而論，加拿大無法自稱與此現象全不相干，至少加拿大的華人社群就是那麼龐大。」

她說得很對，不過有個重點要提醒各位讀者，統一戰線及其代理人的目標，並不限於華裔人士。非華裔的加拿大人，同樣有可能被統一戰線及北京各情報機構吸收，成為影響力代理人。確實如此，因為他們的憨直、無知，或者唯利是圖，非華裔的加拿大人往往很容易就成為北京所吸收的對象。華人移民對該政權更有經驗，他們大部分的人正是為了避禍才來到加拿大。

波蒂斯在文章裡點名新華社這間國家控制的媒體是統一戰線在香港主權移交之前所利用的一股勢力，透過吸收或以其他方式接觸心向北京的團體及個人，好替北京施展影響力。雖然波蒂斯沒有提到葡萄牙的殖民地澳門，但當地情況也是如此，新華社工作人員的數目比葡萄牙的政府公務員還要多。

（我記得某天晚上和一位葡萄牙高級官員在澳門陸軍俱樂部談話，我問他，英國人與北京在香港產生的那種衝突，葡萄牙人是怎麼避免的。這位先生是個部門首長，他笑著說：「因為我都先問過新華社，才會公布我的決策。」）

中國共產黨在一九八〇年代放棄了馬克思主義和毛澤東思想，不再以之作為政治正當性的柱石，轉而擁抱一種初級的資本主義以提振中國經濟，於是與海內外商界打好關係就變得非常重要。波蒂斯注意到，此種情形「等於是兩個高度保守的集團結成聯盟，維持現狀對兩者皆有利」。換言之，全世界的商人都是威權體制的天然盟友。北京在一九八〇年代踏出了第一步，與它從前所厭惡的資本家階級開始發展互惠關係。首先是接近香港最上層的富商巨賈，向他們保證，一九九七年主權移交後，他們的企業不會被奪走或消滅。不僅如此，還會讓他們全然不受限制地將其企業拓展到中國大陸，以報答他們提供在市場經濟中營運企業的專業知識。

波蒂斯也提到統一戰線著手鞏固與香港三合會的關係，這是響尾蛇報告當中十分強調的一個組成部分。她引述新華社香港分社前副秘書長兼台灣事務部部長黃文放的發言，說他在一九九七年接到北京指示，要告訴三合會的「龍頭老大」，中國政府「有意對三合會的非法活動束手旁觀，但他們得保證該地區在七月一日會和平移交」。若不聽令行事，北京就讓他們關門。

波蒂斯說，在一九八〇年代初著手進行市場經濟改革的中共最高領導人鄧小平相信，除非海外華人出手相助，不然中國不可能迅速地發揮經濟潛力。波蒂斯寫道：「中國提醒海外華人，他們對祖國有責任，有時候它要求的不只是出錢或聲援。透過恐嚇或訴諸愛國情操，促使海外華人從事經濟或科技方面的間諜活動，也是統戰工作的目標。」波蒂斯接著引述美國的一些案例，例如華裔移民工程師遭人唆使，將核彈科技的機密資料交給北京，以及中國政府如何透過在美國和英國設立門面公司，捐款給它青睞的政治人物以影響兩國的選情。不過，波蒂斯警告說，不可以假定華裔移民在其遷入的國家裡面，一定會成為北京的第五縱隊。她以澳洲學者大衛・古德曼的研究為佐證，古德曼研究華裔移民，發現接受訪談的大多人對中國只有微弱的感情。然而，古德曼的發現當中也有一項清楚的警訊，「祖國情懷最強烈的是一位商界菁英，他的企業是利用在大陸的家族關係和鄉土關係才取得一席之地。」

波蒂斯在評論的結尾，由聚焦的香港抽身，轉而從加拿大的立場來看事情。按她判斷，北京重獲對香港的主權之後，接下來會把注意力轉向台灣這個獨立的島國，多年來中國共產黨一直主張它是一個叛亂的省份。她預測，北京將加強對全世界海外華人的工作，使他們支持中國對台灣的主張。她說：「統一戰線經常採取分而治之的戰術，這將成為這場宣傳戰的基礎，因此加拿大必須嚴陣以待，確保華裔加拿大人的權利及自由不致遭到威脅。」

9

控制訊息

Controlling the Message

簡言而之，中國政府正在運用科技，悄悄地將它在國內行使的審查制度輸出到海外；它透過操縱世界各地的受眾如何理解中國政府的過去、現在及未來，在未經受眾的同意之下將他們納入一項驚人的計畫，那就是洗白歷史紀錄，推出與之對抗的敘事並推廣到全球。

——葛倫・堤弗爾德，〈偷窺忘懷洞〉[1]

中國共產黨從最初的一場政治運動到後來的統治政權，一直都是投入大量精神與資源在打造溫純無害的公開形象，試圖掩埋最殘忍最難堪的行為所留下的證據。在一九三〇、四〇年代，這麼做的目標在於說服美國及其西方盟國，中共只是一場土地改革運動，決意要讓中國數億受壓迫的貧困農民得到生活上的改善。當時只要有人主張該黨其實是列寧—史達林式組織，其最高宗旨是階級鬥爭以及徹底消滅中國的舊社會，都會被斥為是蔣介石的國民黨政權所發動的仇恨宣傳。自從一九八〇年代開始經濟改革以來，尤其是一九八九年發生全國性的抗議行動與天安門慘案以後，中共的目標正是如上所述：在國內，它要媒體移除或小心剪裁所有涉及政治改革、人權侵害、帶有政治目標的各式運動、地方分離主義、反抗黨國的各地聚眾滋擾、經濟問題與環境破壞等議題；在海外，它要對所有僑民視聽的華文媒體取得直接或間接的編採控制權，要讓西方媒體將眼光放在中共的成就，而不是中國在經濟、軍事、政治崛起的一路上所製造的恐怖。

加拿大媒體是此一高壓的思想控制其中的一個目標，另外還有其他擁有眾多華人移民的國家，例如美國、紐西蘭、澳洲，他們的報紙、雜誌、廣播電台也無法倖免。直到一九八〇年代中期，加拿大多數華文媒體——通常也會針對美國市場——都會把總部設在香港或台灣。這些媒體在當時幾乎不受中國大陸和中共的影響，也沒有被他們收購或擁有。但一九八五年左右情況開始有變化，中共注意到，由中國大陸湧向北美洲的移民正在改變當地華裔的人口結構。在此同時，中共的北京政權也從製造業累積了足夠的財富，可以闊氣出手，以大筆金錢收購並影響外國媒體。

二〇〇一年，華盛頓的詹姆士敦基金會公布了梅杜哲的一篇報告，題為《中國政府是

1「忘懷洞」是喬治．歐威爾的小說《一九八四》當中真理部用來銷毀文件的大火爐，只要把文件丟進去，歷史就消失了。這個概念被堤弗爾德引用，寫成〈偷窺忘懷洞：審查、數位化以及我們知識基礎的脆弱性〉一文。The American Historical Review, Volume 124, Issue 2, April 2019, Pages 550–568, https://doi.org/10.1093/ahr/rhz286

如何試圖控制美國的華文媒體》。[2]報告主要談的是美國，但其中提到的每一份報紙，要不是有在加拿大發行，就是有加拿大版。該報告點名四份華文大報：《世界日報》[3]、《星島日報》、《明報》、《僑報》。《世界日報》的總部在台灣，《僑報》由北京直接控制，《星島日報》及《明報》原本來自香港。

《星島日報》在一九八〇年代末落入中共的掌握，當時報社老闆胡仙遇到經營上的財務危機而求助於北京。其後，加拿大分社的大部分股權便賣給了多倫多星報集團。[4]依照協議，《星島日報》有權翻譯、刊登《多倫多星報》的報導。然而，多倫多星報集團似乎不太注意該社的材料如何被運用，因為《星島日報》多次被發現竄改報導以順應中共的世界觀。值得注意的一例是二〇〇八年圖博發生抗議事件的一系列報導，在《星島日報》刊出的版本和《多倫多星報》原本強烈譴責北京的報導幾乎沒什麼關係。

在香港於一九九七年回歸中國之前，中共想要在該地有一份可以信賴的報紙，能夠不帶批判地呈現北京的觀點。他們相中了《明報》，於是在一九九五年十月，由張曉卿這位馬來西亞富商代中共買下。張曉卿是木材業鉅子，在東南亞各地都有經營華文報紙，《明報》的美國版及加拿大版也歸他所有。他與中國的商業連結緊密，他的報社在人權、政治改革這類議題上對中共的態度特別敏感。

《世界日報》屬於台灣的聯合報系，是該島國影響力最大的報業集團。該報透過設在紐約、波士頓、芝加哥、達拉斯、休士頓、洛杉磯、費城、舊金山的辦事處對北美發行。曾經有幾十年，《世界日報》是北美最暢銷的華文報紙。在編輯方針上，該報的立場較接近國民黨和隨著蔣介石流亡來台的大陸人觀點。隨著台灣的民主運動和獨立運動成長茁壯，聯合報系旗下的各社愈來愈難以傳統的反共立場自處。近年來，該公司與北京發展了商業關係，其結果可見於《世界日報》的編採立場。據報北美不同城市的中國領事館屢屢施壓當地的《世界日報》辦事處，要求該報的報導予以調整，以及不要刊登與法輪功相關的廣告等等。

一九九〇年，中共開辦了一系列面向北美市場但由它直接控制的報紙。《僑報》創辦

2 梅杜哲可能是個化名。報告僅介紹他是來自中國的科學家，目前在一所排名前面的西方大學任教。https://jamestown.org/program/how-chinas-government-is-attempting-to-control-chinese-media-in-america/

3 《世界日報》（*World Journal*）於二〇一五年十二月二十二日宣布退出加拿的紙本市場，集中資源經營美國。

4 由於長年廣告收入銳減，再加上遭受疫情打擊，《多倫多星報》所屬的媒體控股集團「多倫多星報集團」（Torstar Corp.）在二〇二〇年五月二十六日同意出售給私人投資公司「北星」（NordStar Capital），北星承諾將持續維護多倫多星報集團對新聞出版的價值。

於紐約，但在加拿大也有分社，發行到溫哥華、多倫多和蒙特婁。編輯立場上，《僑報》是北京政權的啦啦隊。

前述大報以外，市場上還有許多免費的華文小報，多倫多地區有超過三十種，溫哥華地區至少有十種。但大部分甚或是全部這類報紙，都會避免刊載冒犯到北京的任何編採內容。然而，其中有許多報紙可以提供有用的訊息，讓我們對加拿大華人社群的階級有所了解，因為這類報紙有一種習慣，很喜歡刊登受到中國領事館垂青的商務人士或名人的照片，也很喜歡報導他們的事蹟。

華語廣電媒體的情況也類似。透過有線及數位的媒體轉載，使用華語的加拿大人可以在家裡直接收看、收聽中共的國營電視及電台。許多來自中國大陸的新移民，會直接點選他們熟悉的節目網站，完全跳過加拿大產製的華語材料。中國移民所帶來的人口結構變化，對既有媒體的運作形成壓力，例如新時代傳媒集團，創辦時是為了服務說粵語的香港人。愈來愈多說普通話的大陸人出現，迫使新時代傳媒的節目做出調整。新時代傳媒集團總裁陳國雄，在二〇一五年四月出刊的英屬哥倫比亞大學學生報《雷鳥》上面說：「說普通話的觀眾很有潛力。如果我們要成長，就必須吸引這些觀眾。」他的意思是說，不只要改變節目的語言，還要改變新聞報導的方向。《雷鳥》的報導裡引述了好幾位總編輯與發行人談到，大陸人不關心香港議題的新聞，例如民主改革，但這一直都是這些媒體標榜的正字標記。大陸人往往也不贊成粵語社群的親民主、親改革立場，導致這些廣電媒體必須以委婉的方式寫報導。

中共如此建設其媒體帝國，使得想要閱聽華文新聞的華裔加拿大人沒有辦法接觸到不受中共影響的媒體。真的可以有所選擇的選項，是與法輪功有關的報紙與廣電，在加拿大及其他華裔移民社區的媒體有《大紀元》報和「新唐人電視台」。雖然在這些媒體服務的記者通常都很努力地保持專業，但法輪功每天都為了求生存與中共在作戰，這樣的對抗情緒難免會影響到他們的新聞工作。

中共試圖主導加拿大境內的華文新聞大為成功。然而成功的代價慘重：敬業的華裔加拿大記者不是遭到革職，就是被肢體攻擊或被騷擾。盛雪是一位知名的調查記者，因新聞工作而成為中共報復的對象，她在二〇一五年八月接受《大紀元》採訪時說：「即使我們身在加拿大、澳洲或歐洲，大部分華人媒體還是受到中共政權的影響。這是一個非常可悲的事實。有時候你跟華人移民講話，他們連加拿大的普世價值是什麼都不知道——非常可悲。有很多人，即使他們在加拿大住了好幾年，還是同樣的共產黨心態。這對加拿大不好，對那些人不好，對華人社區也不好。」

控制及監視加拿大境內華文媒體的工作，一般是由中國設在當地的外交辦事處執行，無論是渥太華的大使館，或者是華裔移民人數最多的多倫多和溫哥華這兩座城市的領事館。不過中共已經發現，他們可以輕易地讓華文媒體的發行人自我審查。方法是提供中國境內做生意的好處；或者，如果這位發行人不那麼容易就範，他們就威脅要傷害他在加拿大和中國的事業，或傷害他在中國的親人。

至於個別新聞工作者，例如敢言的專欄作家，現在已經有相當多紀錄指出他們會被迫閉嘴，手段包括安排雇主將其革職，因為雇主不想在中共心目中留下壞紀錄；或者動用肢體暴力予以直接威脅。在加拿大華文媒體工作的人，沒有人忘得了鄭經翰的遭遇。

鄭經翰一九四六年生於香港，接受過工程師訓練，一九六九年移民到加拿大，在溫哥華的加拿大太平洋航空工作，擔任飛機維修工程師。鄭經翰是個堅持己見、坐不住的人，他有一股強烈的衝動要參與公民事務，例如溫哥華中華文化中心的創立，他就扮演了重要的角色。一九八〇年代中期，鄭經翰搬回香港，在當地參與發行國際雜誌的華文版，例如《富比世》、《花花公子》、《資本雜誌》。他是香港加拿大華人協會的創會會長。如同許多香港人一樣，鄭經翰也捲入天安門廣場示威及後續事件所引發的民主改革運動。一九九四年，他開始在亞洲電視台共同主持一個劃時代的政論節目，叫做《龍門陣》。翌年他離開亞視，轉往香港商業電台主持晨間節目《風波裡的茶杯》。該節目很快變成香港最受歡迎的廣播節目，每天有超過一百萬人收聽鄭經翰如何剝建制派的皮，直指他們的許多罪惡。《時代》雜誌一九九八年出刊的文章裡如是說：「在中國治下的香港民主這樣一座礦坑裡，言論自由一直被當成礦坑裡的金絲雀。[5]極少有人像鄭經翰一樣，如此熱心腸地行使言論自由。對這位辛辣火爆的廣播主持人來說，沒有任何話題是禁忌，沒有任何富豪太有錢，沒有任何政客太有勢：鄭經翰抨擊每一個人，無懼亦無私，並且發出陣陣宏亮笑聲。」

《時代》之所以登載此文，是因為出刊前不久，一九九八年八月十九日，鄭經翰在商業電台外遭兩名男子持刀襲擊。他們攻擊起來有章有法，斬傷鄭經翰的後背、手臂、右腿。攻擊的方式符合三合會的典型風格。其意圖不在於殺死鄭經翰，而是要讓他留下盡可能明顯的殘缺；這是用來警告其他人。醫院進行了四個半小時手術，才接合了鄭經翰被砍斷的骨頭、肌肉、神經。接著又經過兩年物理復健，他方能再次走路。後來鄭經翰回到商業電台工作，但在二〇〇四年，由於電台執照是否得以續發的情勢不明，導致電台在政治壓力

5 礦坑裡的金絲雀（canary in the coal mine）指的是舊時礦工帶著金絲雀下坑的習慣。由於金絲雀對有毒氣體比人類要來得敏感，一旦金絲雀死了，就表示坑裡的瓦斯濃度增高，礦工得緊急撤離。後來引申為及早預警的人或事物。

下折腰了，解雇了鄭經翰。鄭經翰則回以顏色，競選香港立法會議員順利當選，成為了捍衛言論自由及公民自由的先鋒。

遭到黑幫襲擊的香港記者，不只鄭經翰一人。二〇一四年二月，香港版《明報》前總編輯劉進圖，在前往取車途中遭到兩名男子襲擊。攻擊的手法與鄭經翰所受到的類似：歹徒持刀行兇，意在致殘，而不是將他殺死。

才不久前，劉進圖顯然是因為對中國的報導太過直言不諱而遭到撤換，這讓他的去職在香港記者圈內掀起軒然大波，他以前的同事和其他當地記者都走上街頭抗議他遭到撤換。當時民眾普遍認為中共已經把控制的黑手伸進香港的媒體與政治，因此發動許多示威抗議，聲援劉進圖的行動也是其中一部分。在劉進圖遇襲約一個月後的二〇一四年三月，香港晨報傳媒集團執行副總裁利婉嫻和新聞部高層主管林健明，午休外出用餐時在科學館前遇襲。事件發生之際，正值該集團準備推出一份獨立的新報紙。迄今為止，得罪中共的加拿大記者只是受到威脅、或者被炒魷魚。但鄭經翰等人所遭逢的噩運，卻日日盤旋在華裔加拿大記者心上，即使他們試圖以誠信和專業把工作做好。

前面講到，《星島日報》在轉載《多倫多星報》的報導之前有時候會遭到審查，以免出現被中共認定為具有攻擊性的內容。《溫哥華太陽報》（*Vancouver Sun*）在二〇一二年初也遇到類似的情況，當時該報另闢網路版的華文報紙，叫做《太陽報》（*Taiyangbao*）。我那時候是《溫哥華太陽報》母公司「郵報傳媒」的國際事務專欄作家，辦公室就在《溫哥華太陽報》社內。華文《太陽報》的目標受眾不只是溫哥華和加拿大講華語的讀者，還有在中國的讀者。《溫哥華太陽報》的編輯群在規畫數位版時將中國市場納入考量，於是他們接洽了溫哥華的中國領事館，領事館人員對這項規畫表現出十分熱心，甚至提出要幫忙安排譯者。《溫哥華太陽報》接受了這個好意，但是等到華文《太陽報》一問世，就有諳中英文的讀者投訴說兩邊行文不同。此時，一位《溫哥華太陽報》的編輯來問我的意見。我說首要之務就是了解到底發生了什麼事。我組了一個能讀懂英中兩種文字的團隊，逐日逐條比較兩版的內容。過了幾天，小組累積的報告顯示出領事館介紹的譯者把《溫哥華太陽報》裡面中共無法接受的文句都刪除了。《溫哥華太陽報》的編輯台以這些報告為口實，開除了領事館的審查員，找來新譯者。但數小時之內，《溫哥華太陽報》的編輯台就發現華文《太陽報》的網站點擊數大幅減少。我傳訊給中國境內的朋友及熟人，他們很快回報說北京的審查系統已將該網站封鎖，由中國境內無法連上。這是北京慣用的有效報復手段，意在懲罰《溫哥華太陽報》竟敢抗拒領事館和中共的權威。對於想要進入中國市場的人，這裡還隱含一個更加全面的訊息：只有遵守中共的遊戲規則，才可以進入中國市場。

自由黨和保守黨的聯邦政府都曾經按照這樣的遊戲規則，順服於中共的要求去控制或威嚇加拿大媒體。此類案例或許說明了，中共對加拿大公共生活的滲透已經到了相當深入的程度。

二〇〇五年一月，渥太華國會新聞團的記者和新聞組織正忙於行前準備，因為他們要跟著小馬丁總理出訪亞洲九國，行程包括訪問中國三天。行前準備不可或缺的一項，就是取得中國大使館發給的工作簽證。為此，總理辦公室按照慣例會協助加拿大記者向大使館提出申請文件。一月十二日，新唐人電視台（國會新聞團的一員）的任大衛（音譯）和朱丹妮（音譯）接到總理辦公室的電話，通知他們簽證已經辦妥，可以到總理辦公室取回護照。但是兩人還沒去，中國大使館的官員便將簽證收回並予以撤銷。

中國官方從未就其行為提出解釋，但致力於促進新聞自由的國際組織「無國界記者」則十分確定其動機。無國界記者在二〇〇五年一月十八日發布新聞稿指出：「新唐人電視台在全世界約有五十個分台，其中四個分台位於加拿大。北京當局稱新唐人電視台從屬於遭到取締的法輪功，而法輪功被北京定義為『邪教』。……新唐人電視台有一些工作人員確實是法輪功學員，但該電視台製播的節目種類繁多，其中新聞快報所做的報導，與中國國營電視台央視的政治宣傳大不相同。」

無國界記者的聲明稿又說，他們認為北京之所以針對新唐人電視台，也是因為該電視台報導了中共認為敏感或丟臉的話題，例如二〇〇三年隱瞞SARS爆發一事。沒錯，當時頭一個報導SARS疫情的正是新唐人電視台。

當小馬丁總理被問到新唐人電視台遭排除在隨行記者團之外，他回說這是個「非常嚴重的問題」，因為對他的政府來說，言論自由和新聞自由是「我們價值的一部分」。然而，當中國國家主席暨中共總書記胡錦濤同年九月訪加，這些價值就打了折扣：新唐人電視台及《大紀元》的採訪都遭到了限制。尤其是當胡錦濤將在多倫多的一場晚會上發表談話，主辦單位是加中貿易理事會，但這兩家媒體的採訪申請卻遭到拒絕，理由是「場地有限」。理事會發言人回應《多倫多星報》記者提問時，否認渥太華方面有施加任何壓力，要他們排除這兩家新聞社。據報，理事會發言人維多．黑斯說：「我們是選擇最有利於會員的媒體。」

等到胡錦濤二〇一〇年再度訪加時，哈珀的政府就以直接行動來排除《大紀元》和新唐人電視台，讓他們無法參與公開行程及媒體活動。根據《多倫多星報》渥太華分社的蘇珊．戴拉柯六月二十五日報導，中國外交官要求在哈珀與胡錦濤四次公開露面時，媒體的接觸要保持在最低限度，並且不召開記者會。戴拉柯寫道，更有甚者，中方還堅持一切程序進行時都要隔開新唐人電視台和《大紀元》。戴拉柯說總理辦公室「在幾個星期來與記者團資深成員協商的過程中表明得很清楚，他們要讓新唐人電視台和《大紀元》在活動中與中國國家主席保持一段距離，那是他們的貴賓所要求的。」戴拉柯提到，這兩間新聞社都是「加拿大國會記者團的合格成員，其採訪權利與《星報》、加拿大廣播公司、CTV電視台或任何其他媒體，都是一樣的。」

這一次，笑到最後的是《大紀元》，即使被拒於門外。該報取得了一段談話的錄音，是渥太華中國大使館教育處一等秘書劉少華的發言，聽他講話的是公費留學加拿大的中國學生，約有五十位。報導指出，劉少華說大使館需要三千人左右到渥太華歡迎胡主席到訪，大使館會負擔每個人的食宿與交通費用。該社引述劉少華說：「所以這次，你們這次，包括費用，我們全出。你們對外就不要講了，不要跟任何人講，除了圈子裡的人。」

《大紀元》稱，大使館之所以找這麼多人來聲援，是因為胡錦濤先前訪問加拿大時，讓中共的對手主導了場面。報導寫道：「劉說，二〇〇五年胡的訪加行程遇到抗議，讓中國國內的官員感到惱火。他抱怨胡的上一次到訪，加拿大當局並沒有配合中方關於抗議者的要求，但是這一次，是有一些有限的保證。」

中共對加拿大媒體施加的壓力，並非全都透過外交管道。王濤（音譯）是新唐人電視台的記者，二〇〇七年由中國來到加拿大，二〇一〇年九月他告訴《溫哥華太陽報》，他遭到中國國安部幹部所恐嚇。王濤對該報表示，一個月前他開始接到恐嚇電話，後來變本加厲，甚至威脅要取他性命。

王濤當時在中國尚有一間醫療器材公司，國安部的施壓一開始是約談該公司的客戶。報導引述王濤說：「他們告訴我的客戶，說我在加拿大從事損害國家安全的非法活動，要求這些客戶停止與我的公司往來。」

二〇一〇年九月二日事態升級，一位自稱國安部幹部的人士將電話號碼留給王濤中國公司的經理，指示經理要王濤與他聯繫，於是王濤打了這個號碼。「我問他為何要干擾我做生意，他說：『你是個聰明人，應該知道原因。』最後他說：『你在加拿大的行為威脅到中國國家安全，……』他說我必須停止在加拿大的一切活動，就我的了解，指的就是我為新唐人電視台報導新聞。我只有做這件事情而已。他說如果我不聽話，他們就要對我的公司採取進一步手段。」

《溫哥華太陽報》報導，兩週後，也就是九月十七日，國安部幹部透過中國公司的經理傳話給王濤，要求王濤提出一份保證書，保證在加拿大不從事任何政治活動。王濤未予理會，於是他又接到國安部幹部的電話。「他們說：『你還真的以為你在加拿大，我們就拿你沒辦法啊？』他們也講到：『如果你把事情鬧開，那就是找死。』我想這樣的意思很明白。」《溫哥華太陽報》說，就在那一天，兩名國安部幹部前往他在中國公司的辦公室，實質上就是叫公司關門，導致王濤的十名員工失去了工作。

同年稍早，二〇一〇年三月二十四日，加拿大安全情報局局長理查．費丹對多倫多的加拿大皇家軍事學院發表演講。在演講結束後的問答時間，有人向費丹提出外國勢力在加拿大境內進行干預的問題。費丹當時的回答引發了一場爭議不休、交相指責的風暴，餘波至今仍蕩漾在加拿大的公共生活之中。費丹說：「我們認為，英屬哥倫比亞有好幾個市級的政治人物，另外起碼有兩個省的廳長級人物，受到了來自某外國政府的影響，至少是受到一般性的影響。他們實際上並沒有隱瞞其往來對象，但是讓我們驚訝的是，多年下來，這樣的交往變得如此密切，現在我們可以看到有幾個案例顯示，他們確實改變了他們的政策，以因應與該特定國家的交往。」

費丹並未指明滲透加拿大政治及公共生活的主要就是中國，但是當他的說法在二〇一〇年六月公開時，幾乎每個針對此事加以評論的人都認為他的意思就是這樣。許多人抨擊費丹，說他懷疑那些進入市議會或省議會的華裔加拿大人對國家的忠誠有問題。結果費丹遭到國會公共安全暨國家安全常設委員會的質詢。隨後委員會提出報告說，費丹的「發言令人無法接受」，委員會還建議政府要否定這些發言，並「向華裔加拿大人社群道歉」。委員會也希望將費丹革職，並訂定規則，確保「出任政府高級職務者，例如安全情報局局長，不准在公開發言中隨意地醜化特定的加拿大族群。」

事情原本可能就這樣平靜消逝，不過五年後的二〇一五年六月十六日，《環球郵報》刊出報導，指出安大略省的公民移民暨國際貿易廳廳長陳國治，就是費丹所說的政治人物之一。報導強調，安全情報局並不認為陳國治涉及叛國行為或間諜活動，但情報局採取「非比尋常的步驟，派出高層人員向安大略省府知會此一問題。」報導說，安全情報局提供的資料透過官僚體系的報告系統往上級呈遞，到了省長辦公室，當時的省長是自由黨的達頓·麥根第。於是該省的誠信專員辦公室審查了陳國治的情況，結果認為他有遵守安大略的法律及規範。陳國治矢口否認《環球郵報》該篇報導的影射內容，並對該報提出誹謗告訴。

在陳國治針對該篇報導予以公開回應的過程中，曾暗指安全情報局會如此注意他，就表示情報局對加拿大所有少數族群都懷有戒心。六月二十六日，《加華新聞》的自由評論員馮志強撰文批評陳國治不該這樣全面貶斥安全情報局。馮志強寫道，安全情報局關注的純粹是陳國治個人，而不是整個加拿大的華裔社群。這番評論讓該報的某些讀者頗不以為然。《加華》的主編王贇說，後來她被頂頭上司張永鋼叫進辦公室。張永鋼說他收到多倫多中國領事館和報社老闆魏成義的抱怨；魏成義擁有一家連鎖超市，他也是多倫多華人團體聯合總會（華聯總會）的主席。王贇說她收到指示，要刊出更多文章來支持陳國治；另外，華聯總會即將召開記者會聲援陳國治並要求《環球郵報》道歉，《加華》也得派記者參加並予以報導。王贇說，她努力保持平衡報導的新聞標準，以致與張永鋼之間的關係逐步惡化。六月十七日，王贇遭到解雇。從那之後，該報就延請陳國治為他們撰寫每週專欄。（《加華新聞》源自中共。根據加拿大少數族裔媒體協會的資料顯示，該報本來叫做《紅軍新聞》，主要是在北京印刷，二〇一三年左右才由魏成義接手。）

二〇一六年五月發生了一起嚴重案例，適足以說明加拿大的聯邦部長完全沒有要捍衛新聞自由與言論自由的意思。當時中國外交部長王毅訪加，最後在渥太華與加拿大外長斯蒂凡・狄安召開共同記者會。網路新聞《i政治》（我每週為他們撰寫國際事務專欄）記者亞曼達・康納利向狄安提問，為什麼北京有這樣的人權紀錄，加拿大還要努力與中國走得更近？她舉例提到了香港書商遭到綁架、加拿大公民高凱文遭到拘禁，[6]以及中國在南海的人造島嶼上建設軍事基地。狄安沒有回應，王毅卻氣急敗壞地對康納利發起飆來：「妳的提問，充滿了對中國的偏見，和不知道從什麼地方來的傲慢，我是完全不能接受的。」

王毅羅列了北京在經濟方面的成就，還說最了解中國人權狀況的是中國人自己，不是外國人。「所以請妳不要再做這種不負責任的提問。」

對於許多看見或讀到此事的人來說，最引人注意的地方就是狄安一語不發，而他本該出手捍衛康納利以及加拿大堅持言論自由的價值觀。不是只有加拿大主流媒體的記者才感受到王毅的恫嚇與狄安的沉默。來自多倫多的新風（音譯）是熱門華文新聞網站《加國無憂》的作家，他寫了一篇文章批評王毅既自大又無禮，很快就成了仇恨留言的目標。有人在他文章下面說：「你小心不要全家被宰了，你出門時小心點！」本來這則可以當作普通網路酸民的瘋話，可是寫這帖的人以前就攻擊過記者。新風文章下面還有另一則留言說：「宰了這隻豬。他是個畜生，不是個人。」

自由記者高冰塵為溫哥華郊區本拿比的《環球華報》定期供稿超過十年，他在社交網站上批評王毅之後，專欄就遭到取消。高冰塵的編輯告訴他：「有些人不想在報上看到你的名字。」然而高冰塵將計就計，反過來利用他的罵名在網誌上痛批所謂的「問題」僑領，

6 高凱文夫婦自一九八四年起居住在中國，二〇一四年被捕，二〇一六年高凱文遭正式起訴，罪名是「為加拿大從事間諜活動並竊取中國國家機密」。加拿大輿論咸認，這是中國為了此前加拿大逮捕了華為首席財務官孟晚舟所採取的報復行動。

指出他們貪污舞弊的情事。此舉引起對方提告高冰塵誹謗，但也因此得到許多華裔加拿大人支持並捐款作為他的辯護基金。

二〇一七年七月《環球華報》自己上了新聞，因為總編輯金雷打算刊登劉曉波逝世的消息。劉曉波是中國作家暨人權運動家，二〇一〇年諾貝爾和平獎得主，因肝癌病故獄中。報社高層撤回金雷已拍板付印的版面，並於一週後將他解雇。根據《環球華報》社長司曉紅寫給《環球郵報》的電子郵件說，她之所以開除金雷，與劉曉波逝世的新聞沒有任何關係。她說：「報社是出於人員調配的考慮，做出解雇金雷先生的決定。」

回到一九九〇年代中葉，有位香港的高級官員常常講一件事情來自嘲。以前她在港英政府出任財政方面的要職，但某次人事改組，她被降調到政府新聞處的高級職位。「不久之後，我去了北京，大家都笑瞇瞇地招呼我，恭喜我升官到宣傳部門的高級職位。」

這段小插曲不只傳達出中共對訊息的控制有多麼重視，也顯現了北京與香港的政治文化有多大的區別。提到這一點，讓我們把注意力轉回到中共如何運用新華社，不只作為提供民眾和黨員新聞的媒體，也作為間諜活動的據點。

二〇〇〇年代初，中共針對服務加拿大及各國華裔人士的華文媒體，展開攫取其控制權的行動；約莫同時也大幅拓展新華社在外國的經營，包括設置二十四小時的英語新聞台，大肆傳播充滿商機的財經資訊。新華社的駐外分社倍增至兩百餘家，聘用的海外記者約有六千位。為了達到擴充人員的目的，新華社採取了非比尋常的做法：在境外分社雇用非華人來擔任某些職務。其中一人是加拿大的馬克・布里，他在渥太華的卡爾頓大學教完兩年新聞學後，剛剛重返自由新聞工作的生涯。二〇一二年九月布里為《渥太華雜誌》撰寫這段經驗，他說，他在二〇〇九年的國會山莊聖誕節派對上遇見新華社分社社長楊士龍（音譯），對方立刻給了他一份自由撰稿的工作。楊士龍告訴布里，新華社非常希望能夠像愈來愈多的主流媒體那樣，利用網路來吸引國際讀者。該社打算聘雇一群加拿大記者，為新華社在中國內外迅速增加的讀者提供政治與財經的新聞及分析。布里很想把握這個機會，但他並不傻。眾人皆知，新華社是中國情報機構的門面，布里不希望因為在那間媒體工作而搞壞了自己的名聲。在答應為新華社服務之前，他先找了一位軍中的朋友商談。布里的軍人朋友說，加拿大軍隊的機密並不容易落入中國間諜之手。真正危險的是涉及高科技產業的公司及院校。這位朋友建議布里，為了安心，他可以致電加拿大安全情報局，問問他們的看法。布里照做了，不過他沒辦法跟情報局的任何人直接講到話，而是按指示在電話中留言。從來沒有人回電給他。

布里的經驗在幾個層面上都有啟發性，但其中兩點是最重要的。其一是中共的情蒐機構非常樂於吸收非華裔人士為其所用，一如他們對華裔人士那樣。布里的經驗教給我們的另外一課是，中共的情蒐工作有其混亂的一面。把這麼多業餘人士給納入間諜活動網裡面，又有這麼多線索是透過這種或那種的威逼方式而取得，混亂的情況可以想見。中共的特工人員有時候似乎是用行動來抵成果，用數量來抵品質。結果到底有多少真正有用的情報，會送到北京中共領導人的辦公桌上呢？

布里為新華社工作時，一開始是論件計酬的自由撰稿人，但在二〇一〇年夏天談到比較好的條件，改為每個月固定支薪。此時，張大成正好也來到新華社渥太華分社擔任社長。布里寫道，張大成說他以前是軍官——像他這樣年紀和學歷的男人，很多都在人民解放軍待過一段時間——還有他曾經在伊拉克及東非為新華社工作。張大成的妻子石儷（音譯）為該社報導財經消息。布里很快就發現，張大成對民主制度一竅不通，尤其不懂加拿大的議會體系。布里在二〇一二年寫道：「我在他手下工作的那兩年，他的主要工作似乎就是從奧塔費士達的住處把休旅車開出去，然後到中國大使館或參加市區的中國文化活動。」

布里在追述新華社工作期間的文章中雖沒有直接點明，但顯然張大成認為既然雇用了本土記者，他就有辦法接觸到國會山莊的達官貴人。布里說，有時候他會收到張大成的電子郵件，興沖沖地叫他馬上針對一些政治事件採訪某些人士，例如國會議長或者加拿大總督。張大成看到這些頭銜，就以為他們是加拿大日常政治的重要角色，他完全不懂採用議會政治體系的立憲君主制其中的奧妙。照布里看來，張大成也是戴著黨國之子的有色眼鏡，覺得反對黨就是惹事生非，因此對他們不屑一顧。

布里替新華社寫了幾百篇一般性的政治及財經報導。可是等到要報導反對北京政權的人士時，布里開始擔心張大成是不是利用他來蒐集情報，而不是來報導新聞。二〇一〇六月G20峰會在多倫多舉辦，中國國家主席胡錦濤在前往參加峰會的路上順道訪問了渥太華。這是中加關係的一個重要時刻。哈珀總理的保守黨政府原本對於跟北京做生意有所疑慮，但在加拿大商人與學者聯合進行的遊說之下，不得不改變做法。北京剛剛開放中國遊客到加拿大旅遊，有人預測兩國對彼此的投資將會復甦。當胡錦濤六月二十三日抵達渥太華時，有一小群法輪功支持者在他進城的路上列隊抗議。如前所述，法輪功抗議的聲量遠不及中國大使館用遊覽車載來熱烈歡迎胡主席的大學生。張大成說他必須了解法輪功抗議者是誰，還有他們說了什麼。接下來發生的事，未來還會不斷重演。布里說他回答道：「加拿大記者不做這種事。」然後，「話題很快就結束了。」

然而，此事讓布里醒悟到，他平常寫的新聞報導會發表在新華社的新聞網上，但有些人家要求他提供的資料卻永遠不會成為新聞，而是要交給中共官員和情報機構，兩者之間是有差別的。布里寫道，二〇一〇年秋，張大成要他寫一篇報導，談加拿大如何「治理宗教組織」、如何「壓制邪教淫祀」、如何「壓制種族和部落的歧視和敵對態度」。布里先對張大成解釋，宗教自由在加拿大是受到《權利與自由憲章》保障的，然後他便進行調查並寫成報導。但是布里卻收到張大成無禮的電子郵件，說交出來的稿子不是他要的。張大成將他想知道答案的問題列成一份清單，例如：哪一個政府部門負責管理邪教？當時加拿大境內有多少邪教？政府是否會限制或打擊邪教？邪教信徒是否會受到起訴和審判？加拿大如何區分宗教與邪教？

是記者？還是中國情報組織的蒐證者？布里游移在兩者之間的敏感神經終於爆發了，引爆點是流亡的圖博精神領袖達賴喇嘛在二〇一二年四月到渥太華參加第六屆世界國會議員圖博大會。中國在一九五一年入侵、占領了達賴喇嘛的國家，導致他在一九五九年逃亡印度；他在國際間始終不墜的廣受歡迎，則讓中共從來都把他當成眼中釘。哈珀總理決定在渥太華的總理辦公室接見達賴喇嘛，北京認為這是存心侮辱。保守黨無疑是要透過這場會面來警告中國共產黨，也警告加拿大國內的北京支持者，切勿把它的善意視為理所當然。布里記述道，張大成指示他要報導達賴喇嘛的記者會，並動用管道弄清楚哈珀總理及達賴喇嘛的談話內容。布里寫道：「我問他，這些材料會不會用在任何新聞報導裡面。張大成說不會——新華社不報導西藏分離主義分子。」布里說，他接著提醒張大成，達賴喇嘛的記者會只開放給國會新聞團的合格成員，新華社卻利用此一特權來蒐集批評中國政府的情報，而不是做新聞工作。布里寫電子郵件給張大成，說：「人家允許我們用記者的身分入場，但我們做的卻不是記者的工作。如照你說的去做，我們是在為中國蒐集情報。」

布里說他當天稍晚發了電子郵件給張大成，辭掉了新華社的工作。

10

控制思想

Controlling the Thought

他們為設在加拿大多數校園內的孔子學院提供經費。這些學院看似是由〔中國〕大使館、領事館之外的人來運作。沒有人知道中國當局其實有介入。他們會組織示威活動，抗議加拿大政府的某些中國政策。

——加拿大安全情報局局長費丹，二〇一〇年三月

中國共產黨一向認為，在它求生存、壯聲勢的任務中，海內外的中小學與大專院校是關鍵戰場。中共把國內外的學者看成傳送門，透過這些傳送門可以獲取重要的經濟及軍事技術。同樣有幫助的，是利用與海外學生和教育機構的友好關係，讓中共得到外國的政治支持——就算再不濟，也要得到默許——這麼做不只著眼當下，還要放眼未來，因為今天的學生會變成明天的風雲人物。此一任務打從最開始就有一項必要元素，就是設法確保教育機構所教導的歷史及社會政治分析，符合中共的版本。

中共政權早期會鼓勵外國有專才的支持者到中國傳授知識。此外，也會安排讓外國學生，尤其是海外華人，到中國大學學習漢語及祖國文化。然而一九六〇年代晚期到一九七〇年代初期的文化大革命，不僅讓這類計畫變得窒礙難行，也使中國國民要到外國大專院

校進修的路途受阻。直到一九七六年文化大革命結束、毛澤東過世，接著鄧小平著手開放中國的外交及經濟，上述情況才有所改變。自此以後，中共就把焦點放在留學海外的中國學生，以及在各自國家就讀大專院校的外國華裔學生。

為了監視並控制在加拿大、澳洲、紐西蘭、美國以及英國的學術單位進修的中國國民，中共設立了某些機構，其中最主要的是中國學生學者聯誼會（又稱中國學生學者聯合會，中國學聯）。凡有中國留學生前往就讀以取得外國資歷的世界各地大專院校，裡面多半都有中國學聯的運作。它們當然是為了給離鄉背井進入陌生文化的中國學生提供重要支持，但這些由政府資助的中國學聯還有一個邪惡的目的，那就是監視並控制中國留學生的活動。陳用林是駐澳洲雪梨的中國外交官，二〇〇五年由中國領事館出走，他的觀察讓我們了解到中國學聯在檯面下的操作已經進行到何等地步。出走後他多次接受採訪提到，主管各校中國學聯的人是距離他們最近的中國外交辦事處裡面的教育官員。中國學聯除了監控中國留學生，其主要任務是遊說各級西方政府在相關事務上支持中共政策，例如阻止圖博流亡領袖達賴喇嘛與西方進行官方接觸。

陳用林說，中國留學生都很清楚學聯與中國外交官之間的聯繫，而他們原本在國內也習慣了隨時受到監視。他們之所以和中國學聯打交道，往往是希望中國外交機構可以為他們寫正面的推薦信。另外，也有機會得到課外活動的經費、獎學金，以及獲邀出席特殊活動。但要與外交辦事處打好關係，就得支持中共立場，不涉入中國外交官反對的事情。

渥太華大學資訊科學系的學生張菱蒂在二〇〇七年七月接受《大紀元》採訪時表示，前一陣子她收到了一封電子郵件，發信者是該校中國學聯幹部，信中對她提出嚴正警告：「根據同學們的反映和學聯幹部的調查，妳依舊是法輪功學員。我勸妳好自為之。」

同一篇《大紀元》報導中提到，二〇〇六年四月卡加利大學也發生類似事件。該校中國學聯成員收到一些電子郵件，寄件者自稱李清（音譯），說他是中國公安機關的特工，呼籲學聯的成員不要參加「法輪功之友」俱樂部舉辦的每週電影欣賞會：「請勿出席該活動。否則你的姓名與相片將會上報給中央政府。」

陳用林稱，中國學聯對中國的駐外辦事處還有其他功能。某次他接受採訪時說到：「領事館、大使館往往不方便做某些事情，所以用留學生聯合會這樣在稱呼上很中性的組織會比較有效。這種聯合會實際上是由中國駐外單位所控制的組織，也就是中共政權在海外的延伸。」

二〇〇四年，多倫多大學中國學聯寫信給市政府，呼籲市議會不要通過在該市訂定「法輪功日」的動議。二〇〇五年，法輪功背景的新唐人電視台申請在加拿大播送的執照，當時加拿大廣播電視暨通訊委員會收到一些反對的信件，其中一封來自渥太華大學中國學聯。這兩個中國學聯在信中的用字遣詞都和中國外交人員所發的反對信一模一樣。

加拿大國安當局偶爾也會動手對付中國學聯的間諜活動。瞿湧杰（音譯）就是一個好例子，一九九一年瞿從中國來到加拿大留學，在蒙特婁的康科狄亞大學攻讀碩士。他在校內的中國學聯很活躍，一九九四年八月，他在紐約州水牛城的加拿大領事館申請加拿大永久居留權（當年此類申請皆必須在加拿大境外辦理）。一九九五年二月，瞿與簽證官面談，談話結果讓他的申請書被轉交給加拿大安全情報局。一年後兩位安全情報局探員與瞿面談，那是一九九六年二月，到了一九九八年九月他再次與一位簽證官面談，對方告訴他，他的永久居留權申請被拒絕了。瞿收到的拒絕通知書摘錄如下：

> 我在與您的面談之中曾表明我深感疑慮：按照加拿大對情報活動的理解，我們有合理的根據認為您曾涉入某些活動，用來刺探及顛覆民主政府、民主制度和民主程序。我曾指出，您在面談時親口承認：您一直以來都向中華人民共和國駐加拿大大使館進行匯報；您會提供個別人士活動的情報，而這些人士都有參加中國學生學者聯誼會（中國學聯）此一加拿大學生團體；您意圖顛覆該團體，以完成某外國政府的目標及特

定目的。當時我請您澄清我的疑慮，我並告知您，若無法澄清我的疑慮，您的申請將被拒絕。

您在回應時否認您是外國政府的代理人，卻很願意承認您在一段長時間內曾與中國外交官多次接觸，而當時您在「重組」中國學聯這件事情上扮演了重要角色。您也承認將中國學聯個別成員的資料提供給中國外交官，您更進一步承認與該團體當中支持民主的學生公開齟齬，所以您才會指認並提供這些個別成員的資料給大使館，同時試圖利用大使館所提供的經費來支持某些活動以改變中國學聯的方向，使其能夠「體察中國政府與中國官員」。您主張，中國政府的目標及政策與您的活動之間，如有任何一致純屬偶然，您的行為完全出自個人信念。然而我注意到，您所承認的活動明顯屬於代理人的行動，因此您的立論缺乏任何可信度，我不得不將您的否認視作自圓其說之詞。

通知書又提到，中國大使館給了瞿湧杰罕見的豁免文件，意思是說，他可以不用去康科狄亞大學出席上課，而他的學費是中國官方支付的。如簽證官的通知書所指出的，瞿湧杰顯然就是中國官方出資雇用的全職間諜。

通知書的結論寫道：「有合理的根據使我認為，您為某外國政府工作，涉入敵對與顛覆活動，受指示蒐集資料以供情報用途，而這些資料與加拿大國內憲章所保障的個人權利有關。」通知書最後判斷瞿湧杰屬於移民法中「不被允許入境的人士」這一類。

二〇〇〇年代早期，中共愈發肯定中國將重新成為超級強權，於是它發展出一套普遍推廣的策略，運用中國語文及文化的吸引力，向外國人發動軟實力攻勢，特別是針對外國大專院校。當時的西方教育機構對所有的中國事物都迷得不得了。中國、中文、中華文化不只是那時候最潮的研究領域，慢慢地大家也發現了這些研究可以賺錢。在中國學生已經讓人榨取大筆國際學生學費之後，大學又開始挑戰能夠合法招收外國學生的比例上限。大學裡的專門研究所紛紛跟風搶錢。亞洲研究所開始蓬勃發展，裡面最強勢的往往就是中國研究。企管系所發現瞄準中國市場的業界急需協助，他們對中國市場抱持著極度誇張的期待，因此很願意出資贊助訓練機構。

中共看到西方學術機構已敞開大門準備好與中國合作。但北京想出的做法實在很諷刺，因為中國不久之前才結束了文化大革命，而文化大革命的戰鬥口號正是「破四舊」——舊思想、舊文化、舊風俗、舊習慣。在這場打倒偶像的大型狂熱運動裡面，最核心的就是要擺脫儒家的孔子所設計的封建禮教，正是這些規範讓中國兩千多年來在文化、政治、行政方面得以凝聚為一體。但中共明白，與西方世界打交道時，拿孔子出來當現代中國的守護神要比其他做法來得有吸引力，例如，至少比重新粉飾毛澤東僵死的意識形態，讓他變身為有模有樣的英雄強多了。

中共決定在全世界的大專院校與各級學校設立孔子學院的網絡。孔子學院將有中方教師提供漢語及中國文化的教學，同時北京也將給予足夠的補助，使所在機構認為這是一個值得考慮的提案。孔子學院最早的試辦是二〇〇四年六月在烏茲別克的塔什干。試辦非常成功，於是僅僅五個月後的二〇〇四年十一月，第一所完整的孔子學院就在首爾設立。截至二〇一八年初，根據主管孔子學院的中國國家漢語國際推廣領導小組辦公室（漢辦）公布，海外的孔子學院共有五百一十一所。其中有十二所孔子學院設在加拿大大專院校，三十五個孔子課堂設在加拿大的高中。[1]

剛開始，表面上看來，孔子學院顯得無可挑剔。中國官員讓大多數孔子學院看來就像某些歐洲國家的文化推廣組織一樣，例如法國文化協會、德國歌德學院、英國文化協會。漢辦屬於中國政府的正式組織，在架構圖裡面是放在教育部底下。因此，漢辦與外國高等教育機構及地方教育主管機關簽訂協議，提供經費與師資給孔子學院、孔子課堂，看起來就像正當的教育交流計畫。然而，只要稍加研究，便能發現孔子學院的規畫乃是中共一項重大的國際宣傳暨間諜工作，只是表面上以文化交流的名義來加以掩飾。二〇〇九年十月二十二日出版的《經濟學人》引述了中共中央政治局常委排名第五的李長春，他說孔子學院是「中國大外宣格局的重要組成部分」。後來的發展顯示出孔子學院遠遠不只如此。大部分的孔子學院都是中國大使館、領事館的間諜分支機構，藉此來控制中國學生、蒐集所謂敵人的情報、威懾異議人士。本書寫作時，孔子學院總部理事會主席是副總理劉延東，[2]她不但是中央政治局委員，以前也擔任過統戰部部長。理事會裡面還有其他中共高級官員，來自包括財政部、教育部、外交部，以及國務院新聞辦公室、國家發展和改革委員會、國家新聞出版廣電總局。

加拿大第一所孔子學院是二〇〇六年二月設立於英屬哥倫比亞理工學院（BC理工，BCIT）。開幕活動辦得十分浩大。加拿大方面的兩百位來賓包括聯邦級、省級、市級官員，時任英屬哥倫比亞副省長的雪莉・龐德也出席了。中國代表團更教人嘆為觀止，領軍的是中共高級幹部暨教育部長陳至立。不久便有人提出質疑：BC理工的孔子學院到底在

1 根據國家漢辦的官網顯示，目前全球共設有五百四十一所孔子學院。
2 理事會主席一職在二〇一八年底由國務院副總理孫春蘭接任。

搞什麼。二〇〇八年初《溫哥華太陽報》教育新聞記者珍奈特．薛蒂芬哈根找到一些收據的影印本，是北京為了孔子學院交給BC理工的錢，總計約四十萬加幣。薛蒂芬哈根造訪位於溫哥華市中心的該院院址，發現「沒有什麼活動的跡象」，這是她在二〇〇八年四月二日的報導。「近期《太陽報》曾三度前往BC理工八樓，但標示為孔子學院的接待櫃台卻空無一人。其中一次，整個八樓空空如也；另一次，有些人正在上課，但這些課程活動全都是其他組織舉辦的。」BC理工副校長吉姆．賴赫特接受薛蒂芬哈根採訪時表示，該校仍在整備中，以決定哪一種課程最適合希望進入中國市場的英屬哥倫比亞省民。報導引述賴赫特說：「我們的方向不在於數字要龐大。孔子學院真正的目標是在開設的國家、開設的機構以及中國之間搭起橋樑。」

當時薛蒂芬哈根在《溫哥華太陽報》有一個附設的網誌，她在上面闡述了心中對BC理工孔子學院的一些疑問。二〇〇八年四月四日她發文說：「曝光給我的收據大約有四十萬元，但總支出的金額可能更多。有人告訴我，孔子學院在那段期間（自從二〇〇六年啟用以來）以鐘點學程所招收的學生不到一百位。BC理工說其實人數比較接近兩百五十位，但這個數字包含了報名一日課程的學生，例如『一日速成漢語』。為什麼中國要花這麼多錢卻做這麼少？這些錢又是怎麼花的？我沒有答案，因為BC理工與北京簽訂了保密協議，與孔子學院相關的一切財報也都是機密。」

漢辦與設置孔子學院的機構所簽訂的協議確實有嚴格的保密要求，協議中亦有條款確保漢辦有權決定孔子學院中哪些主題是政治上可以討論的，而哪些是不可以討論的。協議裡的基本保密條款十分嚴苛，寫著：「協議雙方將本協議視為保密文書，任何一方所獲取或知悉關乎另一方的材料或資訊，未得另一方書面同意之前，均不得發布、揭露、使之公開，或容許第三人發布、揭露、使之公開，除非協議一方為了達成協議中所約定之責任，必須將上述材料或資訊予以發布、揭露、使之公開。」

制式協議裡面最詭異的應該是第五條，規定孔子學院開展的活動須符合中國和所在國的習俗、法律與規定。這一點在加拿大以及所有設置孔子學院的西方國家都不可能辦到。加拿大的法治以及《權利與自由憲章》所形成的社會基礎，和中國的情況毫無相通之處；在中國，中共並不接受法治，憲法則是一紙空文，要不要尊重憲法取決於政治上的方便。加拿大有些大學及學校開始認清孔子學院的真面目，就是因為此一條款所造成的衝突。愈來愈多加拿大學者及校務人員開始擔心，在他們的學校裡有這樣一所機構，將使學校在學術嚴謹及卓越方面的聲望下降。

就算孔子學院原本的真面目起初還沒有引起加拿大安全情報局的注意，等到英屬哥倫比亞理工學院這所加拿大在科技方面的頂尖院校也要設立孔子學院了，情報局無論如何都會開始關注。僅僅一年後的二〇〇七年二月，安全情報局已完成一篇報告，將孔子學院描述為軟實力代理人，要為二〇〇八年北京主辦的夏季奧運大作宣傳。該報告經過編輯後的版本由《加拿大通訊社》透過資訊公開法取得，並於二〇〇七年五月公布。報告說，孔子學院似乎主要在提倡中國語言及文化。「換言之，中國希望全世界對於中國以及各種中華事物產生正面的感受。中國要達成此一目標，就得讓眾人對中國產生一定程度的仰慕。正當學界還在探討硬實力——坦克、飛彈、槍枝等等——相較於軟實力的重要性時，中華人民共和國已經把軟實力視為同樣有用的概念了。」

該報告保留未釋出的部分必定對孔子學院的目標提出更嚴厲的評估，因為就在準備報告期間，安全情報局已派出探員拜訪與漢辦簽署協議的大專院校與高中。蒙特婁的道森學院是在二〇〇七年十月設立孔子學院，院長榮萌後來告訴加廣記者，安全情報局的探員在開幕那天就來找她。第一次面談時，探員就質問她孔子學院的目的是什麼，同樣的面談後來又進行了兩次。榮萌告訴加廣：「我們很明白地告訴他們，〔學院〕與政治、間諜毫無關係。」她說探員讓她看了一份名單，但除了加拿大駐華大使羅嵐，她一個名字也不認識。在安全情報局探員前往她的住處之後，榮萌說她告訴這些探員，如果他們再打擾她，她就要提出侵害人權的申訴。

隨著二〇〇八年北京奧運的腳步接近，中共動用了巨大的資源，要保證中國將以世界強國之姿示人，不會被小看，也不會受指點。當然，此次奧運會對反對北京政權的人來說是現成的舞台，正可藉機大鳴大放。三月，圖博由首都拉薩開始發生暴動，為了反對來自北京的壓迫以及文化滅絕。暴動很快擴散到甘肅、青海、四川三地的圖博族群。奧運會開始之前，西方媒體天天都在報導暴動及當局鎮壓的新聞。

中共及其支持者出手反擊西方媒體。在安大略西南部的滑鐵盧大學，曾任新華社記者的孔子學院教師李彥，[3]自行採取行動對抗同情「西藏分離主義分子」的媒體。她後來在某個北美中國文學社團的網站[4]上追述如何讓學生「一起工作對抗加拿大媒體」。她在課堂上花時間對學生解說北京對西藏歷史及現狀的看法。該網站報導：「受到她的感召，一些加拿大學生勇敢地在網路上與反華分子辯論，一些學生寫信給電視台和報紙，指出他們的

3 李彥是用中英文雙語創作的女作家，自一九九七年在滑鐵盧大學東亞系任教，二〇〇七年出任該校孔子學院院長，曾任加拿大中國筆會副會長，也曾獲得台灣「中國文藝協會」海外文藝工作獎章。

4 此一北美中國文學社團名「文心社」，是二〇〇〇年在美國紐澤西州註冊的非營利社團。社團網址為www.wenxinshe.org，但已無法連上。

報導不符合事實。」報導引述李彥說，若是沒有中共建設孔子學院的努力，要反擊加拿大及西方對中國占據西藏的看法，就變得不可能。李彥說：「我深有感觸的是，國家在許多方面都還亟待改善和提高的情況下，卻拿出大筆資金投到國外，在全球範圍建立一所所孔子學院。從戰略決策上來說，這也許是百年大計的必要措施，為中國在重新崛起時，贏得全世界的理解和友誼。」[5]

照加拿大的標準，李彥的行動並不違法，也不能譴責。但有許多案例是那些在西方大學唸書的中國學生，他們會在聽到別人對中國歷史或當前事件發表某些觀點時暴怒，這樣的反應遠遠超過了還可以接受的範圍。不只加拿大，澳洲以及美國的學術機構也遇過中國學生對別人表達的觀點發出不合情理的暴怒，對方有時候是其他中國學生，有時則是非華人。

位於安大略南部漢密爾頓的麥克馬斯特大學，也發生過與孔子學院有關的爭議，但是和二〇〇八年滑鐵盧大學的情況相當不同。二〇一一年，漢辦派遣趙琪前往加拿大，在麥克馬斯特的孔子學院任教。後來她說，當時她很高興能夠出國，於是接了這份工作。她在一年後辭職，接著向安大略人權法庭申訴麥克馬斯特大學「讓歧視變成合理」，因為她的聘用合約強迫她必須隱藏自己對法輪功的信仰。她把在中國境內簽訂的合約影本出示給

《環球郵報》。合約上警告教師「不得參加法輪功等非法組織」。趙琪接受《環球郵報》採訪時表示，她在北京接受行前培訓時被告知，應該避免與學生討論西藏、台灣、法輪功等敏感問題，要不就「說一些中國共產黨會喜歡的話」。

此事引起大學校方的不安，尤其是關於在中國境內聘用教師的決定，因為與漢辦簽署了協議，使他們完全沒有置喙的餘地。麥克馬斯特大學公共暨政府關係助理副校長安德蕾雅．法夸爾在二〇一三年二月告訴《環球郵報》：「我們覺得不妥，這件事不能代表學校聘人的方式。」結果，麥克馬斯特大學決定與漢辦的協議在二〇一三年七月三十一日到期後不予續約，結束了該校與孔子學院五年來的合作關係。

在接下來的幾個星期、幾個月之內，一項反對孔子學院的活動集結了起來。代表全加拿大約七萬名專業學者的加拿大大學教師協會（加教會），在二〇一三年十二月通過決議，呼籲所有設置孔子學院的大專院校關閉該機構，徹底切斷各校與漢辦的關係。加教會執行長詹姆斯．圖克在聲明中表示：「孔子學院基本上是中國政府的政治觸手。它們對自由討

5 李彥這段話來自《人民日報海外版》，二〇〇八年二月二十九日。http://paper.people.com.cn/rmrbhwb/html/2008-02/29/content_45913756.htm

論設限，不許討論中國當局認為有爭議的話題，我們的校園不應該讓它們有一席之地。」跟加教會性質接近的美國大學教授協會（美教會）也公開表達支持加教會的立場。美教會二〇一四年六月發表聲明：「容許任何第三方控制學術事務，並不符合大專院校學術自由、共同治理、學校自治的原則。」聲明稿說，美教會贊成加教會的建議，也就是加拿大大專院校中止與漢辦的關係，除非孔子學院所在機構能確保有權控制所有學術事務、召聘師資、制定課程、以及選擇教材。此外，漢辦必須給予孔子學院所有教師和所在國同等的學術自由，漢辦與孔子學院所在的大專院校簽署的所有協議內容必須得以公開。

加教會及美教會的表態幾乎沒有發揮明顯作用。六所加拿大大學發函回覆加教會的訴求，其中只有雪布克大學表示將會中止與漢辦的關係，而此事確實在二〇一三年十二月三十一日實現。該校在關閉孔子學院之前進行了好幾個月失敗的協商，校方說，漢辦的安排不再符合該校對國際事務的規畫。曼尼托巴大學決定不要申辦孔子學院是因為擔心會有政治審查，但該校在正式回覆中很高明地說是因為「組織安排的考量」。其他知名大學，例如多倫多大學、英屬哥倫比亞大學，都沒有考慮要與漢辦簽約，因為校內教授漢語及中華文化的系所已有不錯的營收。它們不需要這筆補助，也不想添麻煩。至於規模較小、設有孔子學院的大學，則認為維持與漢辦往來的好處，大過其集體秩序與學術信譽可能受到的威脅。這段期間與孔子學院簽有協議的機構包括：里賈納大學、滑鐵盧大學、布魯克大學、沙士卡其灣大學、道森學院、聖瑪麗大學、卡爾頓大學、聖力嘉學院、英屬哥倫比亞理工學院、多倫多教育局、艾德蒙頓公立學校教育局、新布朗斯威克省教育廳、高貴林教育局。

其中兩所機構——高貴林教育局以及多倫多教育局——發生了因為孔子學院而起的激烈爭議。多倫多教育局在二〇一四年五月決定開設孔子課堂，引發家長之間的針鋒相對，其中許多家長是華裔加拿大人。教育局主席克里斯．波頓在六月辭職，事情變得有點複雜。波頓是積極推動與漢辦建立關係的幕後推手，他的去職表面上是為了到越南接掌一間加拿大學校，但在那之前《環球郵報》披露了多倫多教育局曾調查數筆捐給多倫多某小學的款項，遭到波頓轉移到自己的基金會，那時候他還沒有當選教育局委員。波頓一走，支持孔子學院的一派群龍無首。電子郵件及其他訊息排山倒海湧向各個教育委員，要求教育局撤銷此一協議，因為孔子課堂有中國共產黨的背景，課程規畫又受到政治審查。捍衛孔子課堂的另一邊同樣是義憤填膺。有強烈中共色彩的多倫多華人團體聯合總會告訴教育委員們：「這是純粹的文化交流，不宜將其拉扯到政治關聯上去。」最後眾位委員決定，這確實有政治關聯。二〇一四年十月底，多倫多教育局投票通過中止與漢辦的關係，雖然如此一來就必須賠償二十二萬五千元加幣，這是北京政府預先撥付給多倫多教育局設立孔子課堂的經費。

至於高貴林教育局的爭議則是教育委員們的操守受到懷疑，因為許多委員在與孔子學院建立關係的過程中收受了餽贈。漢辦與教育局自二〇〇八年四月開始合作在該學區設立孔子課堂；到了二〇一二年，漢辦同意將孔子課堂的計畫升級為孔子學院。學區長湯姆・格蘭特接受《溫哥華太陽報》的採訪在二〇一二年二月二十七日見報，他說：「我們追求這個稱號是因為我們認為這很重要。」格蘭特告訴《溫哥華太陽報》，等級提升將有助於該學區的國際教育計畫。此一升級也從北京吸引到一大筆錢，學區整體將獲得總值一百萬元加幣的贈書，以及約三萬元用以協辦社區語言課程的經費。如此一來，該學區亦符合可以向漢辦申請計畫和活動經費的資格，例如讓運動隊伍或合唱團前往中國，上限是十五萬元。後來，大家發現不只有學生的行程受到補助。二〇一七年十二月，當地報紙《三聯市新聞》報導：「過去幾年來，某些教育委員、學區官員及教師，曾在三月的春假期間進行十日旅遊，費用由漢辦支付。漢辦是中國政府的一個部門，負責孔子學院的經費。」據報導，高貴林教育局主席凱莉・巴默・艾薩克說這些行程「對學區很有幫助。中國政府贊助每個人約八千元。」高貴林學區長派翠西亞・賈特蘭對記者表示，這些行程「在全球化的世界中提供了關鍵的文化交流。對學生及教育工作者來說，觀念的交流很重要，這樣的雙向交流會改善世界。而我認為孔子學院在其中扮演了重要角色。」溫哥華教育局的前主席白蓓蒂對這種邏輯不以為然。她向《三聯市新聞》表示，這些免費招待的行程應該要亮起關於倫理行為的紅燈，其中包括公務員接受外國政府餽贈。白蓓蒂說我們應該更加仔細審視漢辦，確保它不會在此種費用全包的招待期間，讓加拿大人受到中國政府政治宣傳的影響。白蓓蒂說：「這裡面明顯有利益衝突。」她又說，她不會接受因為這類行程有文化交流的層面所以收受饋贈就是合理的這種推託之辭。

金錢──渴望獲得金錢、害怕失去金錢──在加拿大學術機構的對華關係中有著重大影響力，就像在商界和政府部門那樣。二〇一七年出現了數起學術出版社自我審查或屈從於北京要求的案例，凡是有論文涉及圖博、新疆、台灣、法輪功等中共無法撼動的觀點，就遭到刪減或修改文字。網路新聞媒體《高等教育圈內》引述了澳洲麥覺理大學的凱大熊說，西方各學術出版社之所以願意自我審查，來自中共政權的自信，以及西方世界不再堅守其核心的自由民主價值觀。凱大熊說：「大家最後發現，不再有任何防火長城隔開中國境內的學術實踐與中國境外的學術實踐。在中國境外工作的學者愈來愈能感受到這種壓力，諷刺的是，我認為這種壓力反而使大家理解到中國現行體系的問題到底有多嚴重。」

西方學術圈認識到此一問題的人仍然有限。如今許多加拿大及其他地方的大學把自已變成大量金錢的囚徒，這些錢來自招收的國際學生，特別是中國學生。這麼依賴來自中國方面的營收，就不會願意做出或說出任何可能使中共反感、令北京關上水龍頭的事情。與此同時，加拿大大學招收的外國學生比例增加，已經開始造成加拿大國內的社會摩擦。加拿大學生愈來愈難進入國內的一流大學，因為這些公立高教機構所招收的外國學生占了百分之三十。而且，外國學生提出可疑的入學資格這樣的情況實在太多了。中國境內有一整個發展成熟的產業，專門為學生提供偽造的書面憑證，以便申請加拿大及他國的大專院校。也有人提出合情合理的判斷，認為許多中國留學生及其家人到加拿大取得一席之地的主要目的不在受教育。受教育只是一個有用的副產品，他們的主要目的是藉此把私人財產移出中國，還有為申請加拿大公民身分及護照預作準備。

對許多中國人來說，要踏上這把梯子的第一步，就是送小孩進一間一九九五年之後突然在中國冒出來的加拿大高中。任書良是中國大陸來的移民，先前在香港從事紡織業賺了一筆錢，一九九五年那一年，他在中國東北的港都大連創辦了第一所楓葉國際學校。當年的大連市市長是薄熙來，他父親薄一波和加中貿易理事會大有淵源。二〇〇八年英屬哥倫比亞大學教育學系的漢斯．舒策在加拿大亞太基金會發表報告，題為《中國境內的加拿大海外學校》，報告寫到任書良「說服了英屬哥倫比亞省（BC）教育廳長，將BC的學校輸出到中國，採用BC的課程規畫、聘用具有BC證照的教師，這樣對本省也有利，因為教育會是一塊很好的敲門磚，使中國市場對其他BC產品開放。」此一方案在商業上相當成功。二〇一七年三月《富比世》報導，任書良的教育帝國在中國各大城市共有五十六間學校，註冊的學生有兩萬五千人。在英屬哥倫比亞開闢出來的這條道路上，安大略的腳步也沒有落後太多。截至二〇一六年，安大略省教育廳已授權中國境內二十一所私立學校提供「安大略中學畢業證書」所需之學分。根據加拿大全球事務部二〇一八年一月的資料顯示，中國各地共有八十二所小學及中學[6]與加拿大各省合作，採用加拿大的課程規畫並提供文憑所需的學分。

加拿大亞太基金會二〇〇八年的這篇報告指出，打從一開始，教育產業搶進中國的行動就充斥著各種文化問題、機構問題、法律問題、行政問題。報告說，其中一項基本的困難在於中國與加拿大國內的教育目標差異很大。舒策注意到，英屬哥倫比亞教育廳的宗旨是要教育少年人，使其預備投身於「民主多元的社會」。相反地，中共的目標是要讓學生

6 原文為primary and secondary schools（初級及次級學校）。次級學校畢業約等於台灣教育體系的高中職畢業，而初級與次級學校由哪個年級分割開來，各地並不一致。

對「愛國主義、集體主義、社會主義」做好準備。同樣有問題的是，在加拿大國內，省政府對教育是有控制權的，這是加拿大聯邦立國初期所遺留至今的制度。報告寫道：「各個加拿大海外學校都有個別的經費來源、授予文憑的方式、以及主管的機構。如此一來產生了各校標準與程序的差別，雖然以多元化和選擇性來說是正向的，但是有一個問題，例如有些學校被認定為品質低劣，如此一來這樣的名聲可能會影響到所有的加拿大海外學校。」

法規方面也是一個不算小的問題，因為各省對於審核、認證學校的政策不一。英屬哥倫比亞要求省政府認證的學校每年必須接受教育廳官員視察，每兩年必須接受外部評鑑。相反地，一旦安大略教育廳核發認證給某校，事情就到此為止了。舒策的報告寫道：「學校不會再受到安大略省政府的視察和評鑑。」

另一項衝突是中國學生必須面對同時取得中國和加拿大高中文憑的挑戰。舒策提到：「要完成這兩項平行的學程是非常艱辛的。成功的人並不多。」大部分學生決定把心力投注在加拿大文憑。「結果，大部分畢業生接著都去讀加拿大（或其他西方國家）的大學，以致某些加拿大大學開始把海外學校當作其大學部的預校。」

中國家庭是如此渴望要把孩子送進外國大學，以至於中國境內的加拿大學校校務人員經常會面對想要投機取巧與提高收費的誘惑。一年學雜費大約一萬五千加幣，完成加拿大中學課程需要三年，總共是四萬五千元。過去這些年來，針對加拿大海外學校系統的個別院校提出指控的案例多不勝數，其中還有許多指控來自駐外的加拿大教師。這些指控包括：在中國的加拿大學校普遍沒有遵循省政府的課程規畫進行教學，聘用不合格的資深教師，或利用有違倫理的手段保證學生取得文憑（例如教師收了錢之後把成績打高或是讓學生重複考試直到及格為止）。

位於上海的加拿大國際學校屢次遭到教職員投訴學校有不當行為，於是二〇一六年其認證機關（安大略教育廳）對學校進行了審查。《渥太華公民報》在二〇一六年五月報導此事時，引用了遭到該校解聘的教師大衛．梅伊的申訴信。申訴信上寫道：「一般來說，學校並不在乎學生的權益，而是主要把他們當成財源，不是當成一個人來教導並協助其發展。好幾次有學生來向教師表達，他們知道這所學校基本上就是學店。許多家長會在學生畢業之後不久抱怨他們被騙了，怪〔學校〕沒有做足夠多的事來支持他們。」

正如舒策在報告中所說，少數學校的惡行很自然地會影響到中國境內所有加拿大學校的名聲。不過該報告也清楚指出，兩種體系的衝突使得中國學生難以跑完這場障礙賽，取得有價值的文憑。

本書寫於二〇一八年年中，當時有超過三十五萬外國學生就讀加拿大的中小學及大專院校，比起僅僅七年之前就多了十萬人。外國學生之中有五分之一——超過七萬人——來自中國，這是加拿大移民部的資料。對許多加拿大學術機構而言，吸引外國學生已經遠遠不再是原本對開發中國家所提供的人道協助了，而是成了一筆大生意。有好幾所學校甚至不只如此，它們變得必須招收外籍學生才能維持學校的財務健全。根據一些研究指出，各省削減撥給大專院校的經費一事，使得上述的情況更是雪上加霜。英屬哥倫比亞專上學院教育人員聯會在二〇一七年初提出報告，指過去十六年來該省學生每人分配到的教育經費減少了百分之二十。省政府官員不同意這個數字，但有幾項學術研究列舉了政府補助減少的證據。有些分析人士認為，大專院校必須追逐支付高額費用的外國學生才能夠彌補此一短缺，而省府教育部門則利用此一形勢來刪減經費，因為他們清楚知道校方將求助於外國學生。

英屬哥倫比亞大學就是說明這種財務依賴的一個好例子。在二〇一七至二〇一八學年度，校方預期將收到外國學生的兩億七千七百萬元學費，比起收到本國學生的兩億兩千七百萬，還多了五千萬元。

根據《麥克林》雜誌二〇一七年十一月公布的加拿大大專院校年度調查報告，英屬哥倫比亞大學的一年級學生有最高比例的外籍生，百分之三十一；麥基爾大學以百分之三十點七緊追在後；第三名是主教大學的百分之二十九點六；第四名是多倫多大學的百分之二十五點七。研究生當中外國學生比例最高的是溫莎大學，百分之五十七點二。接下來依序是紐芬蘭紀念大學、康科狄亞大學、里賈納大學、布魯克大學、滑鐵盧大學，亞伯達大學以百分之四十占比的外籍研究生排行第七。

加拿大大學協會（舊稱加拿大大學及學院協會）的公開資料包含各校向本國生及外籍生收取的學費。資料顯示，最熱門的幾所學校向外國學生收取的費用可達加拿大學生的五倍。較不知名的大專院校對外籍生的收費約是本國生的二至三倍，這樣的標準比較常見。亞伯達大學對加拿大學生的收費是五千三百元左右，而外國人的學費將近兩萬零四百元。英屬哥倫比亞大學的狀況也差不多，外籍生支付的學費最高可達三萬零四百元，加拿大學生則是六千七百元左右。在多倫多大學，加拿大學生的學費介於六千四百元至一萬一千五百元之間，視就讀系所或學程而定，可是外國人就要三萬一千元至四萬兩千五百六十元。這些數字讓多倫多大學及校內各學院穩坐「對外國人來說最昂貴的加拿大學術機構」排行榜第一名。

許多外國家庭，尤其是中國家庭，願意支付這種費用，是因為受教育只是送小孩到加拿大讀書的目的之一。高漲的學費可以當成現代的人頭稅，就像十九世紀及二十世紀早期加國當局向華人徵收入境加拿大的費用。讓孩子到加拿大就學的一項主要理由，在於方便把私人財產轉出中國，因為中國對於資金的匯出有嚴格限制。另一項理由是，在加拿大受高等教育乃是一條最可靠的路徑，能通往永久居留身分、接著是公民身分。約有三成外籍學生日後會成為公民，如此一來就有可能申辦渥太華的依親方案讓父母前來加拿大。

溫哥華及多倫多的房地產價格在二〇一〇年代狂飆猛漲，到底外國錢（主要是中國錢）產生了多大的作用，至今仍是爭議與猜測的主題。然而，加拿大房貸暨住宅公司所蒐集的數據可以證明，以中國學生名義購入的房地產乃是上述現象的一部分。都市規劃師甄瑞謙是西門菲莎大學城市學程的主任，他研究了二〇一五年六個月期間的住宅銷售情況，發現在溫哥華高級的西區，有百分之七十住宅的買主來自中國大陸。這些購屋者當中有百分之三十六表示他們的職業是家庭主婦或學生。學生購屋的平均價格是三百二十萬加幣，而且大多是以現金匯兌的方式馬上支付。其中最引人矚目的是一位名叫周天宇（音譯）的華人學生在西區灰岬買下的一棟豪宅，價值加幣三千一百萬元。

11

大山：金山銀山

Big Mountain: Gold Mountain

大山是一九九〇年代的白求恩，他的迅速走紅背後有中國宣傳系統以及加拿大政府與企業雙方面的積極支持，這樣的安排對相關各方皆有利。

——安—瑪麗・布雷迪，《洋為中用》

我們不會為了簽訂自由貿易協定而改變原則或軟化立場，我們反對在經濟協議的談判過程中把政治條件當成交易的籌碼。

——中國駐溫哥華總領事佟曉玲

中國共產黨對於加拿大人、加拿大公司的態度轉變，可以拿馬克・羅斯韋爾這個人為例來簡單加以說明。他是渥太華出身的加拿大人，學會說一口流利的普通話，一九八八年十一月首次上中國電視主持國際歌唱比賽，接下來參加當年春晚的戲劇節目，就這麼一炮而紅。很快地，羅斯韋爾就改用自己在春晚的角色「大山」為藝名。[1]中國的電視節目固定請他登場，他成了該國最有名的外國人。羅斯韋爾的拿手好戲是具有百餘年歷史的中式搞笑說唱表演，叫做「相聲」。相聲乃是兩位表演者以快節奏的聊天，大量運用雙關語，你一言我一語地唇槍舌戰；有人形容相聲是「艾波特和柯斯蒂羅」[2]早期綜藝秀的中國版。羅斯韋爾的爆紅，也是因為中國觀眾感到非常不可思議：一個外國人，而且還是高個子的加拿大人，居然能夠駕馭這種從中國粗俗生猛的市井文化中誕生的藝術形式。整個一九九〇年代以及二〇〇〇年代早期，羅斯韋爾都是中國電視節目的常客。他在許多教育節目上亮相，最重要的是中國央視製作的一系列對外漢語教學節目。他也涉足戲劇表演，在《西行漫記》改編的舞台劇中扮演美國記者斯諾。[3]

加拿大外交官及商務人士很快就黏上大山這塊閃亮的廣告招牌。可是，加拿大人急於跟風的這股狂熱激情裡面，有些不大體面之處，顯露出他們在與中國打交道時缺乏自信心，就好像必須緊緊抓住一個吉祥物才能安心，確定自己真的與中方人士有雙向關係。羅斯韋爾正是扮演了吉祥物的角色，常常在加拿大所舉辦的商務會議及貿易展覽擔任主持人。不僅如此，一九九四年克瑞強總理率領加拿大國家貿易代表團第一次訪問中國時，羅斯韋爾也出頭露面。二〇〇八年北京夏季奧運的加拿大奧林匹克委員會聘請他擔任奧委會

1 羅斯韋爾在北京大學唸中文的時候有個中文名字「路士瑋」，「大山」這個名字則是來自北大食堂的廚師許大山。
2 Abbott and Costello，有名的美國搞笑搭檔，活躍於一九四〇年代。
3《西行漫記》（*Red Star Over China*），中譯另有一書名《紅星照耀中國》。

特使；二〇一二年上海世博出任加拿大總代表；二〇一二年受哈珀總理任命為加拿大的駐華親善大使；二〇一四年，擔任多倫多大學三年一任的管理委員會委員，二〇一七年又續任三年，另外又加入該校的亞洲國際領袖委員會；二〇一八年六月，獲亞伯達大學頒授名譽博士學位。

很少人看得到這其中的反諷。就在一個世代以內，加拿大展現給數億中國人看的代言人面貌已經完全改觀。從原本的白求恩，一位中共革命戰爭裡面白玉有瑕的英雄，獻身給受傷的戰士，死在戰場上，得到毛澤東的歌詠；到現在的電視搞笑藝人大山，雖然他功夫了得又很聰明。

如果說，對中國具有重要性的國家組成了一個太陽系，加拿大也是其中一環，那麼大山現象就是加拿大大幅自我調整的一部分。更進一步地說，從天安門慘案發生到現在的這段時期，加拿大想要完成傳教士的夢想並透過社會工程來改造中國的這項追尋已經不復存在了。中國對於自由貿易協定所採取的立場正傳達了此一訊息，然而加拿大那些在政治圈以及社會上的傳教士之子還是沒有意會過來。當渥太華試圖將人權、環保及其他社會標準納入自由貿易協定時，北京粗暴地拒絕了，一如本章開頭佟總領事的發言。

放眼未來，更令人憂心的是，整個加拿大、特別是政治圈，似乎並不知道，雖然加拿大無望改造中國，中國共產黨卻正在改造加拿大。變化看得最清楚的是商業界。中國共產黨的貪腐作為、對法治及契約精神的蔑視、因為階級制度所帶來的傲慢、對社會不平等的嗤之以鼻，這些作風嚴重地感染了加拿大的商業界。

一九八〇、九〇年代，加拿大在中共心目中的重要性急遽降低，而其他國家則以更靠近中國這顆太陽的距離持續運轉。從貿易數額可以清楚看見這種改變。雙方在一九七〇年代建交時，加拿大是中國的第四大貿易夥伴。二〇一六年的排名是第二十一，名次持續下降。加拿大已經完成了它的任務，在一九七〇年代打開中國通向全球社會的大門，在一九九四年透過加拿大國家貿易代表團終結了天安門慘案後中共被國際社會打入煉獄的處境。二〇一一年九月，約克大學政治學教授伯尼．麥可．弗立克在亞洲研討會中提出論文《加中四十年》，對雙方的關係做了一番毫不客氣的評價：「有一件事愈來愈明顯，那就是對突飛猛進的中國經濟來說，我們已逐漸變成『劈柴挑水的工人』。[4]……天安門事件後我們才發現到，所謂我們對中國領導者有影響力，其實是被誇大了。到了千禧年時，中國顯然已經成了世界強權，而加拿大不再是中國青眼相待的夥伴了。」

4 指做粗工的人，典出《舊約》〈約書亞記〉九章二十一節。

加拿大對中共及紅色貴族的大家族仍然有用，不過並不是作為夥伴——是作為提款機和保險箱，方便洗錢。

如前所述，加拿大安全情報局以一九九七年的響尾蛇報告提出疑慮，認為中共透過投資加拿大公司，試圖取得對加拿大政治的影響力。該報告把中共的此一行動連結到一九八〇年代開始的投資移民計畫，估計有兩百間以上的加拿大公司「已經受中國影響或為中國持有」。一九八〇、九〇年代，中國這個經濟實惠的製造中心愈來愈重要，因為北京吸引了（主要是西方持有的）各公司將工廠遷到中國，如此一來就可以取得中共提供給它們的便宜廠房設施與勞動力。大多數在這個新的製造中心工作的人，都是離開了農村老家，違反了戶口制度對所有中國人的規定，那就是：必須在他們登記居住的所在地工作。因此，組成工廠勞動力的大多數人隨時都可以被任意遣返回鄉，只要他們抗議薪水太低或工作環境惡劣，或是對中國嶄新的「開放」經濟政策之下對人民的嚴峻控制做出任何反抗。這個由國家管理的資本主義體系為各個與中共密切相關的國營企業帶來豐厚的盈利。雖然其中有一些錢用來投資中國境內的基礎建設，例如三峽大壩等能源設施，還有道路、機場、鐵路、港口所形成的巨大網絡，以及蓬勃發展的城市建設，不過大部分的錢都花去投資外國了。對外投資的主要目標有兩個：一個是確保獲取自然資源以餵養中國製造業，自從天安門事件後政治改革的努力不復存在，製造業的持續增長就成了中共得以掌權的唯一正當理由；另一個是收購從事尖端科技的外國公司，用以服務中國在經濟上或軍事上的需求。

中共想要控制自然資源的意圖昭然若揭。儘管北京宣稱要擁抱（具有中國特色的）市場經濟，實際上並不真的如此。中共的根柢仍然穩穩地奠基在威權的馬克思主義之上，中國共產黨不信任全球市場，也不信任並未直接受黨控制的中國民營企業。中共同樣懷疑在中國境內營運的外國公司。二〇一七年，中共開始強化對國企及民企兩方面的控制權，但並非僅止於此，而是開始在中國境內的外商公司內部擴張黨組織，以監管、影響該公司的決策為目標。這樣的情形可參考二〇一八年一月二十三日「牛津分析」發送給客戶的報告。「牛津分析」的總部設在英國，是一家備受推崇的全球政經風險評估公司。

報告說，中共一再重申「企業不是獨立部門」。直到不久之前，民營企業大體上是由國家來管理，而不是黨。但是這種有點距離的控制，對習近平來說不夠貼近；他正在打造益發威權的政體，他要商業活動由中共來控制。二〇一七年十月，由兩百零五位委員組成的中共中央委員會發布指令，要求中資及外資私人企業內部均須建立黨組織。中央委員會是兩個更高層組織的傳聲筒，即二十五位委員組成的中央政治局，以及七人組成的權力頂峰——習近平為首的中央政治局常務委員會。

牛津分析的報告寫道，此一指示再度確立了中共作為先鋒組織，要領導中國人生活的所有層面，包括必須「更加密切地引導企業家，要求企業家『愛國』」。報告說，這項指示使得「數百間上市國企在二〇一七年修改公司章程，宣誓在進行任何重大決策前都會諮詢黨委。」報告還揭露，就在同一段時間，有愈來愈多黨組織植入外企，讓中共更能洞悉、影響這些企業的商務決策。根據這項新發布的指令，任何組織凡有正式黨員達三人以上者，都應成立黨的基層組織。按照中國共產黨章程第三十二條，基層組織的任務是「宣傳和執行黨的路線、方針、政策」。5

自從中華人民共和國在一九四九年建立，中共就掌握了所有重要機構，也控制了中國經濟與行政階層組織中各個關鍵職位的人事權，不管擔任這些要職的人是不是黨員。此一控制開始放鬆是一九八〇年代中葉之後，北京顯然接受了市場經濟，從而刺激了民營企業的成長。一九九〇年代及二〇〇〇年代初期，中國經濟成長一飛沖天，中共看起來似乎是樂得把直接控制非戰略性的國家機構這項工作，交給中國政府的官方代表：國務院。此時，中共對民營企業沒什麼興趣，因為規模太小，起不了顯著作用，無法挑戰黨控制的國有企業所擁有的經濟優勢。更何況私人企業家仍然帶著舊日共產黨給安上的污名，被認為是爬在勞動階級身上的布爾喬亞吸血蟲。這種情形在二〇〇一年改變了，中共為了加入世界貿易組織，允許企業家入黨。但不管是上述哪一種，由於中國境內貪污舞弊之風盛行，許多新興企業家本來就是中共黨幹部的親朋好友。

牛津分析的報告繼續寫道，當時中國境內的民營公司僅百分之三設有黨組織。在那之後，隨著民企在中國經濟扮演的角色日益重要，公司裡出現黨組織並由黨組織加以控制的情形也變多了。報告表示，二〇一五年以來所開設的三百六十萬家民營企業當中，納入中共黨組織的數量略微過半。而在這些公司裡面，黨員往往占據權力最大的職位。報告以騰訊網路公司為例，只有百分之二十三的員工是中共黨員，但他們卻占了百分之六十的要職。二〇〇二年時，中國境內百分之十七的外資公司設有黨組織。「如今，中國境內設有黨組織的外資公司已達百分之七十（約七十五萬家）。」

中共對於失去控制權感到緊張，這是可以理解的。現在該政權存續的根本，在於能夠不斷提升十三億人民的生活方式，滿足他們愈來愈高的期望。但中國的國內資源實在太少

5 雖然中國共產黨章程第三十條有規定：「企業、農村、機關、學校、科研院所、街道社區、社會組織、人民解放軍連隊和其他基層單位，凡是有正式黨員三人以上的，都應當成立黨的基層組織。」但十九大期間又要求合資或外資獨資的企業必須成立黨組織。參見中共組織部副部長齊玉對記者發言。http://cpc.people.com.cn/19th/BIG5/n1/2017/1019/c414536-29596675.html

了，無法達到中共許諾給人民的前景。例如耕地就是不夠。中國境內的土地只有約百分之十一適合耕作，等於全球可耕地約百分之十。但中國人口占全球總人口的百分之二十。再加上缺乏規範的工業生產，使得可耕地大規模地遭到重金屬污染。大多數的中國農產品多多少少都有毒，這讓許多中國人在購買國內市場與商店所販賣的食品時戒慎恐懼。

土地污染的一個主因是水污染。這種情況同樣也是缺乏規範的工業生產所造成。水污染程度之嚴重，已經到了各大城市的河水多半無法供給農業或工業用途的地步。二〇〇六年國家環境保護總局[6]發布的報告稱，中國全國百分之六十的河川及湖泊，水質不適於飲用。同年，中國駐英大使館有一篇文章提到，全國約有三億人口無法得到乾淨的水。將近百分之九十的城市地下水，以及百分之七十的中國河川湖泊，都受到污染。為了讓爆炸性的城市開發有水可用，土地的含水層遭到嚴重濫抽，導致上海等幾座城市的部分地層下陷。中國得天獨厚，坐擁的礦物資源規模與種類在世界上數一數二；然而，近年來積極且成功的開採使得礦物的生產與存量進入嚴重失衡的危險境地。安永事務所在二〇一四年的報告《礦產與金屬業的併購及融資》中闡明：「為了克服基本礦產品短缺的問題，及確保有長久永續的供應源以實現其經濟發展的宏圖，中國政府授權給幾間地方政府持有的公司以及私人企業，令其在全世界積極進行礦業交易。」

加拿大不過是其中一個目標。北京的國有投資公司也到東南亞、中亞、澳洲、非洲、拉丁美洲大買特買。中國不是唯一一個急於在加拿大境內投資的亞洲國家。公布於二〇一八年二月的加拿大亞太基金會二〇一七年《投資觀察報告》談到，二〇〇〇年代初期日本和澳洲也是加拿大的主要投資者，兩者加起來占了亞太各國投資額的百分之七十。報告所關注的年份是二〇〇三年至二〇一六年，這段時期的前三分之一，日本是加拿大境內最重要的亞洲投資者。但二〇〇八年中國開始執行「走出去」的海外投資戰略，很快就超越日本，持續保有加拿大市場上最大亞洲買主的地位。報告說二〇〇三至二〇〇七年間，中國的國企及民企在加拿大進行了二十五項交易，總額六億七千七百萬加幣。二〇〇八至二〇一二年間，收購案的數字一躍成為八十二件，價值兩百一十四億。還有一次幅度沒那麼大的跳躍，是在二〇一三至二〇一六年間，收購案共八十七筆，但價值比起之前加倍而有餘，高達四百八十九億元。

根據報告所述，二〇〇三年至二〇一六年間中資在加拿大購買的主要對象是能源及天然資源公司。所有的投資裡面，投向能源公司的金額將近六百億元，位居第二的採礦暨化

6 二〇〇八年升格為環境保護部，二〇一八年又改組為生態環境部。

學類公司望塵莫及，只有九十億元出頭。中資如此專心一志，在二〇一三年引發了國安的疑慮。哈珀的保守黨政府不像前任的自由黨政府那樣急切想接受商業投資，他們一上台就對太過積極地與中國建立貿易關係可能帶來多少好處打個問號。二〇一二年七月，總部設在卡加利的加拿大石油瓦斯公司尼克森，宣布將以一百五十一億加幣的金額賣給中國海洋石油有限公司（中海油），這是當時中國最大的一筆海外收購案。在北美的石油業取得一席之地，似乎是中海油某種狂傲的追求。二〇〇五年中海油撤回對美國石油公司優尼科價值一百八十五億美元的收購案，因為美國政治人物及主管機關——他們本來就比加拿大人對中資較有警覺——顯然想迫使審核程序變得十分冗長。尼克森公司收購案在二〇一二年十二月取得加拿大主管機關核准，二〇一三年初取得美國外資審查委員會核准，需要美方審查是因為尼克森公司有一些資產在墨西哥灣。針對此一收購案，執政的保守黨內憂心者眾。憂心之處在於中海油乃是中國共產黨的分支，收購之後它就持有尼克森公司在北海、墨西哥灣、西非、中東的資產，另外還有亞伯達省的油砂所蘊藏的數十億桶原油。

哈珀政府最後還是批准了這次交易，但同時宣布此後不會再允許任何外國國有企業大量持有油砂。保守黨人更進一步開始以十足不信任的態度看待中國企業收購加拿大科技公司的動作，尤其是當買主有中共背景時更是如此。

二〇一五年七月，哈珀政府要求總部在深圳的昂納光通信撤回收購一間蒙特婁公司的提案。這家ＩＴＦ科技專門開發安全的通訊系統，他們在網站上說該公司供應國防產業軍用級的「多種穩健及高功率元件」。該公司曾經承包加拿大聯邦政府資訊安全部門（通訊安全局）的工作，而這是加拿大、美國、英國、澳洲、紐西蘭所結成的五眼情報聯盟當中的關鍵部分。哈珀政府從來不曾公開解釋為何要阻止此項收購案，但二〇一七年一月二十三日的《環球郵報》聲稱取得了國防部及加拿大安全情報局向內閣就此收購案所作的國安評估報告。報導節錄評估內容說：「若該項技術得到轉移，那麼中國將更早便得以在其國內生產達到西方標準的先進軍用雷射技術，如此一來加拿大及盟友的軍事優勢將大為削弱。」昂納的企業文宣使得報告的作者更加憂心，上面說該公司的股份百分之二十五屬於國營的中國電子信息產業集團旗下的一家子公司。《環球郵報》引述了保守黨外交事務發言人彼得．肯特的評論，當國會在討論ＩＴＦ科技公司收購案時，肯特是國會國防常設委員會主席，他說：「即使中國政府只取得少數股份，這樣的收購還是必須認定會由北京所控制，而任何他們可能買下的加拿大公司都會受到他們的控制。」

昂納走司法途徑，質疑禁止收購的合法性，二〇一五年底該公司提交給法院的文件稱：「ＩＴＦ……可以轉移給昂納的技術，沒有一項不是市場上已經有的。」自由黨在二〇一五年十一月重新執政後，昂納進一步的法律行動就沒有必要了。一年後的二〇一六年底，小杜魯道總理的政府同意重審該項禁令。二〇一七年三月二十七日昂納發表聲明，說內閣經過重新審查，同意該公司收購ＩＴＦ科技。此項同意有附帶條件，然而這些條件並未公開。看起來收購案的某些條件是遵循《加拿大投資法》的條文。這些條文可能會限制昂納的經營範圍、安全標準、聘雇方式，或令其在加拿大境內有通報義務。某些揣測性的報導指出，杜魯道政府相信若是沒有昂納的資金，ＩＴＦ科技將面臨解散的命運。政府認為，同意此項收購案就可以保住該公司，把敏感的光纖雷射技術這項專業留在加拿大國內。

觀察人士無可避免地會將此一決策放在更廣泛的脈絡來看待，那就是杜魯道政府宣之於口、渴望與北京簽署的自由貿易協定。就在同意ＩＴＦ收購案的決定出爐前幾天，中國駐加拿大大使盧沙野才以他一貫的跋扈口吻評論了貿易談判：「如果加拿大以國家安全為由，打算排擠國有企業收購加拿大公司，或阻礙國有企業與聯邦政府做生意，中國認為那就是一種保護主義。」

當時的樂觀派說ＩＴＦ案的決策不會形成先例，但過了幾個月這種想法開始顯得靠不住了。二〇一七年六月，杜魯道政府批准設於英屬哥倫比亞的衛星通訊公司諾賽特國際出售給中國深圳的海能達通信。諾賽特收購案立刻驚動了美國國會授權設立的美中經濟暨安全審查委員會。這並不意外：諾賽特的客戶包括美國國防部、美國海軍陸戰隊、美國陸軍、飛機製造商波音公司、北大西洋公約組織、愛爾蘭國防部、台灣軍方，還有幾家大型媒體如哥倫比亞廣播公司與路透社。加拿大媒體報導，委員會主席麥可．魏塞表示：「加拿大批准將諾賽特出售給中國公司，引發美國嚴重的國安疑慮，因為該公司乃是我國軍隊的供應商。就算加拿大願意損害自身的安全利益討好中國，也不應該在這個過程中把親密盟友的安全置於風險之下。」

懷疑海能達通信是很有道理的。它雖然表面上是民營公司，卻有百分之四十二的股份屬於富豪陳清州。陳與中國公安部有長久的淵源，而公安部主管中國的警力，是此一威權國家的第一線機構。海能達承包過許多合約，為各個中國警隊和公安部其他機構提供手持數位對講機系統。

杜魯道政府批准收購案之前，只做了例行的安全分析，而非完整的國安審核程序，以了解諾賽特公司的技術轉移到加拿大以外可能造成的影響。這麼做不太對勁，特別是因為二〇一七年初英國政府才進行了全面安全審查，評估海能達收購賽普樂的提案。賽普樂是一家總部設於劍橋的手持數位對講機製造商。經過審查之後，英國政府對該項交易訂定了嚴格限制。

還有別的理由讓人懷疑海能達。二〇一七年三月，總部位於芝加哥的通訊公司摩托羅拉，以竊取智慧財產權與商業機密為由對海能達提告。原告說海能達籌畫了「縝密的計謀，以竊取、複製我們的技術」。原告稱，海能達在二〇〇八年誘使摩托羅拉的三位員工跳槽。在那之前，海能達生產的都是類比無線電，但是三名摩托羅拉工程師——一名蔡姓工程師與兩名郭姓工程師——到海能達上班之後，該社就開發出數位無線電，「速度非常快。摩托羅拉用了將近一個世紀的時間來打造無線電並累積信譽，而海能達企圖在短短幾個月之內就把這兩樣東西給洗劫過去——他們直到現在還這麼做。」訴狀如是說。

二〇一八年初，自由黨政府似乎察覺到，在加拿大的一般社會大眾之中，有不少人對於加拿大公司被中共控制的中國企業收購而深感疑慮與不安。但杜魯道政府所提出的政策既缺乏連貫性也缺乏清楚的公共訊息。二〇一八年三月，公共安全部長雷夫·古岱爾告訴國會，政府不會阻止中國的華為技術公司對加拿大人銷售智慧型手機以及電信產品。古岱爾堅稱政府已採取措施保護加拿大人，不會讓華為利用其電信產品來進行間諜活動。古岱爾是在國會中遭到反對黨的質詢，因為稍早美國的不同情報機構在美國參議院情報委員會上表示，華為的智慧型手機可以用來監視美國人。美國聯邦調查局、中央情報局、國家安全局、國防情報局的首長全都說，智慧型手機可以預先設定好監視使用者，尤其是採用次世代5G技術規格的智慧型手機。加拿大的專家也呼應這些警告，其中包括安全情報局兩位前任局長沃德．埃爾考克及費丹，還有通訊安全局前局長約翰．亞當斯。

華為從二〇〇八年開始在加拿大營運，雖然沒有什麼問題被爆出來，可是有幾位資訊安全專家提出警訊說，加拿大政府不像其他國家的政府——特別是英國和美國——那樣敢於檢測華為設備是否可作間諜活動之用。表面上華為是任正非在一九八四年創立的私人公司，但是任曾經在人民解放軍擔任工程師，與中共有實實在在的連結。任也當過中共全國代表大會的代表，某些西方情報機構認為他的公司是中共在執行網路攻擊及商業間諜方面的重要分支。安全情報局前局長埃爾考克談到該公司與中共的連結時表示：「我很難相信華為這樣一間公司不會聽從中國政府的指示，不會在它的技術裡面替中國政府植入後門。」這些後門將使中共情報機構得以取用電信網路所承載的敏感資料。埃爾考克說：「我不想看到加拿大國內的5G網路包含華為的設備。」

二〇一八年五月二十五日，《環球郵報》以三頁篇幅細數了華為在加拿大境內的活動，讓人對中共透過華為以奪取加拿大的智慧財產權更是感到憂心。參與調查報導的作者是尚恩．席爾卡夫、羅伯．法夫、史提芬．蔡斯、克莉絲汀．多比，報導焦點放在華為如何利用加拿大大學內的研究中心，企圖在次世代無線通訊的5G行動技術方面主導全球市場。

報導指出，二〇〇八年以來，華為總值六億加幣的5G研發經費約有四分之一投注在加拿大，而美國則幾乎一毛也沒有，「因為當地認為華為有安全疑慮」。經費當中約五千萬元花在十三所加拿大頂尖大學身上。報導又說，該公司曾與將近百位教授（及他們的數百位研究生）合作，這些教授又從加拿大全國科學暨工程研究委員會另外得到數億元的⊠究經費。這些由納稅人支持的工作，對加拿大人的好處極微，甚至完全沒有。《環球郵報》記者調查這些研究成果所產出的專利，發現「其中有四十項專利的研究團隊——他們的工作多半是納稅人買單——將一切智慧財產權都轉讓給華為。」

加拿大遭人利用拿自己的錢買自己、算計自己的事證不只一樁，《環球郵報》的報導更詳細地舉出華為所收到的政府撥款及其他補助。其中包括安大略省政府提供兩千兩百五十萬元，以協助該公司在省內擴大運作。安大略省研究基金撥付七十四萬元支持卡爾頓大學的五年研究計畫，結果產出了十七項發明及十三項專利。聯邦政府以及安大略、魁北克、英屬哥倫比亞三個省政府，也提供華為百分之十五的稅額扣抵以作為獎勵研發。

史考特・布萊德雷自二〇一一年開始擔任華為的企業事務副總裁，根據《環球郵報》的報導，他近乎完美地代表了中國公司最想召募的那種加拿大商務人士。報導寫道：「（華為的）看板人物，布萊德雷先生，身材高大、樂於交遊、人脈廣闊，以前是貝爾加拿大電信公司的主管，二度登上《國會山莊時報》渥太華頂尖遊說家的百大排行榜。二〇一一年他代表自由黨參選失利，目前是遊說團體加中貿易理事會的董事，[7]他的大姨子蘇珊・史密斯是「加拿大二〇二〇」的共同創辦人，這間頗具影響力的智庫，與自由黨政府關係密切——同時它的經費也有一部分來自華為。」

《環球郵報》的報導帶來了政治壓力，迫使小杜魯道總理指示國安機構及高層政策制定者，就加拿大智慧財產轉移給華為的情況，以判斷其中的安全風險及經濟代價。

除了華為事件之外，還有別的跡象顯示出，社會大眾的懷疑正在推動自由黨政府，必須用截然不同的立場來對待中共政權的商業觸手所從事的活動。二〇一八年初，政府看起來已經注意到大眾對中共相關組織在加拿大境內投資所得到的好處感到懷疑，而且政府也認為有義務予以回應。渥太華的立場改變可見中交國際控股有限公司（中交國際）提議要以十五億元收購愛康集團一案。愛康集團總部設於卡加利，是加拿大規模最大、最多角經營的建設公司之一；中交國際則是中國交通建設股份有限公司（中交建）的海外投資與融

7 布萊德雷已於二〇一九年一月離開華為，他雖然沒有公開去職的原因，但一般認為跟孟晚舟被捕所導致的加中緊張有關。另外，他也已經卸下三年一任的加中貿易理事會董事的職務。

資部門，而中交建是全世界最大規模的工程建設集團之一。中交建的股份將近百分之六十四由政府持有；如此一來，愛康集團就會毫無防備地受到中國共產黨的控制及操縱。加拿大的一些建設公司認為這樣會降低國內市場的競爭力，於是聯合起來遊說政府否決此筆交易。該遊說團體指出愛康所簽訂的某些合約涉及可能是敏感的資產，例如電信設施、核電廠、還有英屬哥倫比亞的水力發電所「C址水壩」。持相反看法的人則稱，愛康的合約通常只涉及例行工作，例如埋設光纖、更換核電廠汽輪機等等，不至於會讓中交國際取得智慧財產。二月，政府下令對收購案進行安全審查。三月，兩間公司推遲了交易，等待安全審查在七月完成。但到了五月底，政府出手否決了收購案。小杜魯道在解釋他為什麼要這麼做時，提到澳洲政府在二月限制外資對土地及基礎建設的投資。小杜魯道告訴記者：「我們很容易就可以看到在澳洲所出現的同類型投資案，澳洲人突然領悟到他們的電網有相當大一部分……是由他國的政府所持有與控制。一定會有人擔心，〔我們〕國家是否能以促進及維持主權的方式，對公民持續提供保障與必要服務。政府嚴肅地看待我們的情報安全機構所做的工作……而他們提出非常明確的建言，那就是繼續進行此一交易並不符合加拿大的國安利益。」

不出所料，此一決策招致中國官員無禮的回應。中國外交部發言人陸慷說：「我們反對動輒以國家安全為由進行政治干預。我們希望加方能夠摒棄偏見，為中國企業赴加投資提供更加公平良好的環境。」駐加拿大的中國大使館也插進來聲明：「加拿大政府所作的決策對中加投資合作肯定不是一個好消息，特別是對中國投資者來加投資的信心造成打擊。」

長遠來看，停下來思考中國國有企業和其他與中共走得很近的企業，對加拿大當然是一件好事。但市場對自由黨否決此案的立即反應是一團迷惑，因為這看起來和從前處理諾賽特與ＩＴＦ兩件收購案的寬鬆大方根本相反。愛康收購案是否可能形成新的里程碑仍然有待觀察，這將決定自由黨政府如何看待有中共背景的企業在加拿大所做的投資。無論華為事件及愛康事件是代表了自由黨政府對中資的態度確實改變，或者只是一時的政治權宜，渥太華與北京的關係都將產生重大影響。最直接的影響就是雙邊自由貿易協定時斷時續的談判。

早在愛康案的決策於五月公布之前，中國官員已經表現出他們受不了加拿大人——不是自由黨政府——用某種態度看待基本上是中國政府的分支機構來收購加拿大國內公司。二〇一八年四月，中國駐加拿大大使盧沙野在一帶一路座談會上提到，中國斥資一兆元推動一帶一路，要建設橫跨亞、非、歐的基礎建設；盧在講話中針對加拿大人的心態發了一番牢騷。他說：「加方某些人視中國國企為怪物。他們是企圖通過詆毀中國國企，來打壓中國企業的競爭力。這種手法是不道德的，也是徒勞的。」他堅稱大家可以相信中國，中國只會採取對加拿大最好的行動：「中國沒有那麼可怕，我們也從未想過要對加拿大怎麼樣。希望加方調整好自己的心態，不要老戴著有色眼鏡看中國，更不要以國家安全為由為兩國合作製造障礙。」

可是，中共的分支機構所進行的強力投資，已經使得加拿大人一想到要與中國簽訂自由貿易協定就侷促不安。民意調查顯示，當加拿大人被問到是否贊成與中國自由貿易這類單純沒有歧異的問題時，他們會平均分成兩派。加拿大亞太基金會二〇一六年的民調就是典型範例。調查結果有百分之四十六受訪者贊成與中國自由貿易，百分之四十六反對。不過一旦訪員開始在問題中引進更多細節，例如中國與加拿大在經濟和社會規模上的極度不平衡，以及中國國企是如何主宰了中國市場，加拿大的受訪者就緊張起來了。例如納諾斯研究公司在二〇一七年十二月公布的民調，對於將加拿大經濟體開放給中國國營企業，有百分之八十八的受訪者感到「不安」或「有點不安」。加拿大人很有理由退縮，因為事情明擺在眼前，北京和渥太華想從自由貿易協定得到的收穫相當不同，其中還有一大部分是彼此矛盾。布魯克大學政治學教授查爾斯．柏頓從前是加拿大駐華大使館的外交官，他二

○一七年七月為麥克唐納—勞里埃研究所撰寫的文章清楚地點出此一困境。他寫道：「中國對加拿大的興趣遠不止是貿易，而是決心要建立兩國的『戰略夥伴關係』。其中包含各式各樣非經濟性的元素，以及提高加拿大在經濟上依賴中國貿易及投資的可能性。加方把自由貿易的重點放在促進繁榮，北京則把自由貿易看成一項工具，用以提高中國的整體地緣政治利益，這是中國全面崛起不可分割的一部分。」

自由黨二○一五年底重新執政的時候，他們渴望達成的自由貿易協定裡面包含了他們自己所規畫的地緣政治利益。自由黨人大力推銷他們所謂的「進步的貿易進程」。根據此一理念，自由貿易協定要納入保障勞工權益的行為規範、人權、提高女性地位的規定、環保標準等。面對價值觀與加拿大相近的國家，這個理念會得到某種程度的支持，例如與歐盟簽訂的自由貿易協定以及目前正與日本進行的自貿協商。但北京一開始就發出絕不接受的訊號，認為此一做法等於嚴重干涉其內政，是輕視其主權的一種表現。二○一七年四月，北京的新任大使盧沙野剛到渥太華，他在接受《國會山莊時報》採訪時表達得再清楚不過了。盧沙野說他強烈反對自由貿易談判摻雜進「非貿易因素」：「在商業談判中，把民主、人權作為籌碼，我認為是對民主、人權價值的褻瀆。如果這樣，人們會問：民主、人權價值幾何？」小杜魯道和他的政府不知怎麼了，居然沒聽懂盧的訊息。二○一七年十二月初，總理偕高級代表團前往北京，顯然是安排好要盛大宣布開始自貿協定的正式談判。但小杜魯道和代表團在中國首都四周晃蕩了兩三天，沒有辦成什麼事情，也沒有發表重要宣布。中方則正如他們先前所說的那樣按兵不動。讓人吃驚的是，明明出訪前幾個月就已經知道雙方沒有彼此都可以接受的立場來展開談判，但加拿大代表團還是就這樣前往北京了。

駐溫哥華總領事佟曉玲在本章開頭所說的話，清楚表明了中國共產黨的立場：「我們不會為了簽訂自由貿易協定而改變原則或軟化立場，我們反對在經濟協議的談判過程中把政治條件當成交易的籌碼。」當然，有助於北京達到目的的政治條件，就不算在裡面。小杜魯道在北京漏氣之後，鼓吹自由貿易協定的加拿大組織大多繼續主張，只要談判時懷著小心謹慎的態度，並且提供更為長遠的願景，協定還是可能談成的。然而，某些特定人士對此充滿懷疑，特別是曾經派駐亞洲的加拿大卸任外交官。前文提到的柏頓便是一例，他定期在各平台寫稿，為熱切嚮往中國的人士潑一些必要的冷水。又如藍道夫·曼克，他曾經擔任加拿大駐馬來西亞大使、駐巴基斯坦大使、駐阿富汗大使，後來到黑莓公司當副總裁，也是巴爾西利國際關係學院的研究員。曼克寫了一篇重要的論文，《重新評估加拿大的亞洲貿易》，由加拿大全球事務研究所發表於二〇一八年一月。論文一開始就說：「中國在十二月拒絕接受小杜魯道總理為展開自貿談判所作的努力，也許是幫了我們一把。」他寫道，這段小休讓加拿大有機會仔細思索，在逐漸浮現的世界秩序裡面，與中國保持什麼樣的關係對加拿大最好。首先要掌握一件事，加拿大與中國之間的自由貿易協定是「不相匹配到了極點，我們不該催眠自己說這只跟貿易有關係。雙方除了在地緣政治上的圖謀、意識形態、治理方式、文化、語言等各層面有著天壤之別；當我們面對中國時，我們所面對的是比加拿大多出將近三十倍的人口、大上七倍有餘的經濟體、超過三比一的貿易逆差這樣的局面。」

曼克說，加拿大對中國的主要貿易目標應當是增加對華出口，取得進入中國市場的更多管道。但是這沒那麼容易，而且在政治上會受到中共限制。「中國經濟乃是由中央規畫、由國營企業以及享有特殊待遇的民營企業所組成的集團來推動。中國的國企數量達到十五萬家之多，有些由中央政府持有，有些由地方政府持有。」他接著講，自由貿易在原則上是個有益的目標，但是「當其中一方具備大量優勢，體系又傾向於維持這樣的差距，這時理論就必須讓位給實務考量。」

曼克的結論是加拿大不必與中國簽訂完整的自由貿易協定。「本文所作的快速評估顯示，我們真正需要的不是典型的自貿協定，而是在中國進行更加積極的推廣計畫，以提高〔加拿大〕出口。至於貿易政策方面，真的要說的話，應該要發展出高度細緻、焦點集中的部門策略，目標則是提高對中國的出口。」加拿大應該花更多心力與願意接受社會進步元素的國家達成貿易協定，例如跨太平洋夥伴全面進步協定的其他十國，或者東南亞國協的十國。[8]「說到底，有加中自由貿易協定固然不錯，但這件事對我們就跟對他們一樣，並非生死攸關。」

8 加拿大本身也是跨太平洋夥伴全面進步協定（ＣＰＴＴＰ）的一員，其他十國分別是日本、澳洲、紐西蘭、馬來西亞、新加坡、越南、汶萊、墨西哥、智利及秘魯，美國原本也是發起國，但在二〇一七年年初退出。東南亞國協的十國則是印尼、馬來西亞、菲律賓、泰國、新加坡、汶萊、柬埔寨、寮國、緬甸、越南。

12

別管品質了，感受一下寬度[1]

Never Mind the Quality; Feel the Width

我擔憂的是，歷經了前一任政府〔自由黨〕之後，本省在各國間已贏得了「法外之地」的名聲；一個法令不及於白領犯罪、詐欺、逃漏稅以及洗錢的司法管轄區；一個就算有法令也完全不執行的地方。

——英屬哥倫比亞檢察總長尹大衛，二〇一七年十二月

當中共在二〇〇〇年代初期鼓勵中國國營企業及民營企業買進海外資產，個別的中國有錢人也看到這是保護他們財富的一條妙計。位於上海的顧問及媒體集團胡潤研究院於二〇一二年公布與中國人民銀行合作進行的研究，發現中國的百萬富翁和億萬富翁之中，百分之六十的人要不是正在辦理移民，就是已經決定要移民。胡潤研究院的另一份分析報告指出，就平均值來看，中國最有錢的人會把百分之二十的資產留在海外。二〇一五年，官媒《人民日報》的網站上出現一篇報導，說另一項研究顯示百分之五十以上的中國富人正設法移民。報導只在網站上登出很短的時間，因為中共幹部發現這樣的數字無法讓人對政權的穩定充滿信心，於是審查員出手，報導被刪。

為什麼這麼多有錢的中國人都決定要把身家財產弄出國？這些人畢竟是紅色貴族，他

們是前任最高領導人鄧小平在一九八〇年代推動的經濟革命中受益最多的人了。他們要嘛本身是中共統治階層的菁英，要嘛就是與統治菁英有緊密的家族或商業連結。這些人本來應該是新中國國內最有安全感的人，但他們顯然並不感到安全。將家人與資產移往海外的驅力到底有多強，中國共產黨中央紀律檢查委員會（中紀委）二〇一四年所作的研究給出了清晰的全貌。中紀委發現，黨中央委員會的兩百零四位委員裡面，百分之九十一的人有近親和資產在海外。中央委員會是中國共產黨內第三重要的組織，僅次於中央政治局常委會以及中央政治局。不但如此，中紀委調查自己的成員，發現其中的百分之八十八有近親已移民海外，取得外國公民身分。

中國所孕育出的文化宏偉而穩定，歷經政權更迭依然不變，但這個文化從來不曾產生過公民全體能夠信任的政府。長久以來都有人將家財藏在國內外。在一個政治永遠不確定的國度，一定要有隱藏的資源，以致無論當下是誰掌權，他們都不會知道也碰不了。約莫二〇〇五年開始，有錢的中國人開始將財富移往國外，投注在不動產、開設公司以及購

1《別管品質了，感受一下寬度》(*Never Mind the Quality, Feel the Width*)，是一齣自一九六七年播到一九七一年的英國電視喜劇，主角是兩位在倫敦東區開店的裁縫師傅，一個英國猶太人，一個愛爾蘭天主教徒，雖然一起工作了二十年，卻完全無法理解對方的信仰與政治立場，因而總是吵得不可開交。

買其他資產，而且金額愈來愈高。這是一段特別充滿不確定感的時期，中國領導人是乏味無趣的主席暨總書記胡錦濤。當時全國各地都有大規模的社會動盪發生，但只有少數幾起事件受到西方新聞工作者的注意（或者能夠報導）。國務院下屬的主要研究機構中國社會科學院（中國社科院）這麼多年來都有記錄並公布「群體性事件」發生的次數，所謂「群體性事件」的定義是，社會動盪爆發時的人數達到千人以上，並且必須出動鎮暴部隊或人民武警才能加以制止。後來中國社科院不再公布年度數字，因為太難看了：新世紀第一個十年快要結束時，一年約有十八萬件。但社科院仍然會統計次數，他們的報告也往往會洩露到公共領域。經過了許多年，數字都維持在大約每年十八萬件，也就是平均每天發生五百起大規模事件。中共之所以能夠壓制這樣的動盪，是因為暴動及示威往往起因於當地事件。它們從來沒有引發全國性的運動，像天安門廣場的學生或法輪功那樣，可以真的挑戰到中共。

每日發生五百起暴動的原因都來自地方黨幹部的貪污舞弊。其中一種重大貪腐遍布全中國，是地方黨幹部徵收農民土地後賣給房地產開發商，以挹注中國營建業的榮景。另一種是經營失敗的公司老闆和主管一夜之間把工廠關閉，帶著剩下的錢潛逃，讓他們的工人沒了薪水和退休金。到了二〇一〇年代初，情況有了重大變化，超過一半以上的示威抗議轉而針對污染當地空氣、水源與土壤的工廠或其他產業，因為這些污染已經嚴重到危害附近居民的健康。

維也納大學東亞研究系的顧克禮在二〇一七年十一月發表文章，試圖用一種新的角度來看待此類動盪。他同意中國每年約有二十萬起抗議活動的說法，但是在審視各地發生的七萬四千四百五十二起抗議之後，他反對把其中的大部分歸類為嚴重事件。顧克禮的論文指出，一般的抗議活動人數很少，也只有少數抗議會演變成暴力事件。抗議活動多半是快要過年前發生在製造業重鎮，那時工人正打算返鄉過節，卻還沒有拿到薪水。不過，論文也指出，住宅所有權人發動抗議的比例急速增加——他們正是新興的中產階級。此類抗議往往是由於房地產開發商沒有履行承諾所導致的衝突。開發商或是宣告破產，或是沒有歸還訂金，或者就是沒有如期完工、或交屋後發現品質不佳。

習近平在二〇一二年掌權後，改變了中國境內對何謂「安全」的看法。一方面，習近平加強內部維安，以「中國夢」的帝國教義喚起極端愛國主義，似乎是壓制了動盪不安。他的政權也採取重大措施來克服國內駭人聽聞的污染問題。另一方面，習近平堅決不移地追求個人權力，打著反腐敗鬥爭的旗號——其間數十萬名失寵的黨幹部遭到紀律處分——提醒了位居中國紅色貴族最高層的每一個人，在現代中國，沒有個人安全這件事。第二本護照以及藏在海外的家產，是習近平治下的中國必備的求生工具。

中國有錢人選擇的目的地是司法體系保障私有財產的國家，例如美國、澳洲、紐西蘭、歐盟諸國，以及東南亞的幾個地方，特別是新加坡。加拿大也很熱門，如前文所述，因為有投資移民計畫，大門又向留學生敞開。加拿大還有一個亮點，那就是官方從來沒有認真保留對於財產和公司實質受益人的可公開紀錄。加拿大是個很容易洗錢、藏錢的地方。根據《胡潤百富》月刊，溫哥華特別受到歡迎，超過了其他海外的移民城市，例如雪梨、倫敦、新加坡。該刊說，溫哥華的吸引力在於環境清淨、飛往中國所需時間相對短、學校好，而且有相當多會說普通話或粵語的居民。

二〇一七年三月，總部設在柏林的全球反貪腐聯盟「國際透明組織」，公布了一份更為尖銳的分析報告，《門戶洞開：四個關鍵市場中的貪腐與房地產》研究了美國、澳洲、英國和加拿大如何處理「貪腐菁英」所帶來的錢潮。這份報告的發現來自G7各國在一九八九年成立的「防制洗錢金融行動小組」。二〇一三年，行動小組發現自二〇一一年至二〇一三年間有關當局沒收的非法財產中，有百分之三十投資在房地產，通常是利用空殼公司或信託來進行。

國際透明組織的報告寫道：「匿名的公司或信託能夠這麼容易取得財產權和洗錢，直接肇因於各個有吸引力的市場在法規及執法方面的不足。」針對洗錢者所鑽的十大漏洞，加拿大被判定為十項中有四項屬於「嚴重缺失」。其他六項則是「有顯著漏洞，足以使透過房地產洗錢的風險增加；或執法有嚴重的問題」。

報告接著寫道：「國際透明組織加拿大分會分析了土地所有權紀錄，發現大溫哥華地區價值最高的百處住宅當中，有近半數的產權結構隱藏了實質受益人。又有近三分之一的物業是透過空殼公司持有，此外至少百分之十一登記為代名人（〔nominee〕用來隱瞞屋主身分的名義人）所持有。」

國際透明組織的報告認為，加拿大在要求房地產仲介、建商、會計師、律師通報「可疑或大量現金收付」方面漏洞百出。報告舉例說明，加拿大最高法院曾判定，律師通報疑似洗錢的交易乃是違憲，因為此舉「妨礙了律師為委任人資料保密的職責。有鑑於他們（律師）在房地產交易時所扮演的角色，如果他們不承擔防制洗錢的義務，那麼就會出現重大漏洞。」

至於確立房地產實質受益人身分這方面，加拿大的表現也沒有好到哪裡去。國際透明組織說：「加拿大國內的法規並未針對房地產交易中的非金融專業人員，在執行盡職調查時，必須確認實質受益人的身分。」如此的匿名帷幕形成了完美的掩護，讓紅色貴族將資產藏起來，避開虎視眈眈的中共中紀委。

加拿大的房地產市場對於想要洗錢的公司也很有用。報告稱：「在加拿大，外國公司購買不動產時無需申請登記。更有甚者，加拿大的地政事務所並不留存不動產實質受益人的資料，只有登記名義人的資料——可能是空殼公司、信託或者代名人。」這些規定簡直有如為了洗錢者及企圖隱匿財產的人而訂定。

國際透明組織的報告認為，加拿大、澳洲及美國都過度依賴金融機構在進行房地產交易背景調查時發現並舉報洗錢，而忽略了在上述國家其實「有相當大比例的房地產買賣是以現金交易，因此無需金融機構經手。特別是當外國人購買高價不動產時往往如此。」加拿大財政部二〇一五年公布的報告也指出，現金交易以及大量現金的訂金，都是洗錢的重要手段。

國際透明組織的報告說，加拿大各級機關異想天開地以為，房地產仲介、建商、會計師「會在每次合理懷疑某項金融交易涉及洗錢時，就該筆正在或打算進行的交易提出可疑交易通報。」在一個如此熱絡的房地產市場，當這些交易可以讓會計師、房地產仲介、建商賺到一大筆錢時，卻認定他們會仔細審查每筆交易，未免樂觀到了極點。國際透明組織的報告援引加拿大金融交易暨報告分析中心（金融分析中心，FINTRAC），指出房地產市場提出的可疑交易通報僅有「極少數」。十年之間，房地產仲介業申報的可疑交易有一百二十七筆，與房地產有關的銀行業與證券業則申報了一百五十二筆。國際透明組織的報告寫道：「以上數字要放在更大的脈絡下來看。這段期間，即二〇〇三至二〇一三年間，中辦房屋貸款的金額超過九兆元，房地產成交筆數約為五百萬筆。」十年間，協助處理這些交易的房地產仲介、律師、銀行，卻只申報了兩百七十九筆可疑的交易。

即便處理房地產交易的人士胸懷磊落、光明正大，他們在洗錢方面所受的訓練及其應負的責任卻是零碎且不一致的。國際透明組織報告寫道，在加拿大，不動產經紀人的證書由省政府核發，全國並無共同規範。某些省份要求申請人必須接受防制洗錢的訓練才能夠取得證書，但其他省份就沒有要求。這樣的結果是，加拿大各地的房地產仲介及經紀人對於洗錢的問題及該如何面對，並沒有一致的理解。

至於協助進行房地產投資交易的律師，更是令人感到霧裡看花，看不清他們的作為。國際透明組織的報告節錄了二〇一五年加拿大財政部就洗錢所作的報告：「這些律師可以在知情或不知情的情況下為非法所得資金提供合法性且／或隱匿其來源……加拿大國內的律師及律師事務所並無義務必須建立防制洗錢的工作項目，也無義務必須在協助房地產交易時審查其委任人。」加拿大通訊社二〇一六年的報導「指出，加拿大金融分析中心四年間所視察與稽核的八百間房地產公司當中，超過百分之六十對於防制洗錢明顯缺乏準備或非常明顯缺乏準備。」

國際透明組織報告稱讚加拿大金融分析中心「在監管金融機構，以及指定非金融事業或人員，例如會計師、公證人、房地產仲介，以防制洗錢」方面，是四國當中做得最好的。報告提到，金融分析中心在全加拿大進行的房地產交易檢核工作已增加了三分之一，在英屬哥倫比亞更是以往的四倍。「然而，加拿大金融分析中心還是必須強化自己的產業專才，對房地產業提高監管。」

金融分析中心的弱點之一在於它制裁、處罰違規者的權力有限。國際透明組織報告寫道：「二〇一〇年至二〇一五年三月之間，房地產仲介業被處以行政罰金的僅有七次，金額總計十九萬七千三百一十元，有兩名房屋仲介被公布姓名。違反規範的罰款通常只有數千元，低於單筆交易的佣金。」

雖然國際透明組織的報告沒有明言，但報告所描繪的加拿大就是一個特意寬鬆縱容、甚至鼓勵人利用其房地產市場將非法之財洗白、將可疑資產藏匿的地方。還有人講得更直接。加拿大，特別是溫哥華，已經享譽國際，不只是中國有錢人也是中國黑幫要藏錢的首選目的地。這種形象深植人心，以致澳洲麥考瑞大學安全研究暨犯罪學系的約翰·藍戴爾，在二〇一七年十一月對澳洲情報人員針對洗錢一事演講時，就提到跨國犯罪的「溫哥華模式」。

加拿大對可疑外資敞開大門的結果，就是溫哥華及多倫多的頂級住宅交易價格呈現爆炸性的升幅。很快地，本來還在低檔的房地產價格就給拉抬上來。二〇一七年，溫哥華房價的中位數已經來到了一百萬元。錢潮以千鈞之勢湧入溫哥華，帶來了某些嚴重的後果。其中最重要的就是，讓人以為加拿大傳統的社會平等價值正在消失，而且慢慢地變成像許多其他國家一樣，一小撮富有的菁英和其他人之間的貧富落差導致危險的社會分裂。有些原本就有房子的人或是投資客，一窩蜂地搶進房市，透過買進賣出賺了一大筆錢。聰明人趁著房價看漲便把溫哥華的不動產換成現金，然後搬到加拿大別的地方，一來可以買到更大、更好的房子，二來剩下的錢又可以存進退休基金。眼光沒放那麼遠的人，開始靠房子的市值辦信用貸款，借到的錢可能是用來裝潢，也可能只是用來維持他們想要的生活水準。很多人都拋棄了以基金為本的退休規畫。反正他們投資在房子的錢每年好像都會獲利三成以上，那麼把錢放到共同基金去賺那塞牙縫的百分之五、百分之六，有什麼意義啊？然而如此一來，一旦房地產市場衰退，民眾就很容易受害。尤其是對年輕人來說，房價如此高漲使得他們幾乎不可能擁有自己的房子，擁有房產本來是加拿大人自然會有的期望。

到了二〇一〇年代中，溫哥華房市扭曲到各家公司連招募及留任員工都開始有困難的地步。能夠移往未受中國資金衝擊的地區或省份的公司便開始搬遷。溫哥華市長羅品信二〇一七年十一月接受媒體採訪時表示，大量金錢的流入衝擊英屬哥倫比亞底層的力道「就像一噸磚頭。我們面對一大問題，就是省政府和聯邦政府沒有盡責管制全球資金流入與管制房地產業，確保稅金得到繳納，以及炒作與轉手投資得到控制。」他沒說出口的是各級政府都從流進來的錢所形成的泡沫當中賺了錢，根本就不想嚴格審視這筆意外之財意味著什麼。

英屬哥倫比亞在二〇一七年換新民主黨執政，檢察總長尹大衛同年十二月針對溫哥華洗錢現象發表演說時表示，他相信前任的自由黨政府（省長為簡蕙芝）考慮過嚴查白領犯罪、詐欺、洗錢，但最後決定順其自然還是比較好。這使得他很難不做出這樣的結論，那就是簡蕙芝政府認為，對洗錢睜一隻眼閉一隻眼可以讓該省的經濟更有競爭力。「前一任政府，在我看來，顯然知道我們的名聲已經愈來愈糟。」

換言之，尹大衛懷疑將英屬哥倫比亞變成當代海龜島[2]乃是有意識的決策，因為犯罪活動衍生來的金錢充實了省府的財庫。無論這是不是真的，此時市場顯然已經扭曲到危險的地步，政府要以任何行動恢復秩序都已太遲。任何規範、管制或有效的稅制，都很可能造成數萬、也許數十萬加拿大人，被房子的負資產給綁死，然後一輩子負債。政府雖然對外國買主課徵百分之十五的稅率，但沒有什麼作用。對許多要把財富存在海外的中國人來說，這樣的稅不算一回事，要避開也很簡單。根據國際透明組織報告所言，有一種簡單的逃稅方式，就是讓不動產在書面上由一間登記在英屬維京群島等避稅天堂的號碼公司[3]所持有。要出售該不動產時只要把號碼公司賣掉就行了，新任屋主在加拿大境內不會留下紀錄。

把錢帶出中國本來是有嚴格管制的。中國公民每次的海外旅行只准攜帶相當於五千美元的現金，每年不得超過五萬美元。由於資金出逃的秘密本質，使得每年流出中國的確實金額難以掌握。中國人民銀行以前做過非法流出資金的估算，在所有的估算值中算是最低的。到了二〇〇〇年代中葉，有一份報導稱人民銀行表示，自一九九〇年代中葉以來，由中國流出去的金額相當於一千三百億美元。人民銀行相信這些錢是這段時期的不法所得，

2 位於加勒比海的海龜島（Tortuga Island）是哥倫布因其形狀類似海龜而予以命名。十七世紀時成為法國、英國、荷蘭海盜的根據地。此處意指英屬哥倫比亞容納了這麼多不法所得之後，就成了惡名昭彰的海盜根據地。

3 號碼公司（numbered company）是一種不取名而以政府指定之流水號為正式名稱的公司。比起登記名稱有意義的公司，在手續上較為簡單便宜。

持有人則是一萬六千至八千名貪腐的共產黨幹部、商人以及某些據悉在海外消失的人。不過按照大部分其他來源的估算，二十年間才一千三百億美元，實在遠少於實際情況。是的，在本世紀最初十五年的大部分時間內，每六個月左右就會有一千三百億美元流出中國。二〇一五年，光是八月就有兩千五百億美元逃離中國。

近年來最具權威的估計值包括《華爾街日報》在二〇一三年的報導：截至二〇一二年九月底的十二個月期間，中國有錢人總共將兩千兩百五十億美元非法移出國外，是同期外國對中國的直接投資一千兩百一十億美元的將近兩倍。總部設於倫敦的「財富遠見」分析公司在二〇一五年估計，中國有錢人藏在海外的資產總值將近六千七百億美元。約莫同時，「波士頓顧問集團」估計的總值明顯較低，是四千五百億美元。最具公信力的數字之一，來自設於華盛頓的一個遊說團體「全球金融廉正」，其遊說目標在於防堵洗錢的漏洞以及封鎖貪腐的管道。二〇一四年底「全球金融廉正」表示，根據計算，二〇一二年中國的非法金流略少於兩千五百億美元；二〇〇三年起平均每年流出一千兩百五十億美元，十年期間總額一兆兩千五百億美元。二〇一五年，中國人民銀行對出逃現金所蒐集的統計數字開始追上其他估算值。二〇一五年五月，人民銀行公布了當年第一季度的資金流動數據。兩個星期之後，法國的主要銀行巴黎銀行提出報告，分析人民銀行的統計數字。巴黎銀行的結論是二〇一五年頭三個月，非法逃出中國的資金略多於八百億美元，於是預測二〇一五年全年度為三千兩百億美元。比起巴黎銀行二〇一四年以中國政府當年的統計數字所推估的兩千四百四十億美元還要更高。然而，三千兩百億美元的估計值還是遠低於二〇一五年的實情。彭博新聞社認為，僅二〇一五年第四季，就有三千六百七十億美元離開中國。最具決定性的數字來自國際金融協會，估計二〇一五年逃離中國的錢略少於一兆美元。

把錢弄出中國的手段五花八門。只要有可能，中國有錢人就會設法建立外國聯繫，讓他們可以提供給當局看起來正當的理由，以便跨越每年五萬美元的匯出上限。當然，最信得過的管道就是與海外親戚進行私下的信用交易。這些親戚可能是移民或者是在外國學校、大專院校留學的孩子。加拿大與多數西方國家一樣，允許持有學生簽證的人士在銀行開戶、購買不動產或其他資產、以及申請信用額度。

香港是全球金融中心，有錢的中國人常常透過這個管道把錢弄到世界上的其他地方。澳門也一樣，擁有目前全球規模最大的賭博業，方便洗錢以及將財富搬出中國，移到全世界任何指定地點。有一段時間，加拿大（特別是英屬哥倫比亞）的賭場成功地把洗錢者拒於門外。但到了二〇一〇年代中葉，有一個犯罪圈發展出來，把加拿大街頭毒品交易所得的現金拿來借給一擲千金的中國賭客，讓這些賭客在加拿大的賭場購買籌碼。這套運作不但利用英屬哥倫比亞的賭場將毒錢洗白，也讓有錢的中國人可以拿錢在加拿大購買不動產或公司。這些有時被稱為「大鯨魚」的豪賭大戶，會先在中國境內付款，然後在溫哥華收取賭本，如此就繞過了中國對資金出口的管制。這門生意很快就做得十分龐大，而且非常複雜。二〇一七年九月，郵報傳媒旗下的各報刊登了記者山姆．古柏花了六個月進行的調查報導，主題是毒品與賭場洗錢，展開偵查行動的是皇家騎警，代號「電子海盜」。「電子海盜」的目標是金保羅（音譯）以及他的公司銀通國際投資位於列治文的辦公室。古柏採訪了各個警隊及其他執法機構的人員，參考了依循「資訊自由法」而取得的資料，把中國富豪賭客與毒錢洗白這兩件事交織成為一篇報導。銀通海外的生意一開始是放款給中國豪賭客，其中許多人是在澳門搭上線之後，說服他們到溫哥華的賭場試試手氣。報導引用了加拿大最大的會計師事務所MNP LLP提供給英屬哥倫比亞樂透公司的稽核報告，報告說中國「大鯨魚」賭客會「在當地（中國）或者抵達溫哥華之前，收到溫哥華某人的聯絡方式」，接著賭客「以電話聯絡此人要他遞送現金」，再用這些現金在賭場購買籌碼。賭客則是「在中國境內以現金」償還這些預借的現金。當賭客在賭場把剩下的籌碼兌換掉——這正是交易的部分目的——他們就有錢可以在加拿大購買資產。一位皇家騎警探員對郵報傳媒表示，一般來說，銀通海外的人會在該溫哥華賭場外面與中國賭客碰頭——列治文的河石娛樂渡假酒店是個熱門地點——曲棍球袋裡裝著十萬加幣現金。不用太多想像力也知道：交付給大鯨魚的這筆現金就是毒販需要洗白的毒品交易所得。傳媒郵報所引述的皇家騎警人員表示，銀通海外成了一個毒品洗錢中心，一個往世界各地匯錢的中心。隨便哪一天，毒販攜往銀通海外的現金都有一百五十萬左右的加幣。現金是用來借給中國賭客的，販毒幫派則會收到賭客透過銀行電匯出來的錢。郵報傳媒的報導說：「銀通的操作演變得如此細膩，竟然可以電匯到墨西哥和秘魯，讓毒梟不用帶現金出加拿大也能買毒品，以及用中國境內發出的假造請款單來掩飾這些國際匯款。」

二〇一五年皇家騎警搜查了銀通海外的辦公室，在公司電腦裡找到了詳細的帳目，顯示某一年銀通海外在英屬哥倫比亞洗白了兩億兩千萬加幣，並且將超過三億的加幣流到國外。

這件事以及其他媒體報導促使檢察總長尹大衛委任皇家騎警卸任副長官彼得·傑曼，來審視英屬哥倫比亞的洗錢狀況，尤其是透過省內的賭場洗錢。傑曼的報告在二〇一八年六月公布，結論說：「溫哥華是以中國為基地的組織犯罪活動中心。」報告稱：「各犯罪組織已凝聚為一個複雜網絡，地下錢莊為其核心。經過洗白的錢在溫哥華與中國之間進出，並移往其他地點，包括墨西哥及哥倫比亞。」

報告說該省「失能的」賭場管理體系——管理之職由英屬哥倫比亞樂透公司及省政府主管博奕及募款的部門共同分擔——明擺著歡迎洗錢者前來洗錢。如此一來，省級的政治人物並不想過於仔細地檢驗賭場裡面發生的事，因為他們會從賭博活動中得到豐厚的抽成。賭場對省府財政的貢獻僅次於一般稅收。

中國境內愈來愈廣為使用的信用卡及借記卡（簽帳金融卡），對於搬運金錢到海外大有幫助。富裕的中國遊客經常造訪的各城市，包括溫哥華及多倫多，往往都有商店為了賺取佣金，願意提供大筆現金以及假造買賣的刷卡簽帳單，讓中國遊客回國時出示給海關。把非法財產弄出國的其中一種方法簡單得嚇人，那就是把錢裝進行李箱，買通海關人員，然後上飛機。加拿大是行李箱運錢法的首選目的地之一，因為加拿大邊境服務署難以找到根據來判定這些錢可能是犯罪活動的收益而予以沒收。只要錢有申報，幾乎都容許入關。如果旅客未申報他或她攜有一萬元以上加幣，而且又被查到了，只要關員判定這筆錢並非犯罪收益，那麼罰金是極少的，尤其是初犯。繳納罰金後，通常就容許旅客把錢帶進加拿大，不像在美國往往扣押未申報的金錢。

雖然私人移出中國的財產總額如此之鉅，目前為止，從中國流出的金錢最大的一部分還是透過商務網絡。利用假造的請款單來矇騙中國當局，以得到許可將錢運往海外，是最常見的方式。對於已經在海外設立子公司的中國商人來說，程序很單純。他們只需要將海外公司的營運成本灌水，就可以把資產轉往國外帳戶。同樣地，當購買海外產品、利用海外服務，他們可以要求對方提供假造的請款單，把費用調高。包括全球金融廉正在內的幾項研究調查顯示，逃離中國的錢至少有百分之六十是通過假造請款單。

當然了，在中國共產黨這個循環的食物鏈最頂端的人擁有最可靠安全的管道，能將自己的財富移出中國。二〇一六年，「國際調查記者聯盟」收到數百萬份機密電子檔，就是所謂的「巴拿馬文件」，檔案來自專門替客戶在避稅天堂成立信託和開設公司的代辦公司。位於新加坡的保得利信譽通以及位於英屬維京群島的聯合信託所外洩的檔案中，有兩萬兩千筆中國大陸及香港客戶將資產放在避稅天堂的資料。清單顯示出許多紅色貴族的姓名，例如習近平的姊夫鄧家貴、前總理溫家寶的兒子溫雲松、前主席胡錦濤的堂侄胡翼。整份名單列舉的包括中共政治局七位常委當中五位常委的近親，以及中國境內多數大公司的老闆。按照英屬維京群島當局的統計，他們的境外業務有百分之四十來自亞洲，主要是中國。

巴拿馬文件以及之後在二〇一七年公布的「天堂文件」，[4]令社會大眾認識了很多逃稅漏稅的計謀策略，也了解到在英屬維京群島、開曼群島等避稅天堂開設號碼帳戶所帶來的匿名保障。

這些文件，加上國際透明組織提出的房地產交易報告以及聯邦政府的各種研究，凸顯出一項關鍵事實：從中國流到加拿大的錢不是乾淨清白的。把錢偷渡出中國所運用的體系，必須要外國合作夥伴自願提供不實文書。這表示了貪腐的風氣跟著錢一起進了加拿大。這樣的跡象在加拿大四處可見，例如縱容房地產業的官商勾結，無視文憑等證書的顯然造假，故意不查進出我們的金錢來源。當然，加拿大的貪污舞弊並不是紅色貴族的萬貫家財創造出來的。打從歐洲墾殖者踏上這片土地的那一刻起，地方當局與房地產業之間千絲萬縷的關係就是不健康的。加拿大的市議會的利益和當地房地產業的利益往往沒有區別，因為許多市議會議員根本就是建商。如同國際透明組織報告所指，中國錢是由本來就敞開的門戶溜進來。我們目前所面臨的危險是，等到有一天加拿大總算認定這股錢潮不完全是好東西時，到時的貪腐行為只會變本加厲，必須花上數年，可能是數十年，才有辦法鏟除。

對於要去對抗使加拿大成為國際洗錢與貪腐天堂的那些人和那些做法，我們的政府及司法體系有一個明顯要負的道德責任、社會責任與執行責任。然而，對於協助中共逮捕與懲處被它視為罪犯的人，加拿大的道德責任就模糊得多。本書已數次提到，中國並沒有西方自由民主政體所理解的法治；中國司法體系的運作只對政府有利。中國境內的罪犯就是中共稱其為罪犯的人，而且通常指的是：此人要不具有政治威脅，要不就是因為種種理由失去了政治靠山。中國國家主席習近平二〇一二年底上台時發動的大規模反貪腐運動，就是利用法律來清洗政治對手及潛在敵人的絕佳案例。從很多方面來看，習近平的反貪腐鬥爭就像一九六〇年代到一九七〇年代初毛澤東的文化大革命，同樣達到了中共內部清洗的效果。

加拿大必須看清楚中國司法的運作方式；原因很多，但其中兩項最是緊急。其一是加拿大有可能與中國簽訂自由貿易協定或建立其他重大貿易關係，但這個政權並不接受以公平仲裁來解決爭議。其二是中共要求與渥太華簽署引渡條約，以提供法律架構，遣返中共聲稱是罪犯的人士。

在雙方沒有簽署引渡條約的情況下，中共特工數次持旅遊簽證來到加拿大。他們追蹤目標人士，企圖恐嚇他們返回中國。在大多數情況下，特工會威脅流亡人士，若是不聽話，就要整治他或她的家人。賴昌星案的曝光，使得中國特工在加拿大秘密活動的問題首度引

4 繼二〇一六年的巴拿馬文件之後，二〇一七年十一月又有涉及一千多萬筆海外投資的天堂文件洩漏出來，遭到揭露的知名人士包括英國女王、哥倫比亞現任總統璜·曼努埃·桑托斯以及美國現任商務部長威爾伯·羅斯。

起社會大眾的關注。賴是一個以廈門為基地的大型走私集團首腦，當政治風向變得對他不利時，於一九九九年偕同妻兒潛逃加拿大。他抗拒遣返長達十二年，其間有一組中共特工曾帶著他的一個兄弟偷偷來到加拿大，試圖強調他家人所面臨的危險。但賴昌星不為所動，在加拿大各法院及難民法庭持續纏訟。最後他在二〇一一年七月被遣返中國。次年，他因走私和行賄罪被判無期徒刑。

賴昌星的經歷是一個絕佳例子，顯示出當中共的法制和司法是用來當作工具以進行黨內角力之用，加拿大要與中國簽訂任何正式條約將會多麼危險。賴昌星的走私王國之所以蓬勃發展，是因為他會跟福建省的軍方及文官打好關係，給他們送紅包。和賴昌星往來的人並不是隨隨便便的省級幹部。他在軍隊裡的朋友包括人民解放軍總參情報部的少將姬勝德。根據幾份有公信力的台灣雜誌報導，賴昌星的走私活動有解放軍的船隻保護，有時候甚至會開火。賴本身屬於國家主席江澤民的派系。當時的福建省委書記是江澤民的親信賈慶林。後來賈慶林轉調，在一九九六年接任北京市委書記，次年被選進中共中央政治局。二〇〇七年他又往上爬了一階，成為中央政治局常委。賈慶林主管福建時，妻子林幼芳是該省外貿局黨委書記。我們實在很難相信，賈慶林及林幼芳對賴昌星的走私活動不知情，也沒有參與其中。

一九九八年的政治情勢變得不利於賴昌星，是因為認真嚴肅、負責規畫中國大部分經濟改革的朱鎔基當上總理了。朱與中共淵源不深，中共元老和權力掮客對他同樣猜疑。他之所以能登上總理大位，是因為外國政府對他評價很高，讚美他的管理技巧與不流於意識形態的務實作風。中共覺得若中國要進入世界貿易組織成為會員，朱是最好的代言人，事實也證明如此。但要在中共內部求生存，往往必須在你的對手毀滅你之前先打倒他們。朱鎔基入主總理辦公室之後，採取了排除異己的經典做法，發起反腐敗行動。當然，他沒辦法直接攻擊愈往中共頂峰就愈腐敗的江澤民等人。賴昌星是一個目標明顯的替死鬼，他在一九九一年便已未雨綢繆申請了香港的永久居留權，從當時還是英國領地的香港，在北京掌爪伸不到的地方，遙控他的走私帝國。一九九八年初，中國海關總署的專案組完成長篇分析報告，推斷賴昌星走私集團所逃的稅高達一百億美元。同年四月二十日，中共中紀委派出一隊兩百人的專業鑑識會計人員，調查從賴昌星集團及省政府所起出的大量文件。在此同時，從其他省份調來福建的三百位武警，則協助搜查現場、扣押證物、拘留嫌犯。隨著賴昌星王國的逐步崩解，至少有十四名次要人物被判處死刑，幾百人被判徒刑，約一千人接受偵查並遭到或長或短時間的拘留。二〇一二年賴昌星本人之所以能免於一死，僅僅是因為他由加拿大引渡回中國的條件包括不能將他判處死刑。

賴昌星事件之後，隨著習近平以反腐為名遂行政治清洗之實的腳步加快，中共開始設法與中國有錢的流亡人士最常去的避風港簽訂引渡條約。北京和澳洲在二〇〇七年真的就簽了，但該條約有十年並未生效，因為坎培拉的國會拒絕批准。事情的轉折點發生在二〇一七年三月，滕博爾總理的政府撤回了提交給國會的批准案，一方面是他遭到自己黨內後排議員的反對，另一方面是聯合執政的自由／國家黨在參院是少數，這個案子在參院很難過得了。澳洲的國會議員不願批准引渡條約的原因在於，他們認為中共治下的司法運作使得引渡這件事不可行。

就在中國與澳洲的引渡條約步向終點時，加拿大居然打開大門，準備與北京簽訂類似條約。二〇一六年九月十二日在北京舉行了一場會談，與會者是小杜魯道總理的國安顧問丹尼爾．尚恩以及中共的高級國安幹部。尚恩的任務是設法讓加拿大傳教士高凱文獲釋，他被控進行間諜活動及竊取國家機密，已經拘押兩年。尚恩與會次日，丹東（高凱文居住的城市，與北韓接壤）法院便宣判高凱文有罪，下令驅逐出境。釋放高凱文的代價看來是一紙引渡條約。不久之後，渥太華發布公報：「加中雙方決定，就安全與法治進行合作的短期目標，乃是開始討論引渡條約與移交受刑人條約，以及相關事務。」

有些退休外交官和學者在報紙上發表社論，認為引渡條約對加拿大有好處。兩個論點特別盛行。一個是如此一來，中國特工就不用跑到加拿大執行搜索流亡者的秘密任務。另一個是中國的有錢人害怕被遣返回國，於是比較不傾向到此地尋求庇護。但加拿大輿論反對這類條約。就連兩位安全情報局前局長（瑞德．摩頓及沃德．埃爾考克）都說，和中共治下的中國簽訂引渡條約不是個好主意。埃爾考克擔任局長期間是一九九四年至二〇〇四年，他說加拿大絕對沒辦法從中共得到任何有意義的擔保，讓送回中國的人得到公正的司法審判。摩頓擔任局長期間是一九八八年至一九九二年，他說，在加拿大政府尚未針對中共的人權紀錄形成全面政策之前，他不明白渥太華怎麼能同意與北京簽署引渡條約。即使是最興高采烈鼓吹提升加中關係的啦啦隊長，渥太華駐北京大使麥家廉，也承認引渡條約與加拿大社會大眾所能接受的相距甚遠。二〇一七年四月初，麥家廉告訴《環球郵報》駐北京記者萬德山：「我們離協商還很遠很遠，更不要說同意這樣的協議了。」他說，這樣的條約「在我的待辦事項之中不算優先」。

引渡條約與自由貿易這些議題證明了，當中共面對的是開放的、有代議制的、有人問責的民主政府時，它能夠施加的力量就會有限。加拿大自由黨的高層人士及他們有影響力的支持者，無疑相當希望拉近與中國的關係。但當社會大眾反對，他們就沒什麼選擇，只能暫時放下此事，期待往後大眾的立場有所改變。

13

誰付錢誰說了算

Calling the Tune

首先，什麼叫外國干預？簡單來說，就是外國政府的代理人企圖影響加拿大人的意見、觀點和決斷，目標則是要獲得政治上、政策上或經濟上的優勢。這當然是一個廣泛的定義，可能牽涉到行為的許多面向，但有一點特別要注意，當某一行為是違反加拿大利益且具有欺詐本質，才能視為真正的外國干預。

——費丹，安全情報局局長，二〇一〇年七月五日

費丹提到中共在加拿大境內的影響力代理人，可以跟發生在澳洲、紐西蘭、美國以及某些歐洲國家的情況相互印證。上述國家的公共生活、學術生活、商業生活所遭受的顛覆如此明顯相似，應該足以導出結論說，對於任何和中共有重要關係的國家，它都一心意一地試圖影響其內部事務。

近年來，中共要破壞自由民主政治的決心變得更加明顯，特別是在習近平的領導下，因為中共認為中國將要回歸它在歷史上的角色，成為世界一等一的經濟及政治強國。除了危害加拿大這類國家的民主與法治之外，中共也打算代換或重整二戰之後由自由民主政體所開創及支持的國際機構。中共也已經根據其理念和價值觀另立機構，例如亞洲基礎設施

投資銀行（亞投行）。習近平主席暨總書記在幾次演講中明確地表示，中國模式的威權資本主義，對於維持穩定統治來說，比起民主政治要好得太多，任何想要與北京拉近關係的國家應該要追隨這個典範。

對加拿大而言，從中國在其他國家進行顛覆所學到的最重要教訓，來自澳洲和紐西蘭。我們這三個國家的歷史、政治、經濟、以及現代世界觀都非常類似；而中共的顛覆手法，包括獲取政治影響、遏制學術討論及言論自由、恐嚇海外華裔人士等，都來自同一套把戲。不過有個顯著的差異，那就是比起加拿大，澳洲和紐西蘭都更加公開且激烈地揭露及反制中共的活動。對坎培拉來說，這麼做比渥太華所需要的政治勇氣可要大得多了。中國是澳洲最大的貿易夥伴，也是澳洲三分之一出口商品的大買家，其中主要是出口原料。澳洲也是中資的投注重點，僅次於美國。二〇〇五至二〇一五年間，澳洲得到的中資是加拿大的兩倍。所以，當澳洲的滕博爾總理表示要推動立法，來限制外國代理人和秘密干涉該國事務的活動，那是真的冒著風險。澳洲國立大學國家安全學院的羅利．麥德卡夫院長在二〇一七年六月接受媒體訪問時表示：「我們已經進展到政治圈幾乎形成了共識：澳洲必須挺身反抗中國。」

加拿大距離形成這種共識還有一段路。我國政治圈至今還不肯承認中共的顛覆是個問題，雖然已經有徵兆顯示情況正在改變。我國的各級安全機構雖然不像政治人物那樣有所顧慮，但如同費丹事件（第九章會簡短討論）所顯現的，加拿大的政治領袖不太願意接受國安人員給他們的建議，也不太願意認可這些情報對於我國的社會及政治價值能否存續有多麼重要。

二〇一〇年初，安全情報局局長費丹通知哈珀總理的國安顧問瑪莉—露西．莫林，說他的人發現有跡象指出「某些加拿大政治人物可能受到來自外國的政治干預」。費丹告訴莫林，情報局人員還不確定他們發現的事情有沒有違反加拿大的國安法律，但他先轉達此一情報，「以便在安全情報局調查完成後，決定接下來要採取什麼程序」。調查還在進行的時候，二〇一〇年三月二十四日費丹到多倫多的加拿大皇家軍事學院演講，從此他的麻煩就開始了。費丹的講稿事先已交由國安高層批准。相關人士完全清楚，費丹演講時加拿大國家廣播公司將會錄影，作為安全情報局創設二十五週年紀錄片的一部分。演講完，費丹同意回答聽眾提問，卻忘了加廣的攝影機還開著。他後來說，他非常後悔。在飽受詆毀的隨後幾個月，他一直咬緊牙關堅稱他並未洩密。但就像他對常設委員會的證詞，「我是針對警察、情報、軍事專家所組成的聽眾提供某種程度的細節，這些是我不會提供給社會大眾的。」在回答加拿大皇家軍事學院聽眾的提問時，他講了那一段關鍵發言：「我們認為，英屬哥倫比亞有好幾個市級的政治人物，另外起碼有兩個省的廳長級人物，受到了來自某外國政府的影響，至少是受到一般性的影響。」

費丹二〇一〇年六月二十二日接受《全國》新聞主播彼得．曼斯布瑞吉訪問時說得更坦白，他提到某些人被明白地歸類為中國的影響力代理人：「他們實際上並沒有隱瞞其往來對象，但是讓我們驚訝的是，多年下來，這樣的交往變得如此密切，現在我們可以看到有幾個案例顯示，他們確實改變了他們的政策，以因應與該特定國家的交往。」

到了七月，費丹應要求到了國會公共安全暨國家安全常設委員會面前。看得出來諸位委員對費丹很不爽。當他對三月演講結束時所作的發言表示懊悔，魁人政團的國會議員瑪麗亞．穆哈妮就開始砲轟他。

她說：「費丹先生，你知不知道你感覺抱歉也不能改變一項事實？有一些英屬哥倫比亞的市級官員和省政府廳長已經被你講的話給影響了。除非你澄清，不然每個人的名譽都會遭到玷污。費丹先生，誰是我們眼前的政客賣國賊？」

費丹答道，「賣國賊」這個詞並不適合描述他所指的那種對華關係。但穆哈妮很快又把話題給拉回來，她問：「你不想指出這些廳長是誰。我是在給你機會這麼做。費丹先生，這些犯下叛國外患罪的廳長到底是誰？」

費丹再次聲明：「絕對沒有叛國或違反法律的問題。我們在處理這件事情時最在乎的，就是要確保加拿大的決定是加拿大人做的。我們想保護加拿大人。這是我們試圖要做的。」

難怪委員會在二〇一一年三月公布報告及建議時，要求費丹辭職一項高居建議事項第三位。以委員會的觀點，這是「因為，在他完全可以控制的情況之下，講出兩個省份的廳長以及英屬哥倫比亞的民選市級官員是外國政府的影響力代理人，使得這些民選官員的操守與正直遭到懷疑，並且製造了社會上猜忌及草木皆兵的氣氛。」

委員會並沒有提出證據來證明費丹的言論製造了委員們所說的「猜忌及草木皆兵的氣氛」這種忐忑不安。當時在渥太華之外，也沒有任何事件與反應顯示費丹的觀察導致了類似的結果。委員會對費丹的詢問，充滿了過度政治正確的躁動腔調。可以肯定的是，哈珀政府看不出有什麼理由要按照委員會的建議來做。費丹在二〇一三年從安全情報局轉任國防部副部長，二〇一五年被任命為總理的國安顧問，二〇一六年三月退休。

安全情報局人員在二〇一〇年三月對「某些加拿大政治人物可能受到來自外國的政治干預」調查完成後，渥太華的一位安全情報局高級官員安排了一場正式會議，與安大略省的內閣秘書雪莉·傑米生會面。會議主題是陳國治的活動，他在自由黨的安大略省長達頓·麥根第政府中擔任觀光暨文化廳長。根據二〇一五年六月十六日《環球郵報》報導，這位安全情報局的官員告訴傑米生，陳國治二〇〇七年當選之後不久，情報局就對他的活動產生警覺，關切他「受到外國政府的不當干預」。

陳國治一九五一年生於廣州，當時中國共產黨已經在內戰中得到全面勝利。陳國治的父親在被驅逐的國民黨政權任職，一旦共產黨獲得完整控制權，很可能被當成鬥爭對象。於是全家人逃到葡萄牙殖民地澳門，然後和數以萬計的國民黨難民一樣，遷往英屬殖民地香港。一九六九年，陳國治十八歲，全家人從香港搬到加拿大。陳國治一開始在多倫多的中餐館工作，後來當保險經紀人。一九八三年他加入加拿大自由黨，吸引他的是老杜魯道總理提倡的多元文化主義以及一九七〇年老杜魯道主導了與北京建立外交關係。

一九八九年天安門大屠殺的創傷之後，中共花了相當大的力氣克服外國政府的制裁，並且為往後的經濟關係鋪好道路。為了達成此一目標，中共在海外華裔族群之間成立了許多組織，特別是針對那些來自中國大陸、講普通話的大批新移民。全加華人聯會在一九九一年成立，後來陳國治就是和這個組織搭上關係。一九九二年，加拿大中國專業人士協會創立。這些團體再加上本來就很成熟的組織，例如多倫多華人團體聯合總會（華聯總會），強力主張加拿大與中國之間的關係應該要深化、要拓展。然而這些組織在爭議性的議題上一貫支持中共的立場。中國政府某網站這樣形容華聯總會：「對於有損華人利益，有損中國利益和尊嚴的事，『華聯總會』都會帶頭發起抗議遊行或口誅筆伐。」

這些團體的責任是要支持北京，從二〇一六年所發生的事就可以看得很明白。組成華聯總會的八十個華裔加拿大人社團召開記者會，支持北京對南海所有權的立場。此時海牙國際仲裁法院快要對菲律賓政府所提的仲裁案做出裁決。在這之前有好幾年，中國船隻都在黃岩島四周、菲律賓的專屬經濟區活動，北京主張對黃岩島有歷史宗主權，此一主張涵蓋的範圍幾乎是整片南海。北京拒絕提交證據給仲裁庭，清楚地顯示沒有要接受裁決的意思。北京也堅持，與其他濱海國家——越南、馬來西亞、汶萊——針對西沙群島和南沙群島所有權的領土爭議，要以雙邊而非多邊協定來解決。這樣的安排顯然將使北京在談判時擁有更大的發言權。

華聯總會的記者會是一次先發制人的攻擊，以對付國際仲裁法院可能會做出的裁決。華聯總會宣布其內部的各社團「一致支持中國的主張。我們也呼籲全加拿大和海外中華兒女，聲援祖（籍）國的南海立場，維護地區和平穩定。」國際仲裁法院在二〇一六年七月十二日發布的裁決，確實是北京的主張「沒有法律依據」。

必須注意的是，加拿大的華裔族群絕非鐵板一塊，反而像一塊拼布，不同移民團體的政治觀點及傾向，往往反映他們來自中國的某個地方，又或者他們是動盪不安的中國近代史當中某一個事件的難民。親中共組織的成長令許多華裔加拿大人擔憂，他們的家庭或本人之所以會移民，正是為了逃避共產政權的陰謀和控制。其中大部分的人高高興興地把中國政治拋諸腦後，專心過他們成為加拿大人的生活。但某些人還是積極參與中國政治，例如倡議香港民主的人士，支持圖博及新疆真正自治的人士，致力於中國境內宗教寬容的人士，捍衛台灣獨立的人士。對這些人士來說，此類親北京團體的建立，就好像中共把手伸進他們在加拿大的新家園，繼續控制他們的生活。

陳國治接受《環球郵報》採訪時表示，他只和其中一個親北京團體有一點點往來，那就是全加華人聯會，而且只往來了短暫的一陣子。一九九五年，陳國治搬到安大略萬錦市，後來成為萬錦—於人村選區的加拿大自由黨黨部主委，當時該區席次屬於自由黨的國會議員麥家廉（稍後將會談到此人的更多事蹟）。陳國治自己在二〇〇七年初也投身政壇，在安大略省議會的補選中贏得萬錦—於人村一席。他馬上被任命為稅務廳長，同年十月接任公民暨移民廳長。

二〇〇八年陳國治接受新華社採訪時強調自己的華人血緣，也許這並不難理解。報導說他表示：「我是加拿大人，但我一直關注自己文化的根，對中國的事情非常關心。」他告訴記者，從上世紀八〇年代初起，他訪華次數超過七十次。陳國治選上省議員後，很快便確立了自己擔任促進友好關係的必要角色，要連接安大略商務人士及中國商務人士，安大略政府及中國政府，還有華裔加拿大人社區裡的親北京分子以及安大略省和加拿大聯邦兩個層級的自由黨。陳國治的權威，部分來自他在華裔加人社區成功地為自由黨募款的好名聲。但他在反對中共入侵加拿大生活的華裔加人之間是個引起爭議的角色。有些人認為他是在指導自由黨的親共候選人參與省級選舉及全國性選舉。二〇一五年六月，《環球郵報》引述多倫多支持中國民運會會長關卓中說，陳國治「影響力很大，並且運用自己的影響力打造了一個親中候選人的網絡。我擔心他推的很多候選人不夠資格——除了『我是華人，投我一票。』」

在這樣的歷史背景下，二〇一〇年三月安全情報局人員見了傑米生。《環球郵報》二〇一五年報導：「情報局認為陳先生與二〇一二年以前中國駐多倫多總領事朱桃英之間的關係非常密切。安全情報局稱，有時候，陳先生與朱女士會每天談話。而這樣的時候每隔一段時間就會出現——例如當兩國協商互訪或活動的細節時。但此類細節通常不會由廳長或總領事這樣的高層官員來敲定，而是大多由公務員來處理。」

安全情報局的關切究竟屬於什麼性質，從未公開。陳國治本人接受《環球郵報》採訪時說，看起來是有兩個問題：他在中國有不動產，以及他直接請朱桃英幫他安排簽證。若是朱桃英答應了他的請託，繞過正式申請手續，陳國治就欠了朱桃英人情債，往後要找時間回報。陳國治告訴記者，這兩種說法都是假的。他唯一的不動產是他位於萬錦市選區的住宅，而他常常與總領事談話，是因為有一項文化活動他的部門也有參與。

傑米生與安全情報局人員開會之後，將這些指控傳達給安大略省長辦公室。麥根第的幕僚長克里斯．莫萊與陳國治討論了安全情報局的資料後，將整件事呈交誠信專員辦公室。經過審查，陳國治確實有遵守《誠信法案》，於是省長辦公室便不再考慮安全情報局的關切。陳國治在麥根第的繼任者凱瑟琳．溫恩政府中先是擔任公民移民暨國際貿易廳廳長，接著在二〇一六年擔任國際貿易廳廳長。二〇一八年四月陳國治宣布他年底不會參選省議員，因為健康考量，他將由政壇退休。

從來沒有人影射陳國治的行為是賣國，雖然他鼓吹的是中國共產黨偏愛的立場。其中有兩起事件特別明顯。其一是二〇一六年六月，陳國治在熱門網站《加國無憂》上的網誌發表文章，對中國境內的人權議題採取了與中共政權十分類似的立場。陳國治捍衛來訪的中國外交部長王毅，因為在渥太華舉行的記者會上，王毅痛罵提出人權問題的加拿大記者（《i政治》的康納利）後受到諸多批評。陳國治在他的網誌說，人權與民生是緊密相連的。但他說，保障民生是兩者之間更重要的那一環。這正是中共提的觀點；它主張經濟的穩定，以及他們相信由此而生的社會和諧，在中國現代史的這個階段，比起人權更加重要。但中共並沒有提出可信的解釋，說明為什麼有必要迫害、拘禁、拷打、殺死中國社會各界的倡議人士，他們中大多只是倡議和平且適度的政治及社會改革。二〇一三年，當陳國治遊說多倫多教育局在學區的中小學內設立孔子學院時，他也是呼應了北京的立場。如第十章所述，教育局因為孔子學院可能帶有政治性的問題，在二〇一四年十月中止了與漢辦（孔子學院上級組織）的協議。

關於省政府用以審查陳國治活動的程序是否足夠和適用，仍然值得懷疑。安大略的《省議員誠信法案》只處理持有外國不動產以及利益衝突，而未提供完整架構說明安大略廳長或省議員應當如何與外國政府往來、以及此類關係的合法界限在哪裡。此事點出了一個問題，那就是加拿大省級與市級政府目前有沒有能力辨認並處理外國的干預和影響？按各項事例所提供的證據來看，並沒有。我們可以肯定的是，中共為獲取加拿大國內政治影響力所花費的能量，似乎就是針對這些比較容易動搖的地方政府。

二〇一四年九月，卸任安全情報局分析師、響尾蛇報告的共同作者朱諾─凱蘇雅告訴當時《省報》的記者山姆．古柏，安全情報局「發現有證據顯示多倫多的中國領事館直接干預選舉，他們派中國學生到只說華語的家庭，跟住戶說領事館希望他們把票投給哪一位候選人。」

古柏引述朱諾—凱蘇雅說：「例如，有不少多倫多市議員在安全情報局的觀察名單上。其中幾位順利地爬升到省級與聯邦級，他們仍然是密切關注的對象。」

• • •

對於中共干預加拿大選舉的一項最直接指控，發生於二〇一八年十月。十月二十日投票前的兩個星期，皇家騎警及溫哥華市警都發表聲明，表示他們正在調查某一有中共統戰背景的組織企圖買票的說法。據報，加拿大溫州同鄉總會透過微信這個中國社交網站，補助每人「公共交通費」二十加幣，請選民投票給名單上的華裔候選人。溫州同鄉會就是統一戰線用來確保移民加拿大的中國人繼續和原鄉保持堅實聯繫的組織之一。

還有一個引發爭議的話題是英屬哥倫比亞市鎮聯盟年會的主要招待會。二〇一二年，中國駐溫哥華總領事劉菲為代表們舉辦了招待會，僅限受邀者參加。此後，領事館固定主辦（有時與英屬哥倫比亞省政府共同主辦）年會的主要非正式社交聚會。市鎮聯盟的成員包括一百九十個區及市鎮，以及第一民族[1]的八個原住民族群。理論上來說，讓駐加拿大的中國外交官與市級官員及民選領袖會晤，建立商業關係，並沒有什麼不對。但我們必須記住，這些商務人士與市級官員打交道的對象是中共，各機關在看待這件事的時候，應該要考慮到中共在加拿大的所作所為。

沒有別的外國政府為市鎮聯盟代表舉行過招待會，而且中國領事館超高規格的待客之道，使得許多與會代表及外界觀察人士都挑起了眉毛。中共外交官的目標顯然是要把他們與英屬哥倫比亞市級官員及政治人物的社交關係，轉化成加拿大人覺得欠他們人情。還有一項做法是提供訪華機會，由北京買單，這不就是推動孔子學院時招待教育局和大學校方去中國旅遊的翻版嗎？為了合理化這些訪華行程，通常會說如此一來能夠促進加拿大市鎮與中國同級政府的彼此了解，說不定還可以建立商業連結。中國駐溫哥華領事館的網站在二〇一五年十二月一日發布的消息正足以說明此一現象。該項消息的重點是一張照片，劉菲總領事身旁圍繞著二十一個人，他們是市鎮聯盟的常務理事，剛剛與劉菲開完會。圖片說明寫道：「雙方回顧近年來雙邊合作和有關市鎮負責人訪華成果，一致表示將繼續擴大交往與互利合作。」

免費遊歷中國的行程通常由統戰部（習近平的「法寶」）分支機構招待，而上鉤的並不是只有市級和省級政治人物。根據上議院及下議院的紀錄顯示，二〇〇六年至二〇一七年十二月之間，兩院議員共有三十六次中國行是由中國政府或各省商業團體出資。《環球郵報》二〇一七年十二月報導，這些行程的經費大部分來自聽命於統戰部的中國人民外交學會。那段期間從中共的款待當中獲利最多的是麥家廉，他的行程總值七萬三千三百元加幣，而那十年的大部分時間他是在野的自由黨國會議員。麥家廉所接受的招待旅遊之所以令人側目，是因為當自由黨在二〇一五年重新執政，他當上了移民難民暨公民部長。二〇一七年一月他離開內閣，放棄代表萬錦於人村在國會的議員席次——這個選區在省議會的代表正是陳國治——轉而擔任加拿大駐華大使。當麥家廉抵達北京時，加拿大的盟國已經愈趨謹慎，避免和中共政權走得太近，但他完全沒在怕，仍積極地要與北京達成自由貿易協定及建立其他關係。根據《多倫多星報》二〇一七年三月二十七日的報導：

麥家廉十一天前抵達中國首都，二十四小時內，他便直接對習近平主席報告了自己的外交資歷。

他說兩人會面僅五分鐘，但已足夠告訴中國共產黨政府的最高領導人，他是來執行

1 第一民族（First Nations），加拿大原住民的一種，即北美印地安人。

小杜魯道對於重啟雙方關係的承諾。

「我謹代表我國總理表示，加拿大希望拓展、深化與中國的連結，是超越先前兩國領袖所同意的程度，我們想要更多。

「我的口號是：更多、更多、更多、更多。我們想要更多的貿易、更多的投資、更多的觀光，在許多領域更多的合作，特別是與兩國都有利害關係的環境與氣候變遷。」麥家廉表示。

麥家廉澎湃的熱忱有時會滿溢而出。魁北克省長菲力普．庫雅爾二〇一八年一月訪華期間，麥家廉說，就某些關鍵議題，加拿大現在與中共政權的共通處，還多過與川普主政的美國。他提到環境、全球暖化、全球化等主題：「我認為川普所導致的這種政治情勢，使得中國人現在比以前更有興趣和我們合作。」他還說，美國與中國的歧見對加拿大是天賜良機。「可以說，對我這個大使、對加拿大面對中國都是好事，因為這些巨大的歧見給了我們在中國的機會。加拿大肯定希望跟中國一起合作，這是總理要我來這裡的時候告訴我的。」小杜魯道總理當時正在達佛斯參加世界經濟論壇年會，有人就麥家廉的發言向他提問，他只說，他的政府對待外交事務的方法是尋求與各國的相通之處，包括中國。然而，反對黨的政治人物很快就提出質疑，麥家廉如此期盼與一個威權粗暴的一黨專政國家深化關係，會否令加拿大在盟國間的形象受損。

中共代理人對加拿大政治人物及官員的諸般討好，營造了一種不健康的氣氛，使加拿大各機關做出看似有利於北京的任何決策時都會招人疑心。二〇〇六年就發生了這種情況。溫哥華市議會打算強制拆除固蘭湖街上的一些半永久性小屋與看板，那是法輪功學員在二〇〇一年設置的，旁邊就是中國領事館的牆壁。貼在領事館牆上的看板，呈現了法輪功所稱的，中共安全人員施加在學員身上的酷刑。小屋則是有學員在裡面日夜打坐。這樣的畫面讓領事館大門和總領事官邸顯得很不光采，當然這就是法輪功想要的效果。

二〇〇六年，山姆．蘇利文市長判定這些結構體觸犯了地方法規，市府下令拆除小屋及看板。當地法輪功學員對此項命令提出上訴，全案進入司法程序。法庭辯論的核心是，法輪功學員堅持他們在公共場所，也就是人行道上，有自由表達的權利，而市府覺得該團體在此紮營干擾到行人的自由通行。二〇〇九年，英屬哥倫比亞最高法院裁定市府的決定合法，小屋遭到拆除。但在二〇一〇年十月，英屬哥倫比亞上訴法院駁回這項判決，認為是地方法規違憲。溫哥華有六個月的時間可以修改法規。到了這個時候，市議會的政治版圖業已改變，羅品信當了市長。

打從一開始，社會上就有人猜測蘇利文是應中國領事館之託出手對付抗議者。二〇一一年曝光的消息則是，羅品信市長及市府官員曾就地方法規的修正案詢問領事館人員的意見，理由是領事館屬於利害關係人。此事在媒體上引發怒火，許多人紛紛談到中國政府並不是任何城市法規的利害關係人，尤其是涉及到言論自由的法規，這個概念對中共政權來說根本是天方夜譚。最後市議會通過了一條不太可能提起上訴的法規，不僅限制了用以支持抗議活動的結構體種類，也限制了一場示威活動可以持續的時間。

在加拿大浮出檯面的許多這種事情，都帶著一種強烈的意義不明以及問題懸而未決的特性，無論事情的根源可能是或可能不是來自中共代理人的行動。這團持續不散的迷霧，似乎有一部分是加拿大文化的含蓄（reticence）所造成。有些人無疑是擔心如果自己太仔細審視這些問題，會被當成種族歧視者。即使有人認為質疑中共在加拿大國內的活動乃是合情合理，但害怕被貼上種族歧視的標籤就可以使人默不作聲。如此一來，在對付加拿大的價值與社會結構遭到侵蝕的問題時就顯得軟弱無力。面對同樣來自中共的顛覆活動，澳洲與紐西蘭那樣公開剖析及辯論的方式值得我們研究。

二〇一七年九月，紐西蘭坎特布里大學政治學教授布雷迪（前文曾引用她探討中共在海外顛覆網絡的《洋為中用》一書）提出長篇報告討論紐西蘭目前的情況。她列舉證據指出，自從二〇一二年習近平登上大位，中共的軟實力計畫就用各種方式加強影響紐西蘭的政治、經濟、社會各領域，其中包括捐款給各政黨的競選活動。報告特別凸顯一群卸任的高層政治人物，有前總理也有前市長，以及現任政府部會首長的家族成員，如何列名中國國有銀行、企業、智庫的董事會。布雷迪還點名兩位出身中國的民選政治人物，她相信這兩人受到中國大使館以及某些社區組織的影響，而中國外交官正是運用這些組織作為統戰團體以推動中共的政治議程。

布雷迪點名的兩名政治人物是楊健（國會議員，屬於中間偏右的國家黨）以及霍建強（國會議員，屬於左翼的工黨）。霍建強駁斥布雷迪的說法，稱他出席統戰部附隨的華社團體所舉辦的活動，只是他作為國會議員的責任之一。楊健雖然在二〇一七年九月二十三日的大選再度當選，但在那之前，他的立場已經很難站得住腳了。根據《金融時報》與線上媒體《新聞編輯室》聯合調查所提出的證據顯示，楊健從中國移民到紐西蘭之前是中共黨員，並曾在兩所中國間諜學校教授英文。最重要的是，他在申請紐西蘭公民身分時並未揭露此項工作經歷，卻列出兩所他稱之為「合作民間大學」（partnership civilian universities）作為他的雇主。面對質問，楊健承認他在間諜學校教英文，但堅持自己不是間諜。即便如此，按照媒體報導，紐西蘭安全情報局二〇一七年初開始調查楊健的背景之後，他就被請出自二〇一四年起就加入的國會外交事務、國防暨貿易特別委員會。

雖然紐西蘭的經濟和軍隊的規模都小，卻是五眼聯盟的一員。五眼聯盟是美國、英國、加拿大、澳洲、紐西蘭在第二次世界大戰之後組成的聯盟，無論是透過由各種電子監聽取得的訊號情報，還是透過間諜取得的人力情報，聯盟的成員都會共同分享。因此，滲透五眼當中的一眼，便可打開其他成員的門戶。

就在加拿大花了好幾年的時間，試圖解讀幾位高級安全情報人員不完整的訊息時，盟國澳洲對於公開表明他們的擔憂可是一點也不遲疑。二〇一七年五月，澳洲國防部長丹尼斯・理察遜在演講中提到，中國正在澳洲進行廣泛的間諜活動。理察遜說：「中國針對我方的情報活動十分積極已經不是秘密了。不只是在網路上活躍，中國政府也在澳洲華人社區有眼線，並實質控制了澳洲的某些華文媒體。」理察遜特別講到二〇一五年的一起爭議，即澳洲將北部達爾文市的商業軍事兩用港口租借給一家中國公司，據說該公司有人民解放軍背景。此舉引發美國強烈譴責，當時美國正在達爾文港附近興建海軍陸戰隊使用的大型基地。在那之後，澳洲便封殺了幾項中國公司針對澳洲基礎建設的投標案。從二〇一七年初坎培拉新設一個負責基礎建設的主管機關，專事檢查外資對港口、電網等澳洲資產的投標是否可能形成國安威脅，就可以看出澳洲政府是多麼嚴肅地看待此一問題。在此同時，坎培拉任命澳洲秘密情報局——相當於加拿大安全情報局——前局長大衛・厄文擔任外資諮詢委員會主席，該委員會負責針對境外交易向政府提供建議。

次月，也就是二〇一七年六月，澳洲秘密情報局局長鄧肯・路易斯告訴國會，中共在澳洲施加影響力的行動已經到了對該國自由及主權形成直接威脅的地步。路易斯向國會報告時講到，澳洲國內的間諜活動及外國干預乃是「前所未有的程度，有可能嚴重傷害我們的國家主權、我們政治體系的誠信正直、我們的國安能力、我們的經濟及其他利益。」

路易斯發言的同時，媒體上出現了長篇系列的新聞報導和節目討論中共的顛覆和滲透，製作單位是費爾法克斯媒體報系以及澳洲廣播公司的時事調查節目《四角方圓》。此項歷時六個月的調查發現，中共及其代理人透過威脅澳洲的華裔人士在中國的家人以控制他們不得發出異議。中國留學生組織也遭到利用，他們的工作除了監視學生之外，也會在中共針對南海、達賴喇嘛、香港民主、台灣獨立、法輪功的立場遭受攻擊時發動抗議。記者發現設立在澳洲大專院校的孔子學院是由中國外交官所主管。中共所從事的這些活動，同樣正在加拿大進行中。澳洲人還發現一個潛在的問題，那就是卸任的政治人物及政府官員在退休後到中國公司或機構任職，待遇十分優厚。這個現象所引發的問題是，這些在未來有可能會去擔任的這類職務，是否影響了他們退休之前的判斷？加拿大還沒開始處理此一問題，但是，毫無疑問應該要對付。

澳洲還有一個議題在二〇一七年浮上檯面，那就是外國人捐款給政黨的問題。這樣的行為在澳洲是被允許的——不像在加拿大和多數西方民主國家——不過就在二〇一八年中我寫作本書的此時，坎培拉政府正在考慮是否要加以改變，設下限制。[2]

自從加拿大自由黨在二〇一五年重新執政，它就在討好溫哥華及多倫多地區的華裔有錢人。根據紀錄詳實的描述，某些私人募款活動是把小杜魯道當成看板明星以作為招徠。西海岸[3]募款活動的主要發動者是自由黨前任亞太事務部長陳卓愉，他是二〇一五年聯邦大選時自由黨在英屬哥倫比亞的主要募款者。在多倫多地區則是負責組織自由黨部的商業顧問周昕。與會嘉賓要支付的費用是每張餐券一千五百加幣，好幾次都有華裔加籍的商務人士偕同來自中國的友人出席，這些中國友人包括中國國企的代表或是中共相關人士。

募款活動的相關報導在二〇一六年底開始見報，當時的保守黨黨魁羅娜·安布羅斯在國會發難：「在這些花錢買見面的活動上和富翁稱兄道弟，聞起來就不對勁。」

小杜魯道總理則答道：「加拿大人正面臨前一任政府的十年期間低於所需的成長率。這就是為什麼我們要全力以赴，與世界進行正向交往，吸引投資。我們知道，吸引全球資金對於促進經濟成長、創造就業機會非常有幫助。」

小杜魯道的反駁之詞問題在哪，從自由黨幹部被記者問到政府與政黨事務如何區隔時的說明就可以看得出來。自由黨發言人布雷登・卡利對這個問題的回答是：「我們已清楚表示，募款餐會是政黨活動，當場並不會討論正式的政府事務。任何人希望就此類事務展開對話，我們都會立刻請他跟相關部門約時間。」

但這些人來自的政治文化是執政黨和啟動商業的力量無法分開，他們的生存和興旺往往要靠互欠人情債的網絡，實在無法期待他們能夠區分這樣的微妙差別。有一件事正好可以拿來作為例子，那是小杜魯道的某次募款活動，時間是二〇一六年五月十九日，地點是中華商會董事會主席王標在多倫多的宅邸。約有三十位嘉賓買了餐券，包括中國商人張斌及其合夥人牛根生。晚宴過後幾個星期，他們捐了一百萬元給皮耶・艾略特・杜魯道基金會以及蒙特婁大學法學院。看起來，一百萬元之中有二十萬元進了基金會，五萬元用來為老杜魯道建一座雕像，感念他一九七〇年與中國開展外交關係。

在另一場小杜魯道出席的募款活動上，更多的界線被模糊掉了。這次的東道主是房地

2 澳洲國會在二〇一八年十一月底通過立法，凡來自外國政府與國營企業的政治捐獻，無論是捐給政黨或個別候選人或主要的政黨募款人，都不得超過澳幣一千元。

3 西海岸，即英屬哥倫比亞省。

產建商潘妙飛，時間是二〇一六年十一月，地點是西溫哥華市的潘府。這次活動吸引到大約八十位來賓，每人一千五百元。潘妙飛是在二〇〇六年來到加拿大，此後一直都有參加在加中兩地支持中共的組織。他曾經擔任加拿大華人社團聯席會執行主席，該會是由全國約兩百個華人社團所組成的聯合組織。聯席會與中國外交辦事處有密切聯繫，在一切時事議題上都積極地擁護中共的見解，包括對南海的立場以及對日本尖閣群島（台：釣魚台；中：釣魚島）的領土主張。二〇一二年，澳門某報紙報導了潘妙飛談到聯席會的立場。他說，該組織「已在報章刊登聲明表達立場」。他強調：「海外華人有責任捍衛中國領土完整。」

小杜魯道的募款活動除了吸引到同時效忠自由黨和中共的人之外，也免不了招來了在商業活動上紀錄可疑的人。（不過後面這個問題，也同樣出現在加拿大各黨各派以及各社會團體的募款活動中。）在二〇一五、一六年間，位於香港的《南華早報》做了一系列報導，焦點人物是溫哥華建商程慕陽，他不但是自由黨的金主，在二〇一三年小杜魯道當選黨魁的競選活動中也涉入很深。遺憾的是，程慕陽因貪腐問題遭到中國通緝。但貪腐本身並非最重要的考量因素。身在中國的人，特別是像程慕陽這種社會上的顯要人物，只有在政治上失勢時才會遭到犯罪起訴。程慕陽之所以遭到通緝，是因為他原本擔任河北省委書記的父親程維高，在二〇〇三年因貪腐被揭發而遭到中共開除黨籍。程慕陽的經歷給了反對黨的保守黨在國會砲轟自由黨的藉口，他們質疑向華裔加拿大人募款以及小杜魯道參加這些活動，可能涉及廉潔問題。最後，自由黨將全案呈交倫理專員[4]瑪麗・道森。她在二〇一七年二月發布的裁決書判定，小杜魯道並未觸犯《利益衝突法》。她寫道：「仔細審查杜魯道先生應我之請所提交的資料及文件後，我沒有找到任何理由足以認為杜魯道先生在募款活動方面觸犯了《利益衝突法》第七節或第十六節。」

然而自由黨以及各級政府的其他所有政黨，顯然都不夠盡責，沒有明察他們的募款對象與中共之間的聯繫。加拿大的政治領袖、政府官員、商務人士、學者、媒體老闆，都應該比以前更加清楚審視他們與中共及其代理人的往來。他們必須了解，中共統治下的中國不會是個溫良恭儉讓的超級強權。沒有一個超級強權是溫良恭儉讓的。中共已經打算將其價值觀強加於世界秩序之上，它的價值觀與加拿大及各自由民主政體的價值觀天差地別。

由於美國國內的政治與社會危機很可能會持續下去，這使得像加拿大這樣的中等強

4 全稱「加拿大利益衝突暨倫理專員辦公室」(Office of the Conflict of Interest and Ethics Commissioner of Canada)，為獨立於聯邦政府之外的機構，向國會負責。

國在與中國打交道時，只會面臨愈來愈艱困的挑戰。在美國發生的現象反映了根深柢固的社會對立，勢將破壞美國在世界舞台上的主宰地位。華盛頓當局以及美國社會作為一個整體，將不再像二戰結束以來那樣，成為自由民主體制的仲裁者。對加拿大及各西方民主政體來說，這並不是一場災難；然而，加拿大還有很多事可以做也應該去做，如此一來才能強化我們的防衛力，以對抗中共的入侵。

檢視中共在加拿大境內安插控制力及影響力代理人的活動，就會發現大量失敗的案例。他們經常不能得逞的原因有幾個。像加拿大這樣成熟的開放民主政體，並不像某些人所以為的那麼簡單就可以敗壞其體制。雖然中共擅於培養個人唯利是圖的品性，但對於自由開放社會的力量卻往往理解錯誤、判斷錯誤。再者，中共政權的根基不再建立在它與中國人民之間可長可久的社會契約。威權國家有辦法呈現給世界一個穩固、似乎固若金湯的立面，它們能夠維持的時間偶爾也長得不可思議，但這些政權本質上易碎。只要在錯誤的時間、在錯誤的位置，往玻璃敲一下，可能就什麼也不剩，只留下街上幾許碎屑。

結論
是該放棄傳教士精神了

Epilogue: Time to Abandon the Missionary Spirit

我們所面臨的抉擇，並非要不要與中國交往。中國政府及人民幾乎一定會繼續與我們交往——但是要按照他們的條件。我們真正面臨的抉擇，是在這段關係中我們自己該怎麼做。

——馬大維，《展望未來：加中關係的主要議題》

中國共產黨只是目前加拿大的民主體制所面臨的威脅之一。所謂民粹主義在美國及歐洲的崛起，往後對加拿大公民價值所造成的危險可能不下於中共。民粹主義的危害甚至可能更大，因為它來自北大西洋文化的堡壘之內，反映出自由民主體制內部生了病，使得許多人對他們的政府離心離德。民粹路線的民族主義政黨在大部分的歐洲地區勝選，英國在二〇一六年夏季通過脫歐公投，以及五個月之後川普當選美國總統，在在提出了一個問題：民主的存續是不是受到威脅了？這麼想未免過度悲觀，不過確實已有跡象顯示，北大西洋民主國家的選民中，有相當多人對既有的社會及政治秩序感到灰心沮喪。此種紛繁雜亂、互不協調的心態來自很多不同的挫敗，雖然不同的國家有不同的挫敗，但其共通特色在於，民眾感覺生活品質沒有提高，而且不太可能提高。第二次世界大戰之後的幾十年間，民眾的普遍期望是生活水準將持續提高，下一代的生活會比上一代過得更好。但這樣的期望已經不符合歐洲和北美的現狀了。製造業的全球化加上生產的自動化，讓工業化民主國家內的大多數群體感受到經濟不明朗、社會不穩定。

西方民主國家瀰漫著無力感，很多時候人民確實有理由認為他們的公民體系並不像原先所設計的那樣運作良好。在某些國家，政治建制派所抱持的價值觀，似乎與社會底層的人民脫了鉤，以移民議題為例，新來的人讓底層人民備感威脅，無論這種感受是對還是錯。所以，奉上簡單的答案，對感到挫折無力的人自然就有吸引力，英國的強生、美國的川普、法國的雷朋、荷蘭的懷爾德斯、匈牙利的奧班等人，就是奉上簡單答案的人。加拿大並沒有像美國和歐洲國家那樣，普遍對統治階級以及他們如何捍衛自由主義的原則漠不關心。但這種情況可能會改變，還可能變得很快，比如說，要是北美大陸發生了長期經濟衰退。二〇一八年中，民粹領袖道格·福特端出簡單的政見就說要解決該省的問題，然後他在安大略勝選了，就像美國和歐洲那樣。

西方民主顯然必須改頭換面，在政府和公民之間打造一份新的契約。但時機不巧，外部壓力正在增加，尤其是來自中國的中共政權。隨著中國以及歐洲之外的新興國家在世界舞台上的影響力愈來愈大，二戰後主導國際關係的公民價值就會愈來愈沒有影響力。加拿大及各西方民主國家勢必要決定準備妥協到什麼地步，以便和這些在社會結構及世界觀方面與我們天差地遠的國家保持經濟、政治與外交上的關係。

加拿大已經到達臨界點了。中共不僅插手干預也企圖敗壞加拿大的公共生活，還有恐嚇及騷擾個別加拿大人，這些事情必須有所回應。過去發生太多次加拿大的政治人物、官員、國安人員、商務人士及學者，不敢嚴正批評中共及其特務在加拿大境內對加拿大人所做的事，連媒體也不時感到膽怯。現在，這樣已經不行了。中共在加拿大境內的秘密行動就是不可接受，就是需要公開譴責，沒什麼好爭辯的。不管是哪一黨的政府，都有義務保護加拿大公民免受外國特務的恐嚇。

二〇一八年五月，有跡象顯示，渥太華終於決定要明確表達反對中共經由統一戰線進行滲透及施展影響力。這次發生的事件是，世界廣東同鄉聯誼大會（世粵聯會）計畫在溫哥華召開第九次大會。組織這項活動的是廣東省僑務辦公室，預定將有來自中國及世界各地約兩千位粵人出席。但渥太華拒絕發簽證給其中約兩百位代表，包括廣東僑辦及省政府其他部門的官員。加拿大官員並未回應記者的提問，解釋何以拒發簽證。但正如前文所說，地方上的僑辦乃是由統一戰線監管。拒絕提供簽證給統戰人員，就是對中共送出明確訊息：加拿大不再是一個他們可以盡情恐嚇、盡情發揮影響力的狩獵場。

我們必須採取更多行動。可以接受的行為與不可以接受的行為兩者之間的界線，在加拿大的幾個領域中必須予以明確保衛。加拿大的政黨、各種學術機構及媒體，太樂意收受無論是金錢或是別種好處，使得他們覺得虧欠中共。其中最需要質疑的也許是，加拿大政治人物及官員從公共生活退休後，接受中共及其所屬機構的高薪諮詢工作或顧問職位。這樣的安排總是啟人疑竇，是不是那個加拿大人為了日後舒適的退休生活，於是還在擔任公職時就以中共代理人的身分幫他們工作。當然了，這個問題不侷限於中共和中國。由公職通往外國機構及企業的高薪崗位這條路如此寬闊，也很多人走過。

加拿大文職與軍事兩部門的國安情報機構，對中共的經濟及科技間諜活動嚴陣以待的程度，比起我們聯邦級和省級的政治人物高出一大截。我們很難判斷，情報機構是否因為在政治上明顯缺乏支援而施展不開。但我們注意到，過去三十年，可以說沒有任何中共在加拿大發動的產業或科技間諜活動被送上法庭。與此同時，美國卻持續不斷地起訴竊取科技的中共特務，而加拿大也擁有這些科技。若說加拿大境內沒有和美國境內同樣活躍的產業間諜活動，實在教人無法置信。

加拿大史上鮮少有人會對希望從政參選的移民提出忠誠問題。議會制的一個強項就是，成為候選人的人士往往已有一段時間積極參與政治，因此，算是經歷了某種共同審核的過程。但這個制度還是有弱點。政黨仍然無法擺脫的一種危險心態，就是把移民團體看成同質性的投票集團，只要政黨找對了社區領袖，就能贏得整批選民的支持。這麼做不只是在侮辱加拿大新公民，也容易創造出現成的角色空缺，等著中共或其他外國勢力找代理人來填補。

在國際舞台上，加拿大不應該讓中共可能採取的反應影響到我國的行為以及就各議題所作的聲明。加拿大不應該對中國境內的人權侵害保持沉默，加拿大應該嚴厲譴責中共在南海、在圖博、在新疆的帝國主義擴張。加拿大應該堅定支持香港維持並拓展其民主法治，香港無論何時都有約三十萬名加拿大人居留，是世界上最大規模的加拿大社群之一。加拿大應該宣示支持台灣民主以及這個島國的獨立地位。在加拿大想要提升政經關係的亞洲民主國家裡面，台灣應該排名在前。那些屈服於中共的加拿大公司，例如航空公司，堅持在公開資料中稱台灣為中國的一部分，應該給予反彈。渥太華應該宣示及拓展與亞洲及環太平洋民主國家的政治、貿易、軍事結盟關係，包括日本、南韓、蒙古、澳洲、印度、斯里蘭卡、孟加拉、紐西蘭，以及東南亞新興民主國家，比如印尼。

自由黨在二〇一五年重新執政後不久，一部名為《展望未來：加中關係的主要議題》論文集出版，作者是先前倡議增進加中合作的學者及相關人士。論文集採取這樣的前提：

「中國及亞洲將在自由黨政府的外交政策占有明顯比重。從近期多邊論壇的相關活動中，小杜魯道總理與習近平主席頭兩次會面的風格及語氣，就可以看出自由黨領導層的傾向、直覺與世界觀，與前任的保守黨相當不同。」渥太華的報導說，該論文集在剛改名的加拿大全球事務部是外交官必讀的作品。執筆導論的是溫蒂・杜布森（多倫多大學羅特曼管理學院國際商業研究所教授兼共同所長）以及保羅・伊凡斯（英屬哥倫比亞大學亞洲研究所及劉氏全球問題中心教授），他們寫道：「與中國更深入、更廣泛的交往，符合加拿大的國家利益。」新政府不能只是回歸到保守黨上台之前的狀況。「我們需要的不是恢復，而是重建，不是僅僅建立在過往的基礎上，而是建立在更有企圖心、更有策略性的新敘事上面。」

要讓這件事情得以實現，加拿大政府必須打好社會基礎，因為加拿大的公民社會對於與中國的關係很是懷疑。杜布森和伊凡斯寫道：「此時此刻，大眾的焦慮顯而易見。過去兩年在加拿大進行的民調顯示，雖然超過三分之二的加拿大人相信中國將比美國更強大，但僅約三分之一認為中國對加拿大的經濟十分重要並支持自貿協定。只有百分之十四贊同未來可以讓中國國企在加拿大的主要公司持有足以獲得控制權的股份。大多數人認為中國境內的人權狀況正在惡化、中國不尊重其人民的自由、中國的軍力提升乃是一項威脅。超過一半的人相信，中國的影響力威脅到加拿大的生活方式。最常被選來形容中國的詞彙是威權、增長、貪腐、威脅、強國、討人厭。」

伊凡斯與杜布森所揭露的加拿大民意，顯示出民眾對中共治下的中國及其所代表的危險有著比較務實的觀點，反而是建制階級因為與北京政權交往將近五十年並從中得利，以致在看待中共治下的中國時有所偏廢。渥太華最好更用心地傾聽社會大眾的焦躁，而不是相信中共影響力代理人所描繪的斑斕幻想，或者繼續抱持「加拿大公民價值的典範將改變中國」此一浪漫情懷。

誌謝
Acknowledgements

本書醞釀了二十五年。一九九三年我被派往駐在香港的索瑟姆報業亞洲處，這本書就開始烙印在我心頭上。當年，天安門大屠殺仍教人記憶猶新。屠殺過後，我是索瑟姆報業（時為加拿大規模最大的都會型日報集團）第一個獲准進入中國的記者。前一任記者班．狄爾尼被拒於門外，因為他報導了大屠殺，也報導了中國共產黨施加在圖博的帝國主義。

關於我如何獲得簽證，如何花了好幾年的時間在中國四處旅行，又從北京鞭長莫及之處提供報導，那是另外一個故事了。但我很快就學到，從中華文化不同層面出身的人，其立場與歷史的差異複雜無比。一九九八年，我結束二十載的駐外記者生涯返回加拿大，上述教訓再次得到驗證。我們全家在溫哥華降落，而溫哥華就像多倫多與加拿大其他城市一樣，已經成為擁有不同中國政治思想與歷史經驗的人所安居的家。當我坐下來規畫本書，這幅景象讓我確定必須完全就公開資料來寫作。我要說的是中國共產黨及其影響力代理人如何干預加拿大的公共生活，此事的證據明擺在公開資料中。我要各位讀者都清楚，我是單純以一個加拿大人的身分來看待此事，而不是支持或鼓吹加拿大華人當中任何一派的經驗。

上述原則之所以能夠堅持下去，有賴兩項恩賜。首先，關於加中關係的發展與分析已經有許多書籍討論；書末的參考書目將一一列出。第二點更重要，那就是中共在加拿大進行顛覆活動的方方面面，加拿大媒體多年來都有持續報導。我所做的是將加拿大媒體同行的作品組合起來，將他們在報導中、節目上說過的內容以完整的形式加以呈現。要是沒有這些同行，我不可能寫出本書。他們遠比加拿大的政界、商界、學界人士看得更明白，中共並不是世界舞台上一個溫良恭儉讓的角色，也永遠不會是。這些同行的報導同時顯示出，受到中共最大迫害的是華裔加拿大人，中共一直把他們當成自己的子民，雖然他們已經離開多年、甚至隔了好幾代。

任何有心查看公開資料的人，都可以找到一大堆關於中共人員在加拿大監視、恐嚇加拿大公民的事證。二〇一七年，加拿大關懷中國人權聯盟所提出的報告裡面，便有多起中共此種嚴重侵犯人權的案例。該年四月，此一報告交付給聯邦政府及數間加拿大安全機構。我要感謝該聯盟也給了我一份報告。

打從一開始為本書進行調查與寫作，就有一位香港時代的老朋友兼同行鼓勵我，當年我們都在康拉德．布萊克的媒體大軍裡，分屬不同部隊；他是中國學者葛雷姆．赫欽斯。另一位朋友兼同行克萊夫．莫斯亭是報紙和雜誌的編輯，經驗與眼光不同凡響，他和赫欽斯讀了本書的初稿，對結構和走向提出重要的建議。我也要感謝加拿大前任駐華大使馬大維就書中提到的事實審閱稿件。我與馬大維相識時，他是加拿大駐台灣的實質大使，而我正在為《禁忌的國家：台灣大歷史》一書做研究。

道格．吉布森是一九七三年我在加拿大麥米倫出版社出版第一本書《權力與托利》時的編輯，在出書總少不了的戲劇過程中，他扮演了關鍵角色。吉布森將我引介給鸕鷀圖書的馬克．果特。剛開始談的時候，果特提醒我，說他對作者要求很高，兩人之間的關係可能會像狂風暴雨。果特確實具有恰當的高標準，但並不是他所謂的那種教官型人物。他的提問，他建議的刪減、更改、增補，都有充分的道理。與果特合作很愉快，他對加拿大政治和社會風貌的知識與理解更是無價之寶。最後我要感謝安德莉雅．華特斯，她仔細地編輯了稿子，也對需要說明的文句提出了深思熟慮的建議。

誌謝辭有一項慣例，要說所有受到感謝的人士無需為成品負任何責任。我很樂意遵循此一慣例。

這是我寫的第三本書，期間我與一生摯愛帕翠娜分擔了少量家務、養育孩子，以及每日的歡喜與憂傷。敬請期待後續作品。

英屬哥倫比亞省維多利亞市，二〇一八年十月

譯名對照
Glossary

ABC

BC理工（英屬哥倫比亞理工學院）British Columbia Institute of Technology, BCIT
C址水壩 Site C
ITF科技 ITF Technologies

一劃

《一九七〇年起加拿大對中華人民共和國之學術關係》*Canadian Academic Relations with the People's Republic of China Since 1970*

二劃

七人畫派 Group of Seven

三劃

《三合會暨其他犯罪組織》*Triad and Other Organized Crime Groups*
《三聯市新聞》*Tri-City News*
《上加拿大法學會與安大略的律師，一七九七～一九九七》*The Law Society of Upper Canada and Ontario's Lawyers, 1797–1997*
《上海新聞通訊報》*Shanghai Newsletter*
大草原城 Grande Prairie
小麥局 Wheat Board
山迪亞國家實驗室 Sandia National Laboratories
女王大學 Queen's University

四劃

中交國際控股有限公司 CCCC International Holdings Ltd., CCCCI
中華文化中心（溫哥華）Chinese Cultural Centre (Vancouver)
中華全國歸國華僑聯合會 All-China Federation of Returned Overseas Chinese
中華商會 Chinese Business Chamber of Commerce
中國內地會 China Inland Mission
中國民主促進會 Movement for Democracy in China
中國自由地區 Free China
中國西部會 West China Mission
《中國挑戰：二十一世紀的中加關係》*The China Challenge: Sino-Canadian Relations in the 21st Century*
《中國政府是如何試圖控制美國的華文媒體》*How China's Government is Attempting to Control Chinese Media*

譯名對照
Glossary

加中友好協會聯合會 Federation of Canada-China Friendship Associations
加中友協 Canada-China Friendship Society
《加中四十年》*Canada and China at 40*
加中貿易理事會 Canada-China Business Council
加拿大二〇二〇 Canada 2020
《加拿大之道：打造加拿大外交政策，一九六八～一九八四》*The Canadian Way: Shaping Canadian Foreign Policy, 1968–1984*
加拿大大學及學院協會 Association of Universities and Colleges of Canada
加拿大大學協會 Universities Canada
加拿大大學教師協會 Canadian Association of University Teachers, CAUT
加拿大工業博覽會（1973，北京） Canadian Industrial Fair
加拿大中部 Central Canada
加拿大中國專業人士協會 Chinese Professionals Association of Canada, CPAC
加拿大太平洋航空 Canadian Pacific Airlines
加拿大太平洋鐵路 Canadian Pacific Railway
加拿大出口發展公司 Export Development Corporation
加拿大出口發展協會 Export Development Canada
加拿大石油公司 Petro-Canada
加拿大全國科學暨工程研究委員會 National Sciences and Engineering Research Council of Canada
加拿大全國族裔媒體協會 National Ethnic Press and Media Council of Canada
加拿大全球事務研究所 Canadian Global Affairs Institute
加拿大全球事務部（2015–）Global Affairs Canada
加拿大安全情報局 Canadian Security Intelligence Service, CSIS
加拿大自由圖博組織 Free Tibet Canada
加拿大自由圖博學生聯盟 Students for a Free Tibet Canada
《加拿大投資法》Investment Canada Act
加拿大房貸暨住宅公司 Canada Mortgage and Housing Corporation
加拿大法輪大法學會 Falun Dafa Association of Canada
加拿大金融交易暨報告分析中心 Financial Transactions and Reports Analysis Centre of Canada, FINTRAC
加拿大保護記者委員會 Canadian Committee to Protect Journalists
加拿大皇家軍事學院 Royal Canadian Military Institute
加拿大皇家騎警 Royal Canadian Mounted Police, RCMP

加拿大華人社團聯席會 Canadian Alliance of Chinese Associations
加拿大團隊（貿易代表團）Team Canada
加拿大國家廣播公司 Canadian Broadcasting Corporation, CBC
加拿大國會新聞團 Canadian Parliamentary Press Gallery
加拿大國際事務研究所 Canadian Institute of International Affairs
加拿大國際發展研究中心 Canadian International Development Research Centre, IDRC
加拿大國際開發署（1968–2013）Canadian International Development Agency
加拿大國際廣播電台 Radio Canada International
加拿大國際學校 Canadian International Academy
加拿大教育廳長理事會 Council of Ministers of Education of Canada
加拿大移民部 Immigration Canada
加拿大移民難民暨公民部 Immigration, Refugees and Citizenship Canada
加拿大船運公司 Canada Steamship Lines Inc.
加拿大最高法院 Supreme Court of Canada
加拿大稅務局 Revenue Canada
加拿大筆會 PEN Canada
加拿大統計局 Statistics Canada
加拿大新聞社 Canadian Press
加拿大溫州同鄉總會 Canada Wenzhou Friendship Society
加拿大經濟會議 Canadian Economic Council
《加拿大遠東新聞通訊報》*Canadian Far Eastern Newsletter*
加拿大電視公司 CTV Television Network
加拿大圖博委員會 Canada Tibet Committee
《加拿大對華策略》*A Canadian Strategy for China*
《加拿大對華貿易政策暨經濟關係》*Canada's Trade Policy and Economic Relationship with China*
加拿大廣播電視暨通訊委員會 Canadian Radio-Television and Telecommunications Commission
加拿大鋁業公司 Aluminum Company of Canada
加拿大鮑爾集團 Power Corporation of Canada
加拿大總工會 Canadian Labour Congress
加拿大聯合教會 United Church of Canada
加拿大邊境服務署 Canada Border Services Agency
加拿大關懷中國人權聯盟 Canadian Coalition on Human Rights in China
《加華新聞》*Chinese Canadian Post*

譯名對照
Glossary

《加國無憂》51.ca
《卡加利先鋒報》*Calgary Herald*
卡利，布雷登 Braeden Caley
卡斯格蘭，泰瑞絲 Thérese Casgrain
卡爾頓大學 Carleton University
印度女皇號 Empress of India
印哥 Inco
古岱爾，雷夫 Ralph Goodale
古柏，山姆 Sam Cooper
古約翰 Jonathan Goforth
古德曼，大衛 David S. G. Goodman
史匹克，雷蒙 Raymond Speaker
史考克羅，布蘭特 Brent Scowcroft
史密斯，佛雷塞 Frazer Smith
史密斯，雪梨 Sidney Smith
史密斯，蘇珊 Susan Smith
司曉紅 Xiaohong Si
《四角方圓》*4 Corners*
外交委員會（美國參議院）Foreign Relations Committee
外交部（1909–82）Department of External Affairs
外交國防暨貿易特別委員會（紐西蘭國會）Select Committee on Foreign Affairs, Defence and Trade
外交暨國防政策委員會（內閣）Committee on Foreign and Defence Policy
外交暨貿易部（1993–2005, 2006–2013）Department of Foreign Affairs and International Trade
央街 Yonge Street
尼克森公司 Nexen Inc.
布里，馬克 Mark Bourrie
布萊德雷，史考特 Scott Bradley
布雷迪，安—瑪麗 Anne-Marie Brady
布魯克大學 Brock University
弗立克，伯尼・麥可 Bernie Michael Frolic
弗萊徹法律暨外交學院 Fletcher School of Law and Diplomacy
弗農市 Vernon
本拿比 Burnaby
民主中國陣線 Federation for a Democratic China
永明金融 Sun Life Financial
玉山江（侯賽因・塞利爾）Huseyin Celil
白求恩 Norman Bethune
白蓓蒂 Patti Bacchus
皮耶・略特・杜魯道基金會 Pierre Elliott Trudeau Foundation
皮爾柏格，法布利斯 Fabrice de Pierrebourg
皮爾茲梅克，馬丁 Martin Pilzmaker
皮爾遜，萊斯特 Lester B. Pearson
石儷（音譯）Shi Li
艾夫提麥爾德斯，尼可拉斯 Nicholas Eftimiades
艾波特和柯斯蒂羅 Abbott and Costello
艾斯皮諾，克雷格 Craig Aspinall
艾德蒙茲，羅伯 Robert Edmonds
艾德蒙頓—史翠斯孔拿 Edmonton-Strathcona
艾德蒙頓公立學校教育局 Edmonton

西溫哥華市 West Vancouver

七劃

防制洗錢金融行動小組 Financial Action Task Force on Money Laundering
亨特學院 Hunter College
伯靈頓 Burlington
佟曉玲 Tong Xiaoling
克里帕茲，法蘭切斯科 Francisco Kripacz
克里格霍夫，科內略斯 Cornelius Krieghoff
克拉克，喬（加拿大總理）Joe Clark
克萊門，蓋瑞 Garry Clement
克瑞強（克里田），尚 Jean Chrétien
坎貝爾，查爾斯 Charles M. Campbell
坎姆洛斯路德學院 Camrose Lutheran College
坎特布里大學 University of Canterbury
宏利金融 Manulife Financial
快桅航運 Maersk
《我留在中國》*I Stayed in China*
投資移民計畫 Immigrant Investor Program
《投資觀察報告》（加拿大亞太基金會）*Investment Monitor Report*
改革黨 Reform Party
杜布森，溫蒂 Wendy Dobson
杜魯道，皮耶（老杜魯道）Pierre Trudeau
杜魯道，賈斯汀（小杜魯道）Justin Trudeau
杜魯道，瑪格麗特 Margaret Trudeau
杜藹禮 Earl Drake
沙士卡其灣省 Saskatchewan
狄安，斯蒂凡 Stéphane Dion
狄芬貝克，約翰 John Diefenbaker
社會福音運動 social gospel movement
〈社群有危險〉Communities @ Risk
貝森，艾拉 Ira Basen
貝爾一史密斯，羅瑟琳 Rosalind Bell-Smith
貝爾加拿大 Bell Canada
貝爾開發企業 BCE Development Corporation
《走入中國暴風眼》*In the Eye of the China Storm*
索瑟姆報業亞洲處 Southam News Asia Bureau
《利益衝突法》Conflict of Interest Act
利益衝突暨倫理專員（國會）Conflict of Interest and Ethics Commissioner
李彥 Yan Li
李清（音譯）Li Qin
李博 Bob Rae
李敦白 Sidney Rittenberg
李奧裴里，尚一保羅 Jean-Paul Riopelle
里賈納大學 University of Regina
里德，羅伯 Robert Read

八劃

亞太處 Asia-Pacific Desk
亞伯達農民團結會 United Farmers of

房地產》*Doors Wide Open: Corruption and Real Estate in Four Key Markets*
金，威廉・萊昂・麥肯齊 William Lyon Mackenzie King
金保羅（音譯）Paul King Jin
金雷 Lei Jin
金融分析中心（加拿大金融交易暨報告分析中心）Financial Transactions and Reports Analysis Centre of Canada, FINTRAC
拉瓦稜 SNC Lavalin
林佐然 Lin Zuoran
林達光 Paul Lin

九劃
侯秉東 Gordon Houlden
保得利信譽通 Portcullis TrustNet
修女島 Nuns' Island
哈珀，史蒂芬 Stephen Harper
《與中國交往》*Engaging China*
思高頓，喜拉 Sheila Skelton
思高頓，奧斯卡 Oskar Skelton
柏頓，查爾斯 Charles Burton
查達姆守則 Chatham House Rule
柯利達爵士 Sir Percy Cradock
柯林 Ralph Edgar Collins
柯棣華 Dwarkanath Shantaram Kotnis
《洋為中用》*Making the Foreign Serve China*
皇家騎警保安局 RCMP Security Service
科特雷爾，羅伯 Robert Cottrell
約翰王 King John
《西行漫記》(《紅星照耀中國》) *Red Star Over China*
《紅軍新聞》*The Red Army Post*
《紅幕後的洋人》(《我在毛澤東身邊的一萬個日子》、《我在毛澤東身邊的日子》) *The Man Who Stayed Behind*
美中經濟暨安全檢討委員會 U.S.-China Economic and Security Review Commission
美國大學教授協會 American Association of University Professors, AAUP
美國外資審查委員會 Committee on Foreign Investment in the United States
美國國安暨中華人民共和國軍事商業相關事項特別委員會（美國眾議院）Select Committee on U.S. Nation Security and Military/Commercial Concerns with the People's Republic of China
《背叛與欺騙》*Betrayal and Deceit*
胡倫茜 Grace Wollensack
胡斯 Harned Pettus Hoose
《追尋中國》*Pursuing China*
《重新思考安全問題：中國與戰略對抗的年代》*Rethinking Security: China and the Age of Strategic Rivalry*
《重新評估加拿大的亞洲貿易》*Reassessing Canadian Trade in Asia*
《革命中國回憶錄》*A Memoir of China*

十劃

高堤耶，保羅 Paule Gauthier
《高等教育圈內》*Inside Higher Education*
高貴林教育局 Coquitlam School Board
朗，休姆 Hume Wrong
朗寧，尼里厄斯 Nelius Ronning
索倫森，泰德 Ted Sorensen
索樂文 Richard Solomon
紐西蘭安全情報局 New Zealand Security Intelligence Service
紐芬蘭紀念大學 Memorial University of Newfoundland
紐約市太平洋關係學院 Institute of Pacific Relations in New York

十一劃

〈偷窺忘懷洞〉*Peering down the Memory Hole*
商業暨貿易部（1892–1969）Department of Trade and Commerce
啟真道 Leslie Kilborn
國防部 Department of National Defence
國防常設委員會（國會）Standing Committee on National Defence
國協合作聯盟 Co-operative Commonwealth Federation
國家安全學院（澳洲國立大學）National Security College
《國會山莊時報》*The Hill Times*
國際商業研究所（多倫多大學）Institute for International Business
國際貿易廳（安大略）Ministry of International Trade
國際調查記者聯盟 International Consortium of Investigative Journalists
基固爾，大衛 David Kilgour
基帕，派翠克 Patrick Kyba
基督徒學生運動 Student Christian Movement, SCM
基督教青年會 Young Men's Christian Association, YMCA
密西根大學安亞伯分校 University of Michigan in Ann Arbor
密契爾，彼得 Peter M. Mitchell
康納利，亞曼達 Amanda Connolly
康科狄亞大學 Concordia University
張大成（音譯）Zhang Dacheng
張永鋼 Joe Zhang
張吉燕（音譯）Zhang Jiyan
張向陽 Zhang Xing Yang
張楚（音譯）Chang Chu
張菱蒂 Zhang Lingdi
張斌 Zhang Bin
情報委員會（美國參議院）Intelligence Committee
教育廳（安大略）Ministry of Education
曼尼托巴 Manitoba
曼尼斯，維若妮卡・愛麗絲 Veronica Alice Mannix
曼克，藍道夫 Randolph Mank
曼斯布瑞吉，彼得 Peter Mansbridge
梅平 Mei Ping
梅伊，大衛 David May
梅西，文森 Vincent Massey

梅格斯將軍號 S.S. General Meigs
梅杜哲 Mei Duzhe
深灣農場 Deep Cove Farm
《現代中國的外交》*The Diplomacy of Modern China*
盛雪（本名臧錫紅）Sheng Xue
《移民法》Immigration Act
第一加拿大廣場 First Canada Place
菲莎河淘金熱 Fraser River Gold Rush
菲爾科勞，艾倫 Ellen Fairclough
雪布克大學 Université de Sherbrooke
麥考瑞大學 Macquarie University
麥克米蘭・布洛德爾 MacMillan Bloedel
麥克亞當，布萊恩 Brian McAdam
《麥克林》雜誌 *Maclean's*
麥克唐納—勞里埃研究所 Macdonald-Laurier Institute
麥克唐納，大衛 David Macdonald
麥克唐納，約翰 John B. Macdonald
麥克唐納委員會 MacDonald Commission
麥克馬斯特大學 McMaster University
麥克勞德，克里斯 Chris MacLeod
麥肯納，法蘭克 Frank McKenna
麥家廉 John McCallum
麥根第 Dalton McGuinty
麥納瑪拉，威廉・克雷格 William Craig McNamara
麥基爾大學 McGill University
麥道高 Gay McDougall
麥德卡夫，羅利 Rory Medcalf
《參考消息》*Reference News*
《參考消息》（英文版）*For Your Information Only*
梁梳根 Liang Shugen
隆德，彼得 Peter Lund
理查遜，丹尼斯 Dennis Richardson

十二劃
傅爾布萊特，威廉 William Fulbright
傑米生，雪莉 Shelly Jamieson
傑曼，彼得 Peter German
凱大熊 Kevin Carrico
凱索加爾 Castlegar
博登爵士 Sir Robert Borden
喀格勒克 Karghilik
善美電腦集團 Semi-Tech Corporation
堤弗爾德，葛倫 Glenn Tiffert
塔夫斯大學 Tufts University
斯特朗，莫利斯 Maurice Strong
斯諾，埃德加 Edgar Snow
普爾，傑克 Jack Poole
殖民地部（英國）Colonial Office
《渥太華公民報》*Ottawa Citizen*
《渥太華雜誌》*Ottawa Magazine*
《無奈的對頭》*Reluctant Adversaries*
稅務廳長（安大略）minister of revenue
程慕陽 Michael Ching, a.k.a. Cheng Muyang, and Mo Yeung Ching
舒策，漢斯 Hans Schuetze
萬德山 Nathan Vanderklippe
萬錦市（安大略）Markham
萬錦—於人村選區（安大略）

Markham-Unionville
葛柏，彼得 Peter Godber
葛漢，李察 Richard Gorham
葛蘭特，詹姆斯・安德魯 James Andrews Grant
評論七十二號 Commentary No. 72
費丹，理查 Richard Fadden
費爾法克斯媒體 Fairfax Media
道森，法比安 Fabian Dawson
道森，瑪麗 Mary Dawson
道森學院 Dawson College
達爾文市 Darwin
《間諜之巢》*Nest of Spies*
馮志強 Jonathan Fon
黃文放 Man-fong Wong
黑斯，維多 Victor Hayes
黑道資本主義 Mafia capitalism
黑德，伊凡 Ivan Head
勞倫斯利佛摩國家實驗室 Lawrence Livermore National Laboratory

十三劃

傳教士之子 Mish Kids
奧肯那根河谷 Okanagan Valley
奧塔費士達 Alta Vista
奧斯汀，艾文 Alvyn Austin
愛康集團 Aecon Group Inc.
愛德華王子島 Prince Edward Island
新布朗斯威克省教育廳 New Brunswick Department of Education
新西敏 New Westminster
新風（音譯）Xin Feng
新時代傳媒集團 Fairchild Media Group
《新聞編輯室》*Newsroom*
楊士龍（音譯）Yang Shilong
楊健 Jian Yang
楓葉國際學校 Maple Leaf International Schools
溫尼伯 Winnipeg
《溫哥華太陽報》*Vancouver Sun*
溫哥華支持中國民運會 Vancouver Society in Support of Democratic Movement in China
溫哥華市警局 Vancouver City Police
溫哥華西尾 Vancouver West End
溫哥華西區 Vancouver West Side
《溫哥華信使報》*Vancouver Courier*
《溫哥華商報》*Business in Vancouver*
溫哥華教育局 Vancouver School Board
溫恩，凱瑟琳 Kathleen Wynne
溫莎大學 University of Windsor
溫德心 Bill Vander Zalm
甄瑞謙 Andy Yan
督察長辦公室 office of the inspector general
聖力嘉學院 Seneca College
聖瑪麗大學 St. Mary's University
聖羅倫，路易 Louis St. Laurent
《蒙特婁公報》*Montreal Gazette*
誠信專員辦公室（安大略）Office of the Integrity Commissioner
《資訊公開法》Access to Information Act
《遠東事務》*Far Eastern Affairs*

電子海盜 E-Pirate
電腦輔助移民處理系統 Computer Assisted Immigration Processing System, CAIPS
魁北克社會民主黨 Parti social démocratique du Québec
賈特蘭，派翠西亞 Patricia Gartland
路易斯，鄧肯 Duncan Lewis
《雷鳥》*The Thunderbird*
福特，道格 Doug Ford
福溪 False Creek

十四劃

《僑報》*The China Press*
圖克，詹姆斯 James Turk
榮萌 Meng Rong
漢班托塔 Hambantota
漢密爾頓（地名）Hamilton
漢彌爾頓，艾文 Alvin Hamilton
碧福 Fred Bild
維吾爾加拿大協會 Uyghur Canadian Society
蔡斯，史蒂芬 Steven Chase
賓威廉牧師 Rev. William Chalmers Burns
趙文琛 Chiu Mon
趙琪 Sonia Zhao
趙關濟（音譯）Zhao Guanji
鄭天華 Douglas Jung
銀通海外投資 Silver International Investment

十五劃

德文郡 Devon
摩頓，瑞德 Reid Morden
摩爾，克里斯多福 Christopher Moore
橡樹嶺國家實驗室 Oak Ridge National Laboratory
歐杰凱 Senate Jack Austin
歐德倫 Victor Wentworth Odlum
潘妙飛 Miaofei Pan
潘新春 Pan Xinchun
澳洲秘密情報局 Australian Secret Intelligence Service
澳洲廣播公司 Australian Broadcasting Corporation
衛斯理學院 Wesley College
劉少華 Liu Shaohua
劉氏全球問題中心（英屬哥倫比亞大學）Liu Institute for Global Issues
劉菲 Liu Fei
劉冀才 Liu Chi-tsai

十六劃

學界推廣研討會（加拿大安全情報局）Academic Outreach conference
穆哈妮，瑪麗亞 Maria Mourani
穆爾羅尼，布萊恩 Brian Mulroney
薛蒂芬哈根，珍奈特 Janet Steffenhagen
薩夫迪，摩西 Moshe Safdi
賴赫特，吉姆 Jim Reichert
霍建強 Raymond Huo
霍蘭德 Bill Holland

盧沙野 Lu Shaye
盧樹民 Lu Shumin
諾瓦斯科西亞 Nova Scotia
諾克斯學院 Knox College
諾賽特國際 Norsat International

十七劃
優尼科 Unocal
彌恩，亞瑟 Arthur Meighen
戴拉柯，蘇珊 Susan Delacourt
戴馬雷，安德烈 André Desmarais
戴馬雷，保羅 Paul Desmarais
戴維斯，湯瑪士 Thomas Clayton Davis
戴德生 James Hudson Taylor
《吹哨者》*Whistleblower*
《環球華報》*Global Chinese Press*
《環球郵報》*The Globe and Mail*
謝蒼穹 Xie Cangqiong
謝衛東 Xie Weidong
賽威爾，威廉 William Saywell
賽普樂 Sepura
韓森（韓炯森）Hon Kwing-shum, a.k.a. Hon Shum, and Hon Sum
魏成義 Wei Chengyi
魏塞，麥可 Michael Wessel
魏璐詩 Ruth Weiss
藍戴爾，約翰 John Langdale
聯合車站 Union Station
聯合信託 Commonwealth Trust Limited
《聯邦商業移民計畫之演變》*Evaluation of the Federal Business Immigration Program*

十八劃
簡蕙芝 Christie Clark
瞿湧杰（音譯）Yong Jie Qu

二十劃
《礦產與金屬業的併購及融資》（安永事務所）*Mergers, acquisitions and capital raising in mining and metals*
蘇利文，山姆 Sam Sullivan
蘇約翰 Charles John Small
蘇瑟蘭 Harriet Sutherland
關水珠（音譯）Kwan Sui-chu
關卓中 Cheuk Kwan
龐巴迪 Bombardier
龐德，雪莉 Shirley Bond
羅布森街 Robson Street
羅品信 Gregor Robertson
羅哲斯 Rogers
羅特曼管理學院（多倫多大學）Rotman School of Management
羅斯韋爾（藝名「大山」）Mark Rowswell
羅嵐 Robert Wright
竇納樂爵士 Sir Claude MacDonald

二十一劃
響尾蛇報告 Sidewinder report
《權利與自由憲章》Charter of Rights and Freedoms
顧克禮 Christian Gobel

二十二劃

穰杰德 Chester Ronning
穰洪恩 Halvor Ronning
穰漢娜 Hannah Ronning

二十四劃

靈巧一號 apt 1

參考文獻
Bibliography

Austin, Alvyn. *Saving China*. Toronto: University of Toronto Press, 1986.
Andrew, Arthur. *The Rise and Fall of a Middle Power: Canadian Diplomacy from King to Mulroney*. Toronto: Lorimer, 1993.
Brady, Anne-Marie. *Making the Foreign Serve China*. Toronto: Rowman & Littlefield, 2003.
Campbell, Charles M. *Betrayal and Deceit*. West Vancouver, BC: Jasmine Books, 2000.
Cao, Huhaua Cao, and Vivienne Poy. *The China Challenge*. Ottawa: University of Ottawa Press, 2011.
Chan, Anthony B. *Li Ka-shing: Hong Kong's Elusive Billionaire*. Hong Kong: Oxford University Press, 1996.
Chinese Ministry of Foreign Affairs. *The Diplomacy of Modern China*. Beijing: 1990.
Cottrell, Robert. *The End of Hong Kong: The Secret Diplomacy of Imperial Retreat*. London: John Murray (Publishers) Ltd., 1993.
Drake, Earl. *A Stubble-Jumper in Striped Pants*. Toronto: University of Toronto Press, 1999.
Eftimiades, Nicholas. *Chinese Intelligence Operations*. Annapolis, Maryland: Naval Institute Press, 1994.(《中國情報系統》，李豔譯，明鏡：1998。)
Endicott, Stephen. *James G Endicott: Rebel Out of China*. Toronto: University of Toronto Press, 1980.
Evans, Brian. *Pursuing China*. Edmonton: University of Alberta Press, 2012.
Evans, Paul, and Michael Frolic. *Reluctant Adversaries: Canada and the People's Republic of China 1949–1970*. Toronto: University of Toronto Press, 1991.
Hsu, Immanuel. *The Rise of Modern China*. Oxford University Press, 1970.(《中

國近代史》，計秋楓、朱慶葆、鄭會欣譯，香港中文大學：2002。）
Huang, Chichung. *The Analects of Confucius*. Oxford University Press, 1997.
Hutchings, Graham. *Modern China: A Companion To A Rising Power*. London: Penguin, 2000.
Kurlantzick, Joshua. *Charm Offensive*. Yale University Press, 2007.
Lin, Paul. *In the Eye of the China Storm*. Montreal: McGill-Queen's University Press, 2011.（《走入中國暴風眼》，林達光、陳恕合著，天地圖書：2013。）
Ma, Adrian. *How the Chinese Created Canada*. Edmonton: Dragon Hill Publishing Ltd., 2010.
Morgan, W.P. *Triad Societies in Hong Kong*. Hong Kong: Government Press, 1989.
Mounk, Yascha. *The People vs. Democracy: Why Our Democracy Is In Danger & How To Save It*. Harvard University Press, 2018.
Mulroney, David. *Middle Power, Middle Kingdom*. Toronto: Allen Lane, 2015.
Nathan, Andrew, and Perry Link. *The Tiananmen Papers*. New York: Public Affairs, 2001.（《中國六四真相》，張良著，明鏡：2001。）
Nathan, Andrew, and Andrew Scobell. *China's Search for Security*. New York: Columbia University Press, 2012.（《沒有安全感的強國》，何大明譯，左岸：2018。）
Osnos, Evan. *Age of Ambition: Chasing Fortune, Truth, and Faith in the New China*. New York: Farrar, Straus and Giroux, 2014.（《野心時代》，潘勛譯，八旗：2015。）
de Pierrebourg, Fabrice, and Michel Juneau-Katsuya. *Nest of Spies*. Toronto: HarperCollins, 2009.
Ronning, Chester. *A Memoir of China in Revolution*. New York: Pantheon Books, 1974.
Sawatsky, John. *For Services Rendered*. Toronto: Penguin Books, 1982.
Stewart, Roderick. *Bethune*. Toronto: New Press, 1973.
Trudeau, Pierre. *Memoirs*. Toronto: McClelland & Stewart, 1993.
Trudeau, Pierre, and Jacques Hébert. *Two Innocents in Red China*. Vancouver: Douglas & McIntyre, 1961.
Wong, Jan. *Red China Blues*. Toronto; New York: Doubleday/Anchor Books, 1997.

左岸政治　306

大熊貓的利爪

中國如何滲透、影響與威嚇加拿大

Claws of the Panda

Beijing's Campaign of Influence and Intimidation in Canada

作　　者　文達峰（Jonathan Manthorpe）
譯　　者　王湘瑋
總 編 輯　黃秀如
美術設計　黃暐鵬

社　　長　郭重興
發行人暨出版總監　曾大福
出　　版　左岸文化／遠足文化事業股份有限公司
發　　行　遠足文化事業股份有限公司
231新北市新店區民權路108-2號9樓
電　　話　(02) 2218-1417
傳　　真　(02) 2218-8057
客服專線　0800-221-029
E-Mail　rivegauche2002@gmail.com
左岸臉書　facebook.com/RiveGauchePublishingHouse
法律顧問　華洋法律事務所　蘇文生律師
印　　刷　呈靖彩藝有限公司
初版一刷　2020年7月

定　　價　450元
ISBN　978-986-98656-3-0

大熊貓的利爪：中國如何滲透、影響與威嚇加拿大／文達峰（Jonathan Manthorpe）作；王湘瑋譯.
－初版.－新北市：左岸文化出版：遠足文化發行，2020.07
　面；　公分.－(左岸政治；306)
譯自：Claws of the panda : Beijing's campaign of influence and intimidation in Canada
ISBN 978-986-98656-3-0(平裝)
1.國際關係 2.國家安全 3.加拿大 4.中國
578　　109003112